国税通則法の基本

その趣旨と実務上の留意点

京都産業大学教授

野一色 直人

Noishiki naoto

税務研究会出版局

はしがき

　本書は、国税通則法等の手続法の概要や基本的な考え方を学んでいただくことを目的としています。

　本書の根底にあるのは、税務に係る手続法の大切さや面白さを伝えたいという思いです。一般に実務においては、税務上の計算過程やその結果に目を奪われがちです。しかし、一見当たり前と思えることでも、次のような疑問を持つことは重要だと思います。

　「納税者は何を行わなければならないのか、何を選択できるのか」

　「納税者が行わなければならないことや税務職員が納税者に対して求めることの根拠は何か」

　「なぜ、そのような結論を導き出すことができるのか」

　「法律上求められることを納税者が行わない場合、どのような不利益が予定されているのか」等々

　それは、税理士や弁護士等の方々が実務で直面する法的問題を解決するためにも、また、学生の方々が手続法を勉強する場合にも有益といえます。

　本書では、手続法に係る諸問題について考えるために、国税通則法等の規定、裁判例・裁決事例、学説等を次の方針のもとに整理しました。

① 条文や通達、課税庁の情報の単なる紹介にとどまらず、国税通則法等の手続法に係る規定の構造や解釈等について、法律上の根拠や限界を明確に、理論的に説明する。

② 関連する裁判例・裁決事例の整理を通じて、制度を具体的に把握し、不服申立て等の争訟における主張や立証に役立つ情報を提供する。

③ 国税の手続法全体における各規定の位置づけ・関連性を理解できるよう、図表も多く用いて解説する。

④ 手続法上複数の選択肢がある場合に、納税者（クライアント）への説明に資するよう、それぞれのメリット・デメリット等を明らかにする。

⑤ 税法の規定を解釈する上で必要な、裁判例・裁決事例、法令通達などの情

報をインターネットにより検索できる各種公式サイトの特色を紹介する。

　本書は、税務研究会発行の月刊「税務QA」に2014年8月から2019年4月まで連載した「国税通則法の基本〜その仕組みと趣旨について〜」及び京都産業大学大学院法学研究科の租税手続法特論等の講義資料等を原型として、大幅に加筆したものです。本書にはまだ至らぬ点も多々あると思います。お気づきの点や改善点を是非、出版社宛てにお寄せください。

　本書の執筆に当たっては、多くの方々にお世話になりました。大学入学以来、お世話になった多くの方々や大学の同僚の先生方、研究会等においてご指導いただきました先生方に、この場を借りて感謝を申し上げます。

　また、「税務QA」編集部の皆様、特に編集長の冨木敦様には、雑誌連載時から本書の企画や校正まで種々の場面で大変お世話になりました。編集者の立場のみならず読者の立場からも多くの有益なアドバイスをいただき、連載に続いて、本書を何とか書き上げることができました。この場を借りて、厚く御礼を申し上げます。

　最後に、私事で恐縮ですが、本書の執筆をはじめ筆者を多くの面でサポートをしてくれた妻の由記子に深く感謝します。

　2020年10月

野一色　直人

目　　次

第**2**章 ……… 35
税務調査等の手続

4 │ 税務調査終了時の手続   52

5 │ 再調査を行うための手続   59

3 | 過少申告加算税   87

第4章 ········· 141
税務争訟手続

6 ｜ 課税処分取消訴訟における審理の対象   186

10 ｜ 審査請求等における審査手続　244

11 ｜ 不当な処分に係る不服申立て　257

12 | 取消訴訟以外の訴訟 　268

13 | 国税通則法上の雑則規定 　275

第5章 　………… 279
裁判例等の調べ方について

1 | 裁判例を探す 　280

補章　……… 291
新型コロナウイルス感染症等の影響に対応するための手続関係の特例

装幀：Nakamura Shigeo Design Office inc.

本文レイアウト：オクムラ・グラフィックアーツ

凡　例

本書における参照条文等及び参考文献、判例集等の略称は、おおむね次によります。

1.　参照条文等

本書において引用する法令通達等の内容は、原則として令和2年4月1日現在のものです。

- 通法：国税通則法
  - 通令：国税通則法施行令
  - 通規：国税通則法施行規則
- 徴収法：国税徴収法
- 所法：所得税法
  - 所令：所得税法施行令
  - 所規：所得税法施行規則
  - 所基通：所得税基本通達
- 法法：法人税法
  - 法基通：法人税基本通達
- 消法：消費税法
- 相法：相続税法
- 地法：地方税法
- 措法：租税特別措置法
- 新型コロナ税特法：新型コロナウイルス感染症等の影響に対応するための国税関係法律の臨時特例に関する法律
- 国外送金等調書法：内国税の適正な課税の確保を図るための国外送金等に係る調書の提出等に関する法律
  - 国外送金等調書令：内国税の適正な課税の確保を図るための国外送金等に係る調書の提出等に関する法律施行令
- 行審法：行政不服審査法
- 行訴法：行政事件訴訟法

2.　参考文献

本書において引用する参考文献の略称は、原則として編著者名（団体名）とします。この一覧では、五十音順に掲げています。

- 泉：泉德治ほか『租税訴訟の審理について（第3版）』（法曹会、2018年）
- 宇賀Ⅰ：宇賀克也『行政法概説Ⅰ　行政法総論　第7版』（有斐閣、2020年）

・宇賀Ⅱ：宇賀克也『行政法概説Ⅱ 行政救済法 第6版』（有斐閣、2018年）
・大野：大野重國ほか『租税訴訟実務講座〔改訂版〕』（ぎょうせい、2005年）
・金子：金子宏『租税法 23版』（弘文堂、2019年）
・堺澤：堺澤良『国税関係　課税・救済手続法精説』（財経詳報社、1999年）
・志場：志場喜徳郎ほか共編『平成31年改訂　国税通則法精解』（大蔵財務協会、2019年）
・谷口：谷口勢津夫『税法基本講義 第6版』（弘文堂、2018年）
・中尾：中尾巧『税務訴訟入門 第5版』（商事法務、2011年）
・法令用語：法令用語研究会編『法律用語辞典 第4版』（有斐閣、2012年）
・南：南博方『租税争訟の理論と実際 増補版』（弘文堂、1980年）
・南編：南博方編『注釈国税不服審査・訴訟法』（第一法規、1982年）
・山下：山下和博編著『平成30年版　国税通則法（税務調査手続関係）通達逐条解説　平成30年版』（大蔵財務協会、2017年）

3.　判例集等

　本書において引用する判例集等の略称は、次のとおりです。
・民集（刑集）：最高裁判所民事（刑事）判例集
・行集：行政事件裁判例集
・訟月：訟務月報
・判時：判例時報
・判タ：判例タイムズ
・税資：税務訴訟資料
・裁判所公式サイト：裁判所の公式サイト（https://www.courts.go.jp/index.html）で公表されているもの。
・国税不服審判所公式サイト：国税不服審判所の公式サイト（https://www.kfs.go.jp/service/index.html）で公表されているもの。

4.　表記についての注記

　税法では、理由等を「附記」する（国税通則法28条、所得税法150条2項等）、あるいは「付記」する（国税通則法85条、法人税法127条4項等）と、条文により表記が異なります。

　本書では、引用箇所を除いて、「付記」と統一します。

税額の確定の手続

～納税義務はどのように確定し、申告した 税額はどのような場合に変更できるのか～

　例えば、「なぜ、確定申告書を提出する必要があるのか」という疑問を持たれたことがあると思います。

　第1章では、こうした納税義務の確定や成立に係る国税通則法上の規定を確認し、「どのように納税義務が確定し、どのような場合、確定した納税義務を変更することができるのか」を整理します。

　また、納税者が税額を変更するための制度である「修正申告」や「更正の請求」の要件や効果等についても概観します。

1 確定申告と修正申告

1 納税義務の法的根拠

(1) 国税通則法上の規定

　納税義務に関して、国税通則法15条 1 項は、国税を納付する義務が成立する場合には、成立と同時に特別の手続を要しないで納付税額が確定する国税を除き、国税に関する法律の定める手続により、納付税額が確定されると規定しています。その上で所得税については、「暦年の終了の時」に成立すると規定しています。すなわち所得税の場合、 1 年間の取引等に基づいて算出された総所得金額等が、基礎控除等の金額を超え、かつ、課税総所得金額等に係る所得税額が配当控除等の税額控除の金額を超えるとき、同条 2 項 1 号に定める当該「暦年終了の時」(源泉徴収による所得税を除く。)に納税義務が成立することになります。

　また、同じ15条 1 項の後半において、「国税に関する法律の定め」(ここでは所得税法の定め)に基づいて、暦年終了時に成立した所得税に係る納税義務については、通例翌年の 3 月15日までに納税者がする申告によって具体的に確定されると規定しています。

　以上のように国税通則法等の税法上、①納税義務が成立し、②法律の手続に基づき納付すべき税額が確定される過程を経ることが予定されているといえます。

(2) 私法上の債務と納税義務の相違点

　次に、「なぜ、金銭債務である納税義務について、成立と確定という二つの過程を経る必要があるのか」という問題について、私法上の金銭債務の一形態である「売買契約」と比較しつつ整理していきます。

① 私法上の債務の場合

　売買契約の場合、通常、契約当事者である売り手と買い手との間では、契約内容について合意が成立しているといえます。次の事例をもとに具体的に考えてみます。

【例1】 パソコンを5万円で売る場合

　A氏が持っているパソコンについて、B氏がA氏に「5万円で売ってほしい」と申し入れ、A氏はB氏の申出を了解しました。

　この場合、「A氏は5万円と引き換えにパソコンを引き渡すこと、B氏はパソコンと引き換えに5万円を支払うこと」についての合意が、売買契約の基礎にある約束として存在し、また、A氏及びB氏の両者において、約束した内容（合意の内容）は一致しているということができます。

(内田貴『民法I（第4版）総則・物権総論』（東京大学出版会、2008年）35〜36頁を参照)

　「売買契約が成立している」とは、売買契約の当事者が、売買の対象（この場合はパソコン）、及び売買金額（この場合は5万円）等の契約の内容について合意し、また、合意した内容を理解していることを意味します。

② 納税義務の場合

　例えば、「納税義務は、一種の金銭債務であり、私法上の金銭債務と共通の性質をもっている」（金子153頁）とされており、納税義務が通常の私法上の金銭債務と共通の性質を有することは否定できません。ただし、売買契約において常にみられるような関係が、債権者である国と債務者である納税者の間に常に存在するとは言い難いと考えられます。そうした相違点を明らかにするため、前述の【例1】を、次の【例2】と比較してみます。

【例2】 年末時点で納税義務が成立する場合

　個人で飲食店を営むC氏には、令和元年中の取引等に関して、令和元年12月末時点において、国税通則法15条1項及び所得税法等に基づき、所得税を納付する義務が成立します。

　ただし、令和元年12月末の時点においてC氏は、自分の納めるべき税額を正確に理解しているのといえるでしょうか。

4

　また、同時点において税務署は、Ｃ氏が納めるべき税額を正確に計算し、把握しているといえるでしょうか。

　少なくとも【例1】のＢ氏は、取引相手方Ａ氏との間で約束した内容（契約内容）を確認することを通じて、あるいは、その内容についてＡ氏との間で個別に合意する過程の上で、パソコンの代金として5万円を払わなければならないことは理解していました。一方、【例2】のＣ氏が行う取引に関しては、通常の場合、【例1】とは異なり、Ｃ氏が負担すべき税額やＣ氏の納税義務の内容を国家との間で確認する機会がなく、あるいは、Ｃ氏の納税義務の内容について国家との間で個別に合意する過程を有していないため、令和元年12月末時点において、自分が納めるべき税額を正確に理解していたとは言い難いと思われます。

　その理由として、納税義務が、法律の定める条件（課税要件）の充足によって、法律上当然に成立する一種の法定債務である（谷口【12】）ことが挙げられます。この点については次のように説明されています。

「同時に、私法上の金銭債務とは異なる特色を持っている。第1に、私法上の債務の内容が、通常、両当事者の合意によって定まるのに対し、納税義務の内容は、もっぱら法律の規定によって定まる。その意味で、納税義務は法定債務である。第2に、租税法が強行法であるため、当事者の意思によって納税義務の内容および履行方法が左右されることは許されない。」（金子153頁）

　【例2】のＣ氏が、自分の納めるべき税額を正確に理解していない理由としては、国民の納税義務の内容は、個々の納税者と国家との間の個々の合意により成立するものではなく、国会が定めた法律（この場合は所得税法）の規定によって定まること、言い換えれば、納税義務を履行する国民は毎年の納税義務の成立段階においてその具体的な内容（課税標準等又は税額等）について個々に関知していないことが挙げられます。また、納税義務が成立した時点で、国民に自己の税額を複雑な税法の規定に基づいて計算し、納付を求めること等は現実的でないともいえます。

　このように、国と納税者の間では、売買契約における当事者間の合意（【例

１】におけるＡ氏とＢ氏の合意）と同様の役割を、所得税法等の法律が果たしていると思われます（〔**図表1-1**〕参照）。

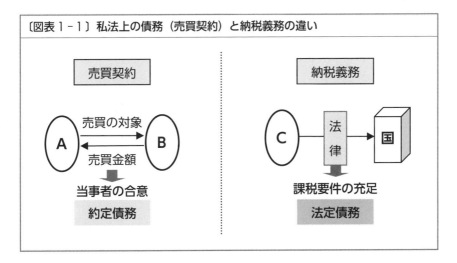

〔図表1-1〕私法上の債務（売買契約）と納税義務の違い

2　納税義務の成立と確定

(1) 納税義務の成立する時期

　上述したように、原則として、納付すべき税額が確定される前提として、国税を納付する義務の成立が規定されています。納付すべき税額が確定されなければ、各税法の定めるところにより成立した抽象的納税義務について、納付すべき税額の納付又は徴収の段階に進むことができません。

　このように考えると、一見、納税義務の成立そのものには意味がないように思われるかもしれません。しかし、納税義務の成立の時期が意義を有する場合として、次のような例を挙げることができます。

① 　納税義務が成立し、法定申告期限前に税額が未確定の国税等については、繰上保全差押えの対象とできること（通法38③一等）。
② 　納税義務の成立後の課税期間の開始後に、納税地が異動した場合の納税申告書の提出先が規定されていること（通法21②）。

　また、源泉徴収による国税等は、納税義務の成立と同時に特別の手続を要しないで納付すべき税額が確定します。したがって、このような国税は、確定に係る手続を経ることなく、納税者は、当該国税について納付する必要があるとされています（通法15③、36等）。

　以上から、税務上の手続として、納税義務の成立する時期と、納付すべき税額が確定する時期とを区別する必要があると思われます。

(2) 納税義務の確定の手続

　次に、納税義務の確定に係る具体的な手続や根拠規定等を見ていきます。

① 確定に係る手続の形態

イ　納付すべき税額を確定する三形態

　納付すべき税額の確定の形態には、まず、「納税義務の成立後特別の手続をとることによってはじめて確定するもの（通法15①）」として申告納税方式と賦課課税方式の二つがあり、「納税義務の成立と同時に法律上当然に確定することとされているもの（通法15③）」として自動的確定方式（自動確定方式）があります（〔図表1-2〕参照）。

- ・　**申告納税方式**：所得税、法人税等といった納付すべき税額が納税者の申告、いわゆる確定申告によって確定することを原則とする方式（通法16①一）
- ・　**賦課課税方式**：過少申告加算税等の各種加算税や過怠税等といった、税務署長等の処分により納付すべき税額が確定する方式（通法16①二）
- ・　**自動的確定方式（自動確定方式）**：源泉徴収等による国税、自動車重量税、国際観光旅客税、印紙税、登録免許税、延滞税及び利子税といった、納税義務の成立と同時に特別な手続を必要とせず納付すべき税額が法律の定めに基づいて当然に確定する方式（通法15③）

ロ　源泉徴収手続の特色

　申告納税方式の一種である所得税の確定申告は、多くの方に馴染みのある手続と思われます。ただし税務上は、自動的確定方式の一種である源泉徴収による国税（源泉徴収による所得税）も重要な手続といえます。

　例えば、源泉徴収による国税について、申告による納税義務の確定という特別な手続を要せずに納税義務が確定する理由として、課税標準額が通常明白であり、税額の計算がきわめて容易であることが挙げられています。

　ただし、「そもそも源泉徴収制度では、納付税額は自動的に確定するということが前提とされているのであるが、その前提自体がフィクションでありうると思われる。」（水野忠恒『大系租税法（第2版)』（中央経済社、2018年）120頁）という指摘もあります。実際に、所得税を巡る重要な判例のいくつかは源泉徴収に係る事例といえます（例えば、いわゆる5年退職金事件として知られている最高裁判決（最判昭和58年9月9日民集37巻7号962頁））。

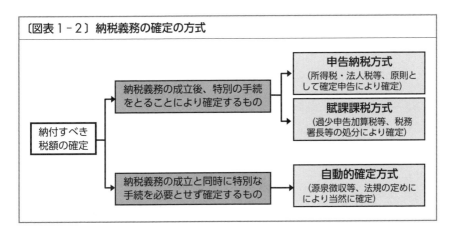

〔図表1-2〕納税義務の確定の方式

②　確定申告の手続の内容や規定等

　次に、所得税及び法人税の確定申告について、その具体的な手続の内容や関連する規定を整理します。

　通常、毎年3月15日までに個人の納税者が提出する必要のある、いわゆる確定申告書については、申告納税方式の手続として国税通則法に一定の内容が規定されています。ただし、確定申告に係る手続の詳細は、主に所得税法等に定められています。

　例えば、納税申告書とは、「申告納税方式による国税に関し国税に関する法律の規定により課税標準、課税標準から控除する金額、納付すべき税額等に関

して必要な事項を記載した申告書」(通法2六等)とされており、また、法定申告期限は、「国税に関する法律の規定により納税申告書を提出すべき期限」(通法2七)と定義されています。さらに、申告納税方式による国税の納税者は、所得税法等の国税に関する法律に定めるところにより、法定申告期限内に納税申告書を税務署長に提出しなければならない(通法17)ことが規定されています。

　一方、納税申告書の具体的な提出の期限や納税申告書に添付する書類等といった具体的な手続の内容等は、所得税法等に規定されています。

　例えば、所得税の確定申告書(所法2①三十七)の提出期限に関しては、所得税法120条1項柱書において「その年の翌年2月16日から3月15日までの期間」とされていることから、原則として、個人の納税者は翌年3月15日を法定申告期限として確定申告書を税務署長に対して提出しなければなりません。

　また、法人税の確定申告書(法法2三十一)の提出期限に関しては、法人税法74条1項において「各事業年度終了の日の翌日から2月以内」とされていることから、原則として、株式会社等の納税者は事業年度終了の日の翌日から2月後に当たる日を期限として確定申告書を税務署長に対して提出しなければなりません。

　さらに、所得税法において、確定申告書に添付しなければならない書類(所法120③等)や確定申告書を提出することを要しない者(例えば、給与の年間収入金額が2,000万円以下で、給与を1か所から受け、かつ、雑所得等の金額の合計額が20万円以下の居住者等)(所法121)が規定されています。

　したがって、例えば、「確定申告書の提出は、3月15日までです」という税務署の広報は、上記の所得税法120条等に基づくものといえます。

　なお、確定申告書の提出は書面での提出が原則です(通法17)が、平成30年度税制改正により、大法人(資本金の額又は出資金の額が1億円を超える法人等)といった一定の法人の法人税や消費税等の申告書については、電子申告により提出することが義務とされました(法法75の3、消法46の2等)。

3　納税者が税額を変更するための手続

　確定申告書を提出する納税者の全てが、実際に確定申告を正確に行うとは言い難く、不注意等やときには故意により、税額を少なく（あるいは多く）申告する場合が見受けられます。また、申告書の提出後、事情が変化したため、結果的に納付すべき税額が変動する場合もあると考えられます。そのため、納税者が税額を変更するための手続が規定されています。

　その前提として、納税者は、特段の事情がある場合を除き、例えば税額の計算に錯誤があることを理由として、申告の無効を主張できないとされています（最判昭和39年10月22日民集18巻8号1762頁）。

　したがって、基本的に、納税者が申告した税額の変更を行うには、国税通則法等に規定されている所定の手続をする必要があります。この場合、税額を増加させる手続としては修正申告（通法19）が、税額の減額等の税額を変更させる手続としては更正の請求（通法23）が規定されています（〔**図表1-3**〕参照）。

〔図表1-3〕納税者が税額を変更するための手続

1 修正申告

納める税金が少な過ぎた場合
還付される税金が多過ぎた場合 申告内容の誤りは「**修正申告**」により訂正することができる

2 更正の請求

納める税金が多過ぎた場合
還付される税金が少な過ぎた場合 税額の減額や還付金額の増額を求める「**更正の請求**」をすることができる

---

(1)　修正申告の特色

①　納税者自身に不利な変更

　納税申告書を提出した者は、申告に係る税額が過少であること等に気づいた

とき、更正（通法24）があるまでは、修正申告書（申告に係る課税標準等又は税額等を修正する申告書）を提出できます（通法19）。

この修正申告は、自分の申告、あるいは税務署長の行った決定や更正を、"自分の不利に（税額を増やすことに）修正（変更）するための手続"（谷口【124】）と説明される場合があります。また、「修正する納税申告書を税務署長に提出することができる。」（通法19①柱書）とされ、修正申告を行うか否かは、原則として納税者の任意に委ねられています（これを「任意的修正申告」といいます。なお、例外的に、修正申告が義務付けられている場合があります（義務的修正申告）（例えば、措法28の3⑦、相法31②等））。すなわち、税額を増加させる「修正申告」は、課税庁（税務署長）の判断（処分）を必要とせず、納税者の判断のみで行えることが特色といえます。

② 自主的な申告としての問題点

修正申告は、納税者自らが行う確定申告の一つといえます。仮に、課税庁の職員による修正申告の勧奨（かんしょう）が行われた結果でも、国税通則法上、特段区別されることなく、その申告は、納税者により任意に修正申告書が提出されたものとして扱われます。

したがって、納税者は、①自らが行った修正申告に対して不服申立て等を行うことはできず、②申告した金額について変更（減額）を求める場合は、課税庁が更正を行わない限り、更正の請求の手続に依らざるを得ないといえます（更正の請求の排他性・参考：最判昭和57年2月23日民集36巻2号215頁）。

なお、修正申告の勧奨に関して、税務職員は、税務調査の終了時において、納税者に対して明確に修正申告や期限後申告を勧奨できること、同時に、修正申告を勧奨する場合、納税者に対して「修正申告書等を提出した納税義務者は不服申立てをすることができないが、更正の請求をすることはできる」旨を説明するとともに、その趣旨を記載した書面を交付しなければならないことが規定されています（通法74の11③）。

ただし、納税者は、修正申告の勧奨といった行政指導に従う法律上の義務はありません。すなわち、勧奨は納税者の任意の協力によること、また、行政指

導に携わる者は、納税者が行政指導に従わなかったことを理由として不利益な取扱いをしてはならない（違法となる）点に留意する必要があります（第2章53頁参照）。

(2) 修正申告の効果等

　既に確定した納付税額を増加させる修正申告は、その"既に確定した納付税額"に係る部分の納税義務に影響を及ぼさないと規定されています（通法20）。その趣旨については、「すでに確定した税額についてなされた納付・徴収・滞納処分等の効力を維持する必要に基づくもの」（金子937頁）と説明されています。

　ここで、所得の金額の計算について複数の方法が認められている場合、修正申告等をしようとする納税者は、確定申告で選択した方法とは別の方法に変更することが一切許されないのかという疑問が生じます。

　この疑問に関して、確定申告において、租税特別措置法26条1項（社会保険診療報酬の所得計算の特例）に基づく「概算による経費控除の方法」を選択し、事業所得の金額を計算していたが、その選択が納税者の錯誤に基づく誤りであり、また、最終的には税額の総額が増額となる場合、修正申告において、「実額計算の方法」に変更することが許されるとした事例（最判平成2年6月5日民集44巻4号612頁）があります。

　これと比較される事例として、税額の減額を求める更正の請求に係る事例ですが、租税特別措置法26条1項に係る税額の変更の判決があります（最判昭和62年11月10日判タ654号121頁）。この事例も、申告時に選択した計算方法の変更を求めるものでした。ただし、こちらは税額の減額を求めるものであり、また、計算方法の誤りが税負担に関する単なる見込み違いにすぎない事例であることに注意する必要があります。

　上記二つの事例の関係について、「本判決（筆者注：前者の事例）は、別件判決（筆者注：後者の事例）の射程距離が本件のような修正申告には及ばないことを明らかにした点で意義があり、また、本件のような確定申告における必要経費に

ついての計算誤り（錯誤）は修正申告において是正することができることを示した点においても意義がある。」（法曹会編『最高裁判所判例解説民事編（平成二年度）』（法曹会、1992年）200頁））と説明される場合があります。

すなわち前者の事例から、①当初の確定申告の税額が過少であり、②必要経費の計算に関して錯誤が存在していた場合、当初の確定申告において納税者が選択した計算方法を国税通則法の定める税額の是正方法である修正申告によって変更できると考えられます。

なお、納税者が自発的に修正申告書を提出した場合は、修正申告書を提出せずに更正処分を受けた場合と比べて、加算税に関して有利な取扱いを受けられる場合があります（通法65①⑤、第3章88頁参照）。ただし、修正申告書の提出や税額の納付によって、脱税犯（逋脱犯）（所法238等）の成立を免れることはできません（甲府地判昭和51年10月4日税資93号1401頁）。

また、納税者が法定申告期限内に既に提出済みの確定申告書の計算の誤り等を発見した場合（例えば、2月20日に提出し、3月1日に誤りを発見した場合）、当該申告書の提出を撤回できるか否かについては規定されていません。この点に関して、申告期限内において、既に提出した申告書の差替え等は、申告期間を設けた趣旨に鑑み、差し支えないとの見解（税制調査会『国税通則法の制定に関する答申（税制調査会第二次答申）及びその説明』（1961年）9頁）があり、通達（所基通120-4等）上、申告書の差替えが認められる場合があることが示されています。

なお、国税通則法上、修正申告書の提出の申告期限は定められていません。ただし、納税義務自体が納付以外の原因の時効等によって消滅した場合には、仮に修正申告が行われたとしても確定の対象を失っていることから、効力が生じないとされており、納税義務の消滅時が修正申告の期限とされています（谷口【124】）。

2 更正の請求

1 納税者が税額を減少させるための制度

　納税者が確定申告した税額を増加させることは、修正申告によって容易にできます。一方、納税者が税額を減少させようとする場合、減額の修正申告は認められていません。

　減額の修正申告が認められない理由としては、例えば、これが納税者にとって有利な申告であることから、このような修正がしばしば行われ、租税法律関係が著しく不安定になるおそれがあること（谷口【133】）や、実質的に申告期限を延長したのと同様の効果を生じること等（志場356頁）が挙げられています。

　納税者が税額を有利に変更しようとする場合には、原則として「更正の請求」（通法23）の手続により、課税庁（税務署長）の判断（処分）による減額更正が必要となります。税務署長の判断を求める等の一定の手続が必要となることから、「いつまでに、どのような場合に更正の請求を行うことができるのか」が重要な問題となります。

2 更正の請求の特色

　具体的には、いわゆる通常の更正の請求（通法23①）と、判決・取引の解除等の後発的事由により税額の計算に変動が生じた場合に基づく更正の請求（同条②）が規定されています。

　また、確定された納税義務を納税者の有利に変更するためには、原則として更正の請求の手続によらなければならず、他の救済手段（例えば、民法上の不当利得返還請求や減額の更正を求める訴え）によることは許されないとされています（いわゆる「更正の請求の原則的排他性」）（金子946頁）。

　まず、通常の更正の請求の要件等について見ていきます。

3 通常の更正の請求

(1) 更正の請求の要件等

　通常の更正の請求については、税額があるとき（通法23①一）、税額がないとき（同項二）、還付のとき（同項三）に関して、納税申告書を提出した者等が更正の請求をできることが規定されています。さらに、これらに共通する次の二要件が規定されています（通法23①）。

① 過誤要件の充足

　納税者の提出した納税申告書に係る課税標準等又は税額等の記載の中に、納税者に不利な一定の過誤が存在すること（谷口【134】）が必要とされます。具体的には、課税標準等若しくは税額等の計算が規定に従っていなかったこと、又は当該計算に誤りがあったことにより（＝原因）、税額を過大に申告した（＝結果）場合をいいます。この場合、税額計算の誤りなどの原因、「納付すべき税額の過大」という結果に対する因果関係が必要であると説明される場合があります（堺澤109頁）。

　この点について具体例を挙げて説明します。納税者が、租税特別措置法A条の計算方式Aを選択（例えば、株式配当について申告分離課税に基づく計算を選択）し、正しい税額を記載した上で確定申告書を法定申告期限までに提出したとします。

　この確定申告書提出の6か月後、他の計算方式である所得税法B条の計算方式B（例えば、株式配当について総合課税に基づく計算）を選択できること及び当該B方式に基づき計算した税額が、A方式に基づく税額よりも低くなることに気づいたとします。この場合、当初選択したA方式に基づく税額には誤りがないことから、更正の請求の要件（「課税標準等若しくは税額等の計算が国税に関する法律の規定に従っていなかったこと又は当該計算に誤りがあったこと」（通法23①））を満たしているとはいえません。

　また、租税特別措置法26条に基づき「概算控除」制度を選択して確定申告書

を提出し、後日、「実額控除」により計算すると税額が減少することが判明した場合であっても、更正の請求を行うことはできないとされた事例があります（最判昭和62年11月10日判タ654号121頁）。

　したがって、納税者は、単に納付すべき税額が減少するという理由だけでは、更正の請求を行うことはできないという点に注意が必要といえます。

② **請求期限**

　法定申告期限から5年以内（国税通則法23条1項2号に掲げる場合のうち、法人税に係る部分については10年）に限り、認められます。なお、各税法において、更正の請求期間の延長の特例が規定されている場合もあります（例えば相続税法32条2項において、5年が6年に延長されています。）。

(2) 所得税法等との関連

　国税通則法23条1項は、更正の請求についての一般的な規定を定めたものです。同条に規定されている「計算の誤り」があるか、「税額が過大」であるか、などの実体的要件の有無は、課税標準等の具体的な計算方法を定める所得税法や法人税法等の租税実体法によって判断される必要があります。

　例えば、不動産所得に係る確定申告を行った個人の納税者が、特定の不動産の賃貸契約に関して、いったん受領した金銭を返還したことを理由として更正の請求を行った場合、納付すべき税額が過大であるか否かについては、当該納税者が返還した金銭が、所得税法37条1項、51条2項等に基づき、どの年度の不動産所得の必要経費となるか否かについて判断する必要があります（東京高判昭和61年7月3日訟月33巻4号1023頁）。

　また、類似の事例として、不動産の売買契約の解除による法人の損失について、損金として計上すべき事業年度については、法人税法22条4項（一般に公正妥当と認められる会計処理の基準）に基づき、判断する必要があるとした事例が見られます（最判昭和62年7月10日税資159号65頁）。

　さらに、例えば、青色申告特別控除（措法25の2⑥）で「確定申告書をその提出期限までに提出した場合に限り」と規定されているように、特定の控除を適

用する上で一定の要件を満たさなければならない場合があります。また、減価償却（法法31）では、損金経理が必要とされています。

更正の請求を行う上で、これらの要件に合致するか否かを個別に確認する必要があります。

4 後発的事由に基づく更正の請求

(1) 制度の趣旨

① 制度の概要

このように、更正の請求は、原則として法定申告期限から5年以内に、税額等の計算が国税に関する法律の規定に従っていなかったこと等の場合にできるとされています（通法23①）。ただし、例えば法定申告期限から6年後に、何らかの事由により、申告書を提出した納税者の税額が変動したような場合に、確定済みの租税法律関係を変動した状況に適合させるために認められた救済手続（金子948頁）として、「特別な事由」が生じた日の翌日から2月以内に、納税申告書を提出した者又は決定を受けた者は更正の請求をすることができるとされています（通法23②）。

具体的には、判決の確定した日の翌日から起算して2月以内（通法23②一）、申告をした者等に帰属するものとされていた所得等が他の者に帰属するものとする当該他の者に係る国税の更正等があった日の翌日から起算して2月以内（同項二）及びその他当該国税の法定申告期限後に生じた前2号に類する政令（通令6）で定めるやむを得ない理由が生じた日の翌日から起算して2月以内（通法23②三）に更正の請求ができると規定されています。

このような後発的事由に係る更正の請求は、納税者の権利を保護する観点から規定されていると説明されています（税制調査会「税制簡素化についての第三次答申」（昭和43年7月）54頁）。

② 「正当な事由」とは

ここで、なぜ、特別な事由が生じた場合に納税者は更正の請求を行うことが

できるのか、という疑問が生じます。この点に関しては、例えば、「このよう
に（筆者注：当時の規定である「更正の請求の制限は、原則として法定申告期限から1年と
する。」）期限を延長しても、なお、期限内に権利が主張できなかったことにつ
いて正当な事由があると認められる場合の納税者の立場を保護するため、後発
的な事由により期限の特例が認められる場合を拡張し、課税要件事実につい
て、申告の基礎となったものと異なる判決があった場合その他これらに類する
場合を追加するものとする。」（税制調査会「税制簡素化についての第三次答申」（昭和
43年7月）54頁、下線は筆者）と説明されています。

　ここで、どのような場合に、「期限内に権利が主張できなかったことについ
て正当な事由があると認められる」といえるのかという疑問も生じます。この
点に関しては、例えば、申告時には予知し得なかった事態その他やむを得ない
事由が申告後に生じた場合が該当すると説明されています（志場361頁）。

　この「正当な事由があると認められる場合」は、次の二つに区分されるとす
る説明があります（谷口【135】）。

- 　法定申告期限後に生じた事実（後発的事実）に基因して、過誤要件、つま
り、税額等の計算が国税に関する法律の規定に従っていなかったこと等が充
足される場合。言い換えれば、法定申告期限後に生じた一定の事実、例え
ば、判決や契約の解除等に基因して、取引や契約関係が変動したため、申告
した時点にさかのぼって過誤要件を充足することとなるケース（通法23②一、
通令6①一～四、所法152、所令274）
- 　後発的事実の発生を契機にして、税法の正しい解釈適用を前提にすると既
に過誤要件が充足されていることが確認される場合。言い換えれば、通達の
解釈が変更された等の一定の事実が生じたことを契機として申告した時点に
おいて、過誤要件を充足していることが確認されるケース（通法23②二、通令
6①五）

(2)　後発的事由の具体例

　次に、国税通則法23条2項各号に規定されている後発的事由の具体的事例を

見ていきます。

①　「判決」の意味：１号関係

イ　税額の基礎となる判決

　国税通則法23条２項１号では、「判決の確定した日の翌日から起算して２月以内」に更正の請求ができると規定されています。判決により申告の基礎となった法律関係が変動することから、23条１項の過誤要件が充足され得るものと考えられます。ただし、同号のいう「判決により、その事実が当該計算の基礎としたところと異なることが確定したとき」とは何を意味するのか、あるいは「判決」とは何を意味するのかについては、条文上必ずしも明らかではありません。

　まず、「判決により、その事実が当該計算の基礎としたところと異なることが確定したとき」とは、「その申告に係る計算基礎事実と異なる事実をその内容若しくは前提とする法律関係が判決の主文で確定された場合又はこれと同視することができるような場合をいうものと解するのが相当である。」（東京高判平成29年９月13日訟月 64巻６号932頁）とされています。

　以下、判決の意味が問題とされた事例をいくつか見ていきます。

ロ　刑事事件の判決の場合

　刑事事件の判決が、国税通則法23条２項１号の「判決」に該当するか否かが問題となった事例（最判昭和60年５月17日税資145号463頁）があります。刑事事件（いわゆる脱税事件であり、課税処分の取消し等を求める取消訴訟とは異なります。）の判決において、納税者（法人）の所得金額等が検察官の主張した所得金額（納税者が修正申告した所得金額）等よりも少ない金額等であると認定されたことから、修正申告を提出した納税者（法人）が納付すべき税額の減額を求め更正の請求を行ったものです。

　裁判所は次のように判断し、刑事事件の判決は国税通則法23条２項１号の「判決」に該当しないと示しています。

　「右にいう『判決』とは、申告等に係る課税標準等又は税額等の計算の基礎となつた事実についての私人間の紛争を解決することを目的とする民事事件の判

決を意味し、犯罪事実の存否範囲を確定するに過ぎない刑事事件の判決はこれに含まれないものと解するのが相当である。」

　すなわち、所得税法や法人税法等の課税標準や税額の計算の基礎は、売買契約等の私法上の関係に基づくことが大前提であることから、刑罰を科すべきかを判断する刑事事件（本件の場合は脱税事件）に関する判決は、税額の基礎となる判決に含まれないとされていると考えられます。

　税額計算に関する上記のような刑事事件の判決と民事事件の判決の違いについては、「わが法制の下においては脱税事犯に対する裁判のあつた場合、所論課税標準が裁判によつて確定された事実によつて拘束且つ決定されるという制度は採用されてはいない。」（最判昭和33年 8 月28日税資26号815頁）という判示にも通じるものがあるといえます。

　それでは、全ての民事事件の判決が国税通則法23条 2 項 1 号にいう「判決」に該当し、更正の請求が認められるのかというと、そうではありません。次にこの点を見ていきます。

ハ　馴れ合い判決の場合

　相続税の申告をした納税者が、申告後に、被相続人が第三者からの借入金について、納税者を連帯保証人としていたことが明らかになったこと、当該連帯保証に基づき第三者から支払の請求があり、当該請求が判決により認容され、当該判決が確定したことを理由として更正の請求を求めた事例（東京高判平成10年 7 月15日訟月45巻 4 号774頁）があります。

　この事例において裁判所は次のように、租税を免れることを目的として、訴訟の相手方と通謀することによって得られた真実の法律関係とは異なる民事事件の判決については、国税通則法23条 2 項 1 号の判決に含まれないことを示しました。

「右規定（筆者注：国税通則法23条 2 項 1 号）は、納税者において、申告時には予測し得なかった事態が後発的に生じたため課税標準等又は税額等の計算の基礎に変更をきたし、税額の減額をすべき場合に、法定申告期限から 1 年を経過していること（筆者注：平成23年改正前は、 1 年以内に限り、通常の更正の請求が認められ

ていました。）を理由に更正の請求を認めないとすると、帰責事由のない納税者に酷な結果となることから、例外的に更正の請求を認めて納税者の保護を拡充しようとしたものであって、右の趣旨からすれば、申告後に課税標準等又は税額等の計算の基礎となる事実について判決がされた場合であっても、当該判決が、当事者が専ら納税を免れる目的で、馴れ合いによってこれを得たなど、その確定判決として有する効力にかかわらず、その実質において客観的、合理的根拠を欠くものであるときは、同条2項1号にいう『判決』には当たらないと解するのが相当である。」

　また、納税者が真実とは異なる状況を作り出したことについて納税者に責任がある場合に、更正の請求が認められなかった事例（最判平成15年4月25日訟月50巻7号2221頁）があります。

　相続税申告の基礎とされた遺産分割協議が通謀虚偽表示により無効である旨の判決に基づく更正の請求と国税通則法23条2項1号の関係について、「事実関係によれば、上告人は、自らの主導の下に、通謀虚偽表示により本件遺産分割協議が成立した外形を作出し、これに基づいて本件申告を行った後、本件遺産分割協議の無効を確認する判決が確定したとして更正の請求をしたというのである。」とした上で、「法23条1項所定の期間内に更正の請求をしなかったことにつきやむを得ない理由があるとはいえないから、同条2項1号により更正の請求をすることは許されないと解するのが相当である。」としています。

　すなわち、国税通則法23条1項に定める期間内に更正の請求がされなかったことについて、帰責事由のない納税者に酷な結果となるといった正当な理由が存在しないこと、言い換えれば、納税者が自らの通謀虚偽表示によって作り出した、遺産分割協議に基づく申告に係る更正の請求については、1項の期間（判決時：1年間、現行法上：5年間）の延長を認めるべきやむを得ない理由がないとされたところです。

② 所得その他課税物件が他の者に帰属する場合：2号関係
　国税通則法23条2項2号の設けられた理由として、例えば次のように、特定の所得が2人の納税者に同時に帰属するものとして課税することを防止するた

めであるとされています。

> 「申告の際にその者に帰属するものとされていた所得がその後に他の者に帰属するものとする他の者の所得税についての更正がなされた場合には、これをそのまま放置すると、その者と他の者との両方に課税することとなることから、これを防止するため、その者の所得税について、他の者の所得税の更正内容と整合させるためにその者からの更正の請求を認めたものである。」（千葉地判平成10年7月31日税資237号937頁）

　例えば、税務署長が、納税者Aの申告の内容について、他の納税者B（例えばAの子供）の特定の収入はAに帰属するとの更正等の課税処分を行った場合、Bは、申告した自己の納付税額の減額を求め、更正の請求を行うことができると考えられます（例えば、いわゆる親子歯科医師事件における子供は、更正の請求を行えるものと思われます（東京高判平成3年6月6日訟月38巻5号878頁））。

③　「やむを得ない理由」の意義：3号関係

　国税通則法23条2項3号では、「政令（筆者注：通令6）で定めるやむを得ない理由が生じた日の翌日から起算して2月以内」に更正の請求ができると規定されています。この「政令で定めるやむを得ない理由」が何を意味するのかも問題となります。ここでいう政令、すなわち国税通則法施行令6条1項1号から5号では、次の五つの「やむを得ない理由」を規定しています。

イ　許可等の処分の取消しの場合（1号）

　1号は、「官公署の許可その他の処分が取り消されたこと」を規定しています。

　具体例として、農地売買に関する都道府県知事の許可処分の取消し、土地収用法に基づく収用裁決の取消しが挙げられています（堺澤114頁）。

ロ　やむを得ない事情による契約の解除等（2号）

　2号は、申告、更正又は決定に係る課税標準等又は税額等の計算の基礎となった事実に係る契約が、解除権の行使によって解除されたこと、当該契約の成立後生じたやむを得ない事情によって解除され、又は取り消されたことを規

定しています。

　2号の契約解除に関しては、税負担の計算を誤ったことを理由として合意解除した場合には、国税通則法施行令6条に規定する「やむを得ない事情」に該当しないとされた次の事例があります。

「契約が申告期限後に合意解除された場合には、右合意解除が、法定の解除事由がある場合、事情の変更により契約の効力を維持するのが不当な場合、その他これに類する客観的理由に基づいてされた場合にのみ、これを理由とする更正の請求が認められるものと解するのが相当である。」とした上で、「しかして、原契約の変更は結局控訴人の税法の解釈についての誤解に基づいて締結した原契約を変更したものであつて、右のような納税者の主観的事実のみでは右の『やむを得ない事情』があつたということはできない。」（東京高判昭和61年7月3日訟月33巻4号1023頁）

　また、「国税通則法23条2項3号、同法施行令6条1項2号にいう『やむを得ない事情』とは、例えば、契約の相手方が完全な履行をしないなどの客観的な事由に限定されるべきであって、錯誤のような表意者の主観的な事情は含まれないと解するのが相当である」（高松高判平成18年2月23日訟月52巻12号3672頁）として、税負担に係る錯誤は国税通則法23条2項3号に規定する後発的事由に該当しないとする判決が示されています。

　これらの判決から、納税者が申告の基礎となった契約を合意解除した場合は、原則として、解除権の行使、あるいは、やむを得ない事情による解除に該当しないため、国税通則法23条2項3号（及び同法施行令6条1項2号）に基づき、更正の請求を行うことはできないものと考えられます。

八　帳簿書類の押収その他やむを得ない事情（3号）

　3号は、「帳簿書類の押収その他やむを得ない事情」を規定しており、例えば、事故の調査において、納税者の帳簿が行政機関により押収された場合が考えられます。

　ただし次のように、査察事件において、法定申告期限後、帳簿書類が押収された場合は3号に該当しないとされた事例（大阪地判平成3年12月18日訟月38巻7

号1312頁）があります。

> 「法定申告期限内において、帳簿書類等の押収、又はこれに類するような事情、すなわち、少なくとも納税申告書を提出した者の責に帰すべきでない事情により、その手元に課税標準等や税額等の計算の根拠となるべき帳簿書類等が存在せず、そのため、右時点において、右計算ができない場合を指すものと解するのが相当である。」

　この事例では、法定申告期限は昭和58年3月15日であるが、帳簿書類の押収は昭和58年10月13日であったとして、帳簿書類の押収その他やむを得ない事情が認められませんでした。

二　相互協議による合意（4号）

　4号は、租税条約上の相互協議（仲裁手続を含む。）の結果、税額が変更される場合を規定しています。

　具体的には、納税者が相互協議の合意内容に同意し、相互協議が合意に至った場合、合意内容に沿って、納税者の更正の請求に基づき、還付等の必要な措置が行われます（租税条約等の実施に伴う所得税法、法人税法及び地方税法の特例等に関する法律7条：いわゆる対応的調整）。

ホ　国税庁長官の法令の解釈の変更・公表（通達の変更）（5号）

　5号は、国税庁長官の法令の解釈が裁決・判決により変更され、「国税庁長官により公表されたことにより、当該課税標準等又は税額等が異なることとなる取扱いを受けることとなつたことを知つたこと」、いわゆる通達の変更がされた場合に更正の請求を行うことを規定しています。

　なお、申告時に予知しなかった判決等の事情が、通常の更正の請求期間内（法定申告期限から5年以内）に生じた場合は、国税通則法23条1項に基づく通常の更正の請求の手続によらなければなりません。

　また、仮に、上記の国税通則法23条2項1号から3号や国税通則法施行令6条1項1号から5号の後発的事由に該当する事由が生じた場合であっても、納税者において、経済的成果が失われていない場合（例えば、契約を解除したが、納税者が現実に受領した対価を返還していない場合）、更正の請求が認め

られない点に留意する必要があると考えられます（最判平成2年5月11日訟月37巻6号1080頁）。

　なお、課税処分の取消しの判決が出され、当該判決が確定した場合は、更正の請求を経ることなく、課税庁により減額更正が行われます（参考：通法71①一）。

(3) 後発的事由の範囲

① いずれの事由に該当するかを明らかにしない場合

　更正の請求に係る後発的事由は、必ずしも国税通則法23条2項各号の理由に限定されているものではないと思われます。例えば、国税通則法23条2項各号のいずれに該当するかを明らかにせず、同項に基づく更正の請求を認めることを示した事例があります。

　青色申告承認の取消し後の法人税法57条の規定に基づく繰越欠損金の損金算入を否認した後に、青色申告承認の取消処分が取り消された場合に、国税通則法23条2項の規定により所定の期間内に更正の請求ができると判断されました（最判昭和57年2月23日民集36巻2号215頁）。この事例においては、青色申告承認取消処分を取り消したことが、同法23条2項各号又は同法施行令6条1項各号の定めるいずれかの事由（前記(2)参照）に該当するのか明らかにされていません。

② 特則による場合

　また、国税通則法以外において、更正の請求に関する特則が規定されている場合もあります。例えば、所得税法152条において、同法64条（資産の譲渡代金が回収不能となった場合等の所得計算の特例）等に規定する事実や所得税法施行令274条で定める事実（各種所得の金額の計算の基礎となった事実のうちに含まれていた無効な行為により生じた経済的成果がその行為の無効であることに基因して失われたこと等）が生じたことにより、国税通則法23条1項各号の事由が生じた場合には、当該事実が生じた日の翌日から2月以内に限り、更正の請求をすることができることが規定されています。次の事例が該当すると思われます。

　納税者Ａが平成25年中に、自己の保有する不動産をＢ（主債務者）に係る保証債務の履行のために売却して売却代金（譲渡所得の収入）3,000万円を受領し、同額を債権者に弁済しました。ところが、法定申告期限から5年経過後、主債務者Ｂに対して求償権（3,000万円）全額の行使が不可能となったこと（所法64②）により、平成25年中の売却代金3,000万円が譲渡所得の金額の計算上なかったものとみなされる場合（同条①）に、国税通則法23条1項各号の事由が生じたときは、納税者Ａは、特例として、所得税法152条に基づき更正の請求を行うことができます。

　なお、上記のように保証債務に係る求償権の行使が不可能になったこと等、所得税法等に規定されている事由等が生じた時期（タイミング）が通常の更正の請求期間内（法定申告期限から5年以内）であれば、通常の更正の請求ができるか否かは、あくまでも国税通則法23条1項に基づいて判断されることに留意する必要があります。

　また、例えば、やむを得ない理由を伴わない合意解除が法定申告期限から4年以内に行われ、当該合意解除の結果、国税通則法23条1項1号の要件を充足する場合、申告書を提出した納税者は、同条2項（「特別な事由」が生じた場合）ではなく、同条1項に基づき、更正の請求を求めることになるものと考えられます。

5　更正の請求の手続

　ここまで見てきたように、更正の請求の手続は、次の①～③のように規定されています。

①　納税申告書を提出した者（後発的事由（通法23②）については、決定を受けた者も含む。）が、

②　原則として、法定申告期限から5年以内（法人税の場合、10年以内）、あるいは、

③　後発的事由の場合、判決の確定した日の翌日や政令で定めるやむを得ない理由が生じた日の翌日から起算して2月以内等の一定の期間内に行うことが

できる。

　以上に加えて、更正の手続を行う上では、以下の点に留意する必要があります。

(1) 提出すべき書類

　更正の請求を行うためには、口頭ではなく、更正の請求をする理由、その他所定の事項を記載した更正請求書を、税務署長に提出する必要があります（通法23③）。

　また、更正請求書に更正の請求をする理由の基礎となる事実を証明する書類があるときは、当該書類を添付しなければなりません（通令6②）。

(2) 更正をすべき理由がないとされた場合

　更正の請求に対して、税務署長は、請求に係る課税標準等又は税額等について調査を行い、請求に理由があると認めるときは、課税標準等について必要な更正を行います（通法23④）。

　一方、調査の結果、税務署長が請求に理由がないと認めるときは、その旨（「更正をすべき理由がない旨」）を、請求をした者に通知するとされています（通法23④）。

　なお、「更正をすべき理由がない旨」の通知に対して納税者には、不服申立てを行い、租税訴訟を提起することにより、税務署長の判断の是非を争う途が開かれています。

　ただし、更正の請求が行われた場合でも、原則として徴収は猶予されません（通法23⑤）。

　また、更正をすべき理由がない旨の通知に対して、仮に、納税者が不服申立てを行ったとしても、原則として、徴収手続は続行する点、いわゆる「執行不停止の原則」が適用されることに注意する必要があります（通法105）。したがって、当初の確定申告により納税者が納付すべき税額が確定していることから、更正の請求に対する税務署長の判断が示されていないこと、あるいは、不服申

立ての結果が出ていないことを理由として、納税者が確定申告により確定した税額を納付しない場合、督促後に納税者の銀行預金の差押え等の滞納処分が行われる可能性に注意する必要があります（通法37等）。

　さらに、更正の請求書に偽りの記載をして税務署長に提出した者に対する罰則（１年以下の懲役又は50万円以下の罰金）が設けられています（通法128）。

6　残された課題

(1) 嘆願書の提出に係る問題

　国税通則法23条２項における後発的事由に基づく更正の請求が可能な期間と課税庁の減額更正できる期間は、必ずしも一致していません。そこで、税務署長に減額更正を求める、いわゆる嘆願書の提出（更正の申出）に係る問題が若干残っているといえます。

　平成23年改正により、更正の請求期間が（原則）５年に延長され、更正の請求期間と減額更正の除斥期間が基本的には一致しました。ただし例外として、①法定申告期限から５年を超え、②契約を無効とする判決等の事由が生じた日から２月を超え３年以内等の限られた場合には、納税者の更正の請求期間と課税庁の減額更正の除斥期間が一致しないことになります。その結果として、減額更正に係る嘆願書の提出が必要となるケースが、理屈の上では存在するといえます。

(2) 減額更正の除斥期間に係る問題

　「判決等を契機とする通達の改正による過去の課税処分等の是正は、減額更正の期間（５年）内において行えば納税者の救済としては十分」であるとして、国税通則法施行令６条１項５号（通達の変更）に係る減額更正の除斥期間については、除斥期間の延長（３年）の対象外（通法71①二）であることが妥当であるとする判断（大阪高判平成29年３月17日税資267号順号12997）が示されています。この裁判所の判断は、通達の変更を理由として更正の請求（通法23②）を

行ったとしても、通達の変更を理由とする減額更正の除斥期間は通常の除斥期間の5年（通法70①）であること、すなわち実質的に、通達の変更を理由とする更正の請求は、通常の更正の請求の期間内（5年）に行う必要があることを意味します。

　このような取扱いが妥当であるかについても、議論が残ると思われます。

3 納税額を税務署長が確定するための制度

　「税額の更正・決定」とは、納税者による申告が誤っていた場合、あるいは申告そのものをしていない場合に、税務署長はどのようにして税額を変更、あるいは確定することができるのかという税務上の手続をいいます。

1 更正・決定とは

　国税通則法では、更正の請求（納税者から税額の減額を求める）や修正申告（税額を増額する）以外に、「更正」及び「決定」という税務署長による税額の確定に関する手続が設けられています。

(1) 更正

　納税申告書の提出があった場合に、その申告書に記載された課税標準等又は税額等の計算が国税に関する法律の規定に従っていなかったとき、税務署長は、税務調査を行うことにより、その申告書に係る税額等を変更することができるとされています（通法24）。この変更手続を更正といいます。

　この更正については、納税者の確定した税額を納税者にとって不利に変更する処分（税額を増額する処分である増額更正）と、納税者にとって有利に変更する処分（税額を減額する処分である減額更正、純損失等の金額を増加させる処分、あるいは還付金を増額させる処分）があります。

(2) 決定

　納税申告書を提出する義務があると認められる個人が納税申告書を提出しておらず、税額が確定されていない場合、その税額を税務署長が確定する手続を決定といいます（通法25）。この決定は、納税者の税額を初めて確定する処分であり、納付すべき税額を確定する処分や還付金を生じさせる処分があります。

　なお、更正と異なり、納付すべき税額又は還付金の額に相当する税額が生じ

ないとき、決定は行われません（通法25但書参照）。

(3) 再更正

　税務署長は、更正・決定が行われた後に税額等が過大又は過少であることを知ったときは、調査をした結果によって、税額を減額あるいは増額する処分である再更正を行うことができます（通法26）。なお、再更正後の更正といったように、所定の除斥期間内において、税務署長は更正を繰り返し行うことができます。ただ、実地の調査による更正後の再更正については、国税通則法74条の11第6項（「新たに得られた情報に照らし非違があると認めるとき」）（第2章60頁参照）に該当しなければ、税務署長は再調査を行った上で、再更正を行うことはできません。

2　更正・決定の趣旨

(1) 申告納税制度との関係

　上記のように、納税者により申告された課税標準等又は税額等は、まず、納税者の申告によって確定しますが、税務署長も納税者の税額を確定する権限が与えられています。

　ここで、"申告納税制度であれば、納税者が申告した税額を、税務署長は常に認めるべきではないのか"という疑問が生じます。その一方、"納税者が申告した税額を常に認めた場合には、何か弊害が生じないのか"という点も考える必要があります。

　前者の疑問に関しては、例えば、申告納税方式による国税は、納税者の申告に係る課税標準等又は税額等が国の側で調査したところと異なるときは、課税の適正・充実を期する観点から、申告に係る税額等を変更する機能を国において確保しなければならないことが理由の一つとされています（志場379頁）。

　一方、後者の疑問については次のように考えることができます。

　ある納税者が、本来負担すべき税負担を免れる申告を行ったにもかかわら

ず、税務署長により全く是正されずに、本来負担されるべき税額が課税されない状況が放置された場合、他の納税者は、税法というルールを守ることに疑問を抱くものと思われます。そして、このような状態が放置されることにより、本来の税額よりも少ない税額を申告する納税者が増加し、最終的には、申告納税制度が機能しない状況に至るものと考えられます。

(2) 国税通則法上の調査の意義

　国税通則法における調査の意味については、例えば次のように説明されており、必ずしも、納税者の事務所等において、税務職員が帳簿書類を確認することだけが通則法上の「調査」を意味するものではないことに注意が必要となります。

> 「そもそも通則法24条にいう調査とは、被告住吉税務署長の主張するように、課税標準等または税額等を認定するに至る一連の判断過程の一切を意味すると解せられる。すなわち課税庁の証拠資料の収集、証拠の評価あるいは経験則を通じての要件事実の認定、租税法その他の法令の解釈適用を経て更正処分に至るまでの思考、判断を含むきわめて包括的な概念である。」（大阪地判昭和45年 9 月22日行集21巻 9 号1148頁）

3　更正・決定に係る手続・効果等

　更正や決定の手続については、国税通則法において、更正通知書又は決定通知書の送達等の規定が設けられていますが（通法28）、所得税法等においても、一定の手続が規定されています。以下、いくつかの項目について、納税者が青色申告書を提出している場合と白色申告書を提出している場合に区分して見ていきます。

(1) 理由付記について

①　青色申告書を提出している場合

　青色申告書に係る更正に関しては、帳簿書類を調査し、誤りがあると認めら

れる場合に限り行うことができ（所法155①、法法130①）、更正通知書には更正の理由を附記（付記）しなければならないとされています（所法155②、法法130②）。

また、青色申告書に係る更正通知書に更正の理由を付記する趣旨については、①更正を行う課税庁（税務署長）の判断の慎重、合理性を担保してその恣意を抑制すること、②更正の理由を納税者に知らせて不服申立ての便宜を与えることとされています（最判昭和38年5月31日民集17巻4号617頁）。このような理由付記の趣旨は、法人税法130条の求める理由付記の要件が満たされないとされた事例（大阪高判平成25年1月18日判時2203号25頁）においても確認されています。

② 白色申告書を提出している場合

他方、白色申告書については、従来の所得税法等において、更正や決定の理由を付記しなければならないという規定は明確に設けられていませんでした。それが平成23年の改正により、理由を付記することが必要となりました。

具体的には、国税通則法74条の14は、「国税に関する法律に基づき行われる処分その他公権力の行使に当たる行為については、行政手続法を適用しない」としつつも、例外として、「申請に対する処分の理由の提示と不利益処分の理由の提示については、行政手続法を適用する」という構造を採っています。更正（通法24）、決定（通法25）等はここでいう不利益処分に該当することから、白色申告者に対する更正処分等に行政手続法が適用される結果、税務署長等は更正や決定の理由を示さなければならないこととなります。

なお、不利益処分を書面でするときは、その理由を書面により示さなければならないことが規定されています（行政手続法14③）。例えば、更正通知書を送達して行う旨が定められている白色申告者に対する更正（通法28）については、口頭ではなく、青色申告書の場合と同様に、書面により更正の理由を示さなければなりません。

ただし、更正や決定の理由付記に関しては、以下の点について整理が必要になると思われます。

平成23年の国税通則法改正時において、所得税法上、全ての白色申告者について帳簿保存が必要となりました（所法232）。ただし、例えば帳簿の記録方法

については平成23年の改正前の規定（「簡易な方法により記録」（旧所法231の2、所規102））と同様であり、白色申告者に係る帳簿の記録方法については改正されていません。

　したがって、平成23年の国税通則法等の改正によって白色申告者に課される記帳義務の内容は、青色申告者に課される義務の内容と同じではないといえます。

　このような帳簿の記録方法の違いが存在することから、青色申告者と白色申告者に対する理由付記の程度・範囲に差異が生じ得るとも考えられます。

(2) 推計課税等について

　上記のとおり、青色申告書を提出している納税者について更正を行う場合、帳簿書類を調査し、誤りがあると認められる場合に限り、更正を行うことができることとされます。そのため、所得税法156条等の「推計」により課税を行うことはできません。

　他方、白色申告書を提出している納税者について更正を行う場合は、帳簿書類等の資料に基づく課税（実額課税）だけではなく、帳簿書類等の保存がない等の一定の場合、財産の増減の状況や収入の状況等の間接資料により各種所得の金額を推計して税額を確定することができます（推計課税：所法156等）。

　したがって、青色申告書を提出することのできる納税者が帳簿書類等の備付や記録等を怠っていたため、税務署長が推計課税を行う場合、まず、①当該納税者について、青色申告の承認を取消し（所法150等）、当該納税者が提出した申告書を白色申告書とみなした上で、②間接資料により所得の金額を推計して税額を確定（所法156等）するという二つの処分を行う必要があることに注意が必要です。

　なお、令和2年度税制改正により、源泉徴収義務者が給与等の支払に係る所得税を納付しなかった場合に、税務署長は、その源泉徴収義務者から当該給与等の支払を受けた者の労務に従事した期間、労務の性質、その提供の程度その他の事項により、その給与等の支払を受けた者ごとの支払金額を推計すること

やその支払の日を推定することにより、当該給与等の支払に係る所得税を徴収することができるという、源泉徴収における推計課税に係る規定が設けられました（所法221②等）。

(3) 期間制限等について

以下の項目については、青色申告書や白色申告書に関係なく適用されます。

まず、更正等の期間制限に関して、減額更正と増額更正のいずれについても、除斥期間が5年（通法70①一）であり、基本的には、納税者が更正の請求を行える期間と税務署長等が増額更正を行える期間が一致しています。

また、決定については、基本的には5年（通法70①）（課税標準申告書の提出を要するもので提出された場合の賦課決定については、3年（通法70①柱書））、偽りその他不正な行為によりその全額の税額を免れた場合等の国税についての更正・決定（いわゆる脱税の場合）の除斥期間については7年と規定されています（通法70⑤）。

さらに、更正又は決定により、5年の国税の徴収権（通法72①）の時効は中断します（通法73①一）。

第2章

税務調査等の手続

～税務調査において、当該職員は どのような権限を有するのか～

　本章では、更正や決定等を行う上で必要とされる税務調査について、類似した手続である犯則調査（査察調査）と比較しながら、それぞれの特色を確認します。さらに、質問調査権の概要、当該職員の権限、調査終了時の手続、再調査を開始するための手続を見ていきます。

1 | 税務調査の類型

　税法上の調査は、その目的や根拠法の観点から、基本的に次の三つの類型に整理できます。

　第一の類型は、国税通則法に基づく**税務調査**（通法74の2等）です。税務調査は、更正（通法24）や決定（通法25）等を行うか否かを判断するためになされます。

　第二の類型は、**犯則調査**（いわゆる査察調査です。通法131、132等）です。

　また、第三の類型として、納税者が納付すべき税を正当に完納しない場合に、滞納処分のために行われる**財産の調査**（徴収法141等）を挙げることができます。

　次に、第一の類型（税務調査）と第二の類型（犯則調査）を比較し、整理していきます。

1 目的の相違

　税務調査は、租税の賦課に係る資料の収集を目的とし、正しい税額を確定するために行われます。他方、犯則調査は、国税の公平確実な賦課徴収という行政目的を実現するための一種の行政手続とされ（最判昭和59年3月27日刑集38巻5号2037頁）、また、犯則調査の手続は捜査手続と類似します（最判昭和44年12月3日刑集23巻12号1525頁）。犯則調査は、いわゆる脱税を行った租税犯を処罰するための資料（証拠）の収集を目的とし、最終的に検察官への告発を目的とすることが特色です（通法155等）。

　税務調査と犯則調査は、調査の相手方に対して質問を行える等の点で類似している手続といえます。しかし、国税通則法上は、「第74条の2から第74条の7まで（当該職員の質問検査権等）又は前条の規定による当該職員の権限又は国税局長の権限は、犯罪捜査のために認められたものと解してはならない。」（通法74の8）と規定され、両者は明確に区別されています。

　ただし、犯則調査によって収集した資料は、課税処分（更正・決定等）及び青色申告承認の取消処分のために利用することができます（最判昭和63年3月31日判タ667号92頁）。

2　強制力の有無

　調査における強制力の有無からみた場合、調査については、下記の三つの類型に区分できます。

① **純粋な任意調査**：納税者に対して制裁等の不利益を伴わない、調査の相手方の同意を得て、その同意の範囲内において自由に行われる調査
② **間接強制を伴う任意調査**：調査拒否に対して罰則を設けて罰則の威嚇により間接的に調査受諾を強制し、質問・検査の相手方である納税者には、適法な質問・検査である限り、当該質問に答える義務、あるいは、当該検査を受任する義務のある調査（通法128等）
③ **強制調査**：実力を行使して相手方の抵抗を排し調査を行うことが認められている調査（通法132等）

　税務調査と犯則調査等の相違点は、〔**図表2-1**〕（39頁）のようにまとめることができます。

3　罰則規定：令和元年度税制改正を含めて

　なお、令和元年度税制改正により設けられた国税通則法74条の7の2（特定事業者等への報告の求め）に基づく国税局長から事業者等への特定取引に係る報告の求めについては、通常の税務調査と同様、当該報告の求めの拒否に対して罰則が科されます（通法128）。
　また、令和元年度税制改正により改訂された国税通則法74条の12（当該職員の事業者等への協力要請）第1項に基づく当該職員から事業者等への資料の求め等の協力要請は、当該協力要請を拒否することに対して罰則が科されることはないことから、「純粋な任意調査」に分類されます。ただし、当該協力要請に対して、事業者等が当該資料等を提出することは、法的根拠を伴ったものであ

ると整理されています。

　正当な理由なく調査を拒否する納税者に対して罰則を科すことは可能ですが、後述するように、当該職員が調査拒否をする納税者の事務所や居宅等へ入ることや納税者の同意なく帳簿書類等を持ち出すことは違法とされています。

　また、当該職員からの質問等への返答の義務等に対応して、通則法上の税務調査に従事する者や犯則調査に従事する者が、税務調査や犯則調査に関して知ることができた秘密を洩らしたときは、2年以下の懲役又は100万円以下の罰金が処されます（通法127）。

〔図表2-1〕税務調査等の概要

	税務調査（いわゆる通常の税務調査）（通法74の2等）	犯則調査（通法131等）（間接国税に係る犯則調査を除く）	特定事業者等への報告の求め（通法74の7の2）	当該職員の事業者等への協力要請（通法74の12）
目的・性質	・租税の賦課（税額の確定）に係る資料の収集（行政調査）・「犯罪捜査のため認められたものと解してはならない」（通法74の8）	・告発を目的（租税犯を処罰するための資料の収集）（行政調査であるが、捜査手続に類似）	・高額、悪質な無申告者等を特定するための資料の収集（行政調査）・「犯罪捜査のため認められたものと解してはならない」（通法74の8）	・租税の賦課（税額の確定）に係る資料の収集（行政調査）
調査の権限の内容	・質問、検査、提示（提出）の求め（通法74の2等）・留置き（通法74の7）	・質問、検査、領置（通法131）・臨検、捜索、差押え（通法132）（通信履歴等の保全要請（通法134）、鍵等の開鎖・開封等の権限（通法137））	・特定取引を行う者に係る事項の報告の求め（60日の範囲内（通法74の7の2①）（書面通知（同条⑤））	・協力の求め（「協力を求めること」）
調査の対象	・納税義務がある者（あると認められる者）、支払調書の提出する義務がある者、納税義務者等の取引先等（通法74の2①一イ～ハ等）	・犯則嫌疑者・参考人（通法131、132）・通信事務を取り扱う者（通法133）・電気通信を行うための設備を他人の通信の用に供する事業者等（通法134）	・特定取引の場を提供する事業者又は官公署（通法74の7の2①）（電子情報処理組織を使用）（同条③二）	・事業者（特別の法律により設立された法人を含む。）・官公署
調査の類型	・間接強制を伴う任意調査（通法128）（純粋な任意調査の場合もある）	・純粋な任意調査（通法131）・強制調査（通法132等）	・間接強制を伴う任意調査（通法128）	・純粋な任意調査
調査拒否や報告の要求の拒否等に対する制裁	・罰則（1年以下の懲役又は50万円以下の罰金）（通法128）	・調査拒否等に対する罰則の規定なし	・罰則（1年以下の懲役又は50万円以下の罰金）（通法128）	・罰則規定なし

2 | 税務調査における質問検査権

1 税務調査の区分

(1)「税務調査」の意味する範囲

　国税通則法上、税務調査の具体的な内容に関する定義規定は設けられていません。ただし、国税通則法上の「税務調査」とは、必ずしも納税者の事務所等に税務職員が出向いて帳簿書類等を確認することに止まらず、幅広い意味を有しているといえます（大阪地判昭和45年9月22日行集21巻9号1148頁）。

> 「そもそも通則法24条にいう調査とは、被告住吉税務署長の主張するように、課税標準等または税額等を認定するに至る一連の判断過程の一切を意味すると解せられる。すなわち課税庁の証拠資料の収集、証拠の評価あるいは経験則を通じての要件事実の認定、租税法その他の法令の解釈適用を経て更正処分に至るまでの思考、判断を含むきわめて包括的な概念である。」

(2) 実地の調査とそれ以外の調査

　ただし、例えば事前通知に係る規定（通法74の9）において「納税義務者に対し実地の調査」とされていることから考えても、国税通則法上の税務調査を「実地の調査」と「実地の調査以外の調査」に区分することはできます。

　前者の「実地の調査」については、例えば、国税通則法第7章の2（国税の調査）関係通達（以下、本章において「通達」という。）4-4において「法第74条の9及び法第74条の11に規定する『実地の調査』とは、国税の調査のうち、当該職員が納税義務者の支配・管理する場所（事業所等）等に臨場して質問検査等を行うものをいう。」とされています。

　後者の「実地の調査以外の調査」には、例えば、納税者に来署を依頼して、税務署内において行う調査が該当します。

　調査の終了の際の規定（通法74の11）が適用される調査について、「国税に関する実地の調査を行った結果、更正決定等をすべきと認められない場合」とされていることからみても、「実地の調査」と「実地の調査以外の調査」を区分することには意味があります。

(3) 更正決定等を目的とするか否か

　更正決定等については、「更正若しくは第25条（決定）の規定による決定又は賦課決定」（通法58①一イ）と定義されていることから、「更正決定等をすべきと認める場合」に当たる具体的な処分としては、更正処分（通法24）、決定処分（通法25）、過少申告加算税に係る賦課決定処分（通法32、65）等が該当するといえます。

　以上から、更正や決定のために行われるものではない、すなわち更正等を目的としない実地の調査については、調査の終了の際の規定（通法74の11）が適用されません。このような実地の調査としては、不服申立て（再調査の請求）についての決定のための調査（通法83）や青色申告の承認・取消処分のための調査（所法146、150）が該当します。

　税務調査の区分等については、〔図表２-２〕のようにまとめることができます。

〔図表２-２〕税務調査の区分についての適用関係等

		調査の事前通知の手続関係（通法74の９等）	調査の終了の際の手続関係（通法74の11①②⑥）	調査に係る質問検査権の手続関係（通法74の２等）
実地の調査	更正決定等を目的とする場合	○（適用）	○	○
	更正決定等を目的としない場合	○	×（適用されず）	○
実地の調査以外の調査	更正決定等を目的とする場合	×	×（１項）○（２・６項）	○
	更正決定等を目的としない場合	×	×	○

出典：山下26頁の図１参照。

同表内の事前通知・調査の終了・質問検査権に係る手続関係は後述します。

多くの方がお考えになる税務調査とは、税務職員が、申告書を提出した納税者に対して質問あるいは帳簿書類の検査等を行う、実地の調査ではないでしょ

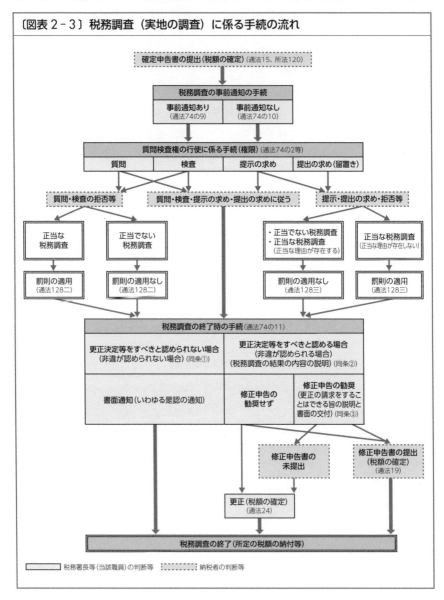

〔図表 2 - 3 〕 税務調査（実地の調査）に係る手続の流れ

うか。そこで、ここからは、実地の調査を行った結果、更正が行われるといった「更正決定等を目的とする場合」を素材にして整理します。

　参考として、所得税の確定申告書が提出された場合を例にとり、税務調査手続の流れを〔**図表2-3**〕にまとめました。

2　税務調査の開始の手続

　実地の調査を開始する場合の手続については、事前通知が①行われる場合（通法74の9）と②行われない場合（通法74の10）が規定されています。両者を区分して整理します。

(1)　事前通知が行われる場合

　事前通知が行われる場合、税務署長等は、税務調査を開始する日時、調査を行う場所、調査の目的、政令で定める事項等について、予め納税者（納税者について税理士等の税務代理人がある場合には、当該税務代理人を含む。）に対して通知することが規定されています（通法74の9①）。また、その他調査の適正かつ円滑な実施に必要なものとして政令で定める事項（通法74の9①七）として、例えば、調査の相手方である納税者の氏名及び住所、調査を行う職員の氏名及び所属官署等が規定されています（通令30の4①）。

　事前通知に示された税務調査を開始する日時（通法74の9①一）又は税務調査を行う場所（通法74の9①二）について、納税者は合理的な理由を付して変更を求めることができます。ただし、納税者からの変更の申出があった場合に、税務署長等は税務調査の日時等を変更する義務はなく、申出のあった事項について協議するよう努めるものとされています（通法74の9②）。

　すなわち、税務署長等は、納税者からの調査に関する変更の申出に拘束されない、言い換えれば、納税者は変更の申出はできますが、税務調査の具体的日時・場所を指定（確定）はできないということです。ただし、通達において、納税者の病気等による入院や親族の葬儀等は、合理的な理由があるものとされています（通達5-6）。

　事前通知の方法については、国税通則法上、特に規定がされていないことから、書面ではなく、電話による事前通知は、国税通則法の規定に沿うものといえます。

　なお、事前通知を規定した国税通則法74条の9第1項の制定経緯、事前通知の趣旨、当該職員は税務署長等の補助機関として税務署長等の職務を遂行できる地位であること等に照らすと、税務署長等は、所属の当該職員に事前通知に係る事務を行わせることができるものと解すべきとされています（東京地判平成29年11月2日判タ1454号127頁）。

(2) 事前通知が行われない場合

① 調査の適正な遂行に支障を及ぼすおそれがある場合

　税務署長等は、調査の相手方である納税者の申告、過去の調査結果の内容又はその営む事業内容に関する情報等に鑑み、「違法又は不当な行為を容易にし、正確な課税標準等又は税額等の把握を困難にするおそれその他国税に関する調査の適正な遂行に支障を及ぼすおそれがあると認める場合」など一定の場合には、事前通知を要しないと規定されています（通法74の10）。

　事前通知を行わない一般的な基準については、通達に例示がされています。

　イ　事前通知をすることにより、納税義務者において、調査に必要な帳簿書類その他の物件を破棄し、移動し、隠匿し、改ざんし、変造し、又は偽造することが合理的に推認される場合（通達5-9）

　ロ　事前通知を行うため相応の努力をして電話等による連絡を行おうとしたものの、応答を拒否され、又は応答がなかった場合（通達5-10）等

　しかし、事前通知を行わない基準の詳細は、税務調査の遂行に支障を及ぼすおそれがあり、行政機関の保有する情報の公開に関する法律5条6号の不開示情報に該当すると考えられることから、個々の納税者に対して、事前通知がされない詳細な理由は明らかにされないものと思われます。

② 反面調査

　事前通知が行われない場合のもう一つの類型として、取引先等へのいわゆる

反面調査が挙げられます。

　事前通知の相手方である納税義務者とは、例えば所得税に関しては、「所得税法の規定による所得税の納税義務がある者」（通法74の2①一イ）と定義されています（通法74の9③）。この定義には、「（所得税法の規定による所得税の納税義務がある者）に金銭若しくは物品の給付をする義務があったと認められる者」（通法74の2①一ハ）といった納税者の取引先等は含まれていません。これは、反面調査の調査先となる取引先等に対する事前通知は国税通則法上の義務とされていない、ということを意味します。したがって、事前通知がなされずに税務調査が開始される場合があり、このような、事前通知を伴わない税務調査は違法ではありません。

　なお、事前通知が必要となる質問検査等の対象となる者は、納税者本人に限られているため、納税者の申告内容について、納税者本人に質問検査等を行わない場合（例えば、税理士のみに対する調査が行われる場合）には事前通知をする必要はないとされています（国税不服審判所裁決平成27年8月4日裁決事例集100集（国税不服審判所公式サイト））。

　また、事前通知がないことのみを理由として、反面調査を含む税務調査に関して、納税者等が税務署等の当該職員からの適法な質問への返答や検査を拒否することは、罰則の対象となります（通法128）。

　なお、納税者等が質問への返答や検査を拒否する場合、推計課税が行われることがあります（所法156等）。

　さらに、調査の開始後、事前通知した以外の事項（例えば、通知した対象期間以外の期間等）について非違が疑われる場合には、調査を行う当該職員は、改めて事前通知を行うことなく質問等を行えます（通法74の9④）。また、税務代理人が数人いる場合、代表する税務代理人を納税者が定めた場合として一定の場合に該当するときは、これらの税務代理人への事前通知は、当該代表する税務代理人に対してすれば足りると規定されています（通法74の9⑥）。

3 | 税務調査の主体等

1 税務調査を行う主体

　所得税や法人税等の税務調査は、国税局や税務署等の当該職員が行うことができます（通法74の2①等）が、国税通則法上、当該職員の定義はされていません。

　ただし、例えば、「『当該職員』とは、国税庁、国税局若しくは税務署又は税関の職員のうち、その調査を行う国税に関する事務に従事している者をいう。」（通達1-3）とされています。また、財務省組織規則553条等には、統括国税調査官等の職務が規定されています（例えば、「内国税の賦課に関する事務のうち、内国税に係る課税標準又は税額の決定に関する事務の管理に関すること。」（1号））。このような事務を行うことができる職員が、当該職員に該当すると考えられます。言い換えますと、全ての税務職員が、国税通則法上の「当該職員」に該当するものではありません。

　なお、国税通則法上、納税者に対して質問を行う場合、当該職員は、身分証明書を携帯し、調査の対象とする者からの請求があったときは、当該身分証明書を提示することが義務付けられています（通法74の13）。

2 税務調査の必要性

　国税通則法の「調査について必要があるとき」（通法74の2等）という文言は、例えば、「所得税に関する調査について必要があるとき」（旧所法234①）と共通するものがあります。

　違法又は不当な行為を容易にし、正確な課税標準等又は税額等の把握を困難にするおそれがあると認められる場合など一定の場合について、納税者に対して事前通知が必要とされていない規定が設けられています（通法74の10）。この点も考慮しますと、納税者等の関係者への質問や、関係物件の検査である質問

検査権の行使に関して、権限ある税務職員に一定範囲の裁量権が認められていることは、改正前の所得税法と同様、現行の国税通則法においても基本的には維持されています。こうした当該職員の裁量権は、昭和48年 7 月10日最高裁決定（最決昭和48年 7 月10日刑集27巻 7 号1205頁）における「質問検査の範囲、程度、時期、場所等実定法上特段の定めのない実施の細目については、右にいう質問検査の必要があり、かつ、これと相手方の私的利益との衡量において社会通念上相当な限度にとどまるかぎり、権限ある税務職員の合理的な選択に委ねられているもの」という考え方に基づいています。

　また、税務調査における質問や検査の場所・時間の制約については、犯則調査の場合（通法148）と異なり、国税通則法上、明確な規定が設けられていません。このことから、質問等の税務調査の具体的な運用は、社会通念上相当な限度の範囲内で、当該職員の合理的な判断に委ねられます。

　事前通知が行われる場合、納税者に対して「調査の目的」は通知されることとされています（通法74の 9 ①三）。ただし、納税者等に通知される調査の目的については、「納税申告書の記載内容の確認又は納税申告書の提出がない場合における納税義務の有無の確認その他これらに類する調査の目的を、それぞれ通知するものとし」（通令30の 4 ②）とされていることからみても、調査の目的・必要性、あるいは調査の対象については、合理的である限り、広い意味を有するものと解されます。

3　税務調査における当該職員の権限

　税務調査における資料収集手段の方法として、当該職員には、納税者等に対する「**質問**」、帳簿書類その他の物件の「**検査**」、あるいは帳簿書類等の「**提示**」や「**提出**」を求めることができる権限が付与されています（所得税・法人税・消費税の調査（通法74の 2 ①）等）。ただし、国税通則法上、「質問」「検査」「提示」あるいは「提出」に関する定義規定は設けられていません。

　また、当該職員は、調査について必要があるときは、税務調査において提出された物件を留め置くことができるとの規定が設けられています（通法74の 7 ）。

以下、それぞれの規定を見ていきます。

(1) 「質問」について

「質問」の意味については、「納税義務者その他の関係者に対して質問を発して答えを求めること」（志場926頁）とされています。

質問等の調査の相手方の範囲について、納税者本人（通法74の2①一イ）や取引先（通法74の2①一ハ）、あるいは納税者の口座を管理する銀行等（通法74の2①一ロ）が該当することは明確に規定されています。また、納税者の業務に従事する家族や従業員も調査の相手方、つまり質問等の相手方に含まれるとされています（最判昭和58年3月11日税資129号479頁（参考：通達1‐4））。

さらに、当該職員が行う正当な質問又は検査に対して、納税者等が検査を拒否すること、答弁を拒否すること、あるいは虚偽の答弁をすることは、罰則（懲役又は罰金）の対象（通法128二）となります。

(2) 「検査」と「提示」について

① 用語の意義

「検査」の意味については、例えば「帳簿書類その他の物件の検査」（旧所法234①等）と同様、「帳簿書類を閲覧して記帳の正確性や所得計算上の問題のある経理処理の有無等を調べること、棚卸商品の状況を確認することなど、物の存在及び状態を五官の作用によって実験し、認識を得ること」（注解所得税法研究会編『六訂版 注解 所得税法』（大蔵財務協会、2019年）1413頁）とされています。

また、「提示」の意味については、例えば「『物件の提示』とは、当該職員の求めに応じ、遅滞なく当該物件（その写しを含む。）の内容を当該職員が確認し得る状態にして示すこと」（通達1‐6）とされています。

なお、検査と提示の関係に関して、例えば、旧所得税法等において、「前号の検査に関し偽りの記載又は記録をした帳簿書類を提示した者」（旧所法242十、旧法法162三等）として、偽りの記載等をした帳簿書類を提示することが罰則の対象となることは、従来から規定されていました。

②　検査の対象とされる帳簿書類等の範囲

　検査の対象となる「帳簿書類その他の物件」の範囲については、国税通則法上、必ずしも明確な定義が規定されていません。ただし、その意味については、例えば、「帳簿書類に類する物件のみではなく、帳簿書類を含めて、事業に関する物件を広く意味している」(金子977頁)とされ、「帳簿書類その他の物件」を広く捉える考え方は通達1-5にも示されています。

　税務調査において当該職員に一定範囲の裁量権が認められることからも、上記通達に係る説明は、必ずしも誤りではないと思われます。

　なお、納税者の取引記録等を記載した書類等について、法律上、守秘義務が課されている弁護士等が保管する場合であっても、当該書類等については、税務調査の対象となる場合があります (大阪高判平成13年12月19日税資251号順号9039)。

(3)「提出」と「提示」について

①　提示が常に提出を伴うとは限らない

　「提出」の意味については、例えば「『物件の提出』とは、当該職員の求めに応じ、遅滞なく当該職員に当該物件(その写しを含む。)の占有を移転すること」(通達1-6)とされています。

　一般に、「提出」は「提示」を伴うものですが、反対に「提示」が常に「提出」を伴うとは言い難いと思われます。すなわち理屈の上では、当該職員に対して、特定の書類等を「当該職員が確認し得る状態にして示すこと」が行われることと、「当該書類等が当該職員に対して提出される」こととは別の問題といえます。

　例えば、旧所得税法上、帳簿書類を提示する義務が納税者にあるとしても、帳簿書類を税務職員に預託したり、コピーをさせたりする義務まで当然には認められないことを示した京都地裁平成6年11月7日判決 (訟月41巻11号2844頁)を踏まえますと、国税通則法上、「提示」と「提出」は明確に区別する必要があります。

② 「正当な理由」の有無

　また、罰則（通法128二・三）を背景として、納税者に対して物件の提示又は提出を求めることは税務職員の権限とされています。ただし、国税通則法128条2号と3号とでは、その規定振りが異なることに注意が必要です。すなわち3号では、「物件の提示若しくは提出又は報告の要求に対し、正当な理由がなくこれに応じず」と規定され、2号にはない「正当な理由」という文言が含まれている点が大きな違いと思われます。

　言い換えれば、実地の調査において、帳簿書類等の物件の提示又は提出の必要性が存在する場合であっても、納税者が税務職員に対して、提出を求められた物件を提示又は提出できないことに関して「正当な理由」があることを説明し、当該理由について税務職員の理解が得られた場合、結果として、納税者は罰則の適用を受けることなく、当該物件の提示又は提出を免れることができるものと考えられます。参考となる事例として、当該職員の膨大な書類の一括の提示の求めに応ずることが物理的に困難であるとして、帳簿書類の提示の拒否について、正当な理由の存在が認められた裁判例（京都地判平成6年11月7日訟月41巻11号2844頁）があります。

(4) 提出された物件の留置きの手続

　税務職員に付与されている権限である「提出された物件を留め置くことができる」（通法74の7）の「留め置くこと」の意味については、国税通則法上、明確な定義がされていません。ただし、その意義等については、例えば、「当該職員が提出を受けた物件について国税庁、国税局若しくは税務署又は税関の庁舎において占有する状態をいう。」（通達2-1(1)）とされています。

　なお、納税者等が提出した帳簿書類等を留め置く具体的な手続や留め置いた帳簿書類等の返還に係る具体的な手続については、国税通則法施行令30条の3において次のように規定されています。

・　税務職員は、留め置く物件の名称又は種類等を記載した書面（いわゆる預り証）を作成し、物件を提出した者に当該書面を交付しなければならないこ

と（同条①）。

・　留め置いた物件につき留め置く必要がなくなったときは、遅滞なく、当該物件を返還しなければならないこと（同条②）。

・　提出された物件については、善良な管理者の注意をもって管理しなければならないこと（同条③）。

　また、書面の交付手続については、通達２-２において、書類の送達の手続（通法12）に沿って、預り証の受領者の署名・押印を求めること（通規１①）が定められています。

　ただし、国税通則法施行令30条の３の規定の文言（「留め置いた物件につき留め置く必要がなくなったときは、遅滞なく、これを返還しなければならない。」）を文字通りに解釈した場合、帳簿書類の提出者からの返還の求めがあっても、直ちに返還されない可能性があることも否定できないと思われます。

4 | 税務調査終了時の手続

　まず、大きく分けて、当該税務調査が「実地の調査」であるか、あるいは「実地の調査以外の調査」であるかによって、いくつかの異なる手続が規定されています。

　次に、税務調査の結果、納税者の申告内容について、①納税者の当該申告内容を是認する場合（更正決定等をすべきと認められない場合）と②当該申告内容に非違がある場合（更正決定等をすべきと認める場合）において、それぞれ異なる手続が規定されています。

　税務調査の終了時の手続の流れを、**〔図表2−4〕**（54～55頁）にまとめました。

1 　実地の調査の場合

(1) 更正決定等をすべきと認められない場合

　実地の調査を行った結果、納税者の申告内容等を是認する場合（すなわち、更正決定等をすべきと認められない場合）には、税務署長等は、その旨を納税者に対し、口頭ではなく、書面により通知するものとされています（通法74の11①）。例えば、法人税関係の実地の調査における更正決定等をすべきと認められない旨の通知書の書式は、「法人課税関係の申請、届出等の様式の制定について（法令解釈通達）」（平成13年7月5日課法3−57ほか）の様式番号32（更正決定等をすべきと認められない旨の通知書）とされています。

　ただし、納税者の申告内容等が是認された場合であっても、その後新たに得られた情報に照らし非違があると認めるときは、当該職員は、納税者に対して、再度、税務調査を行うことができることが規定されています（通法74の11⑥）。したがって納税者は、上記の「書面による通知」を受領した場合でも、税務調査が再度行われる可能性があることに留意する必要があります。

　実地の調査の結果に関する納税者への是認通知後、新たに得られた情報がな

い限り再度の調査（いわゆる再調査）は行われないという一定の制限が明確に設けられています。このことから、上記の「書面による通知」は、申告内容等の是認として一定の法的な効果を有するものと考えられます。

(2) 更正決定等をすべきと認める場合

　一方、実地の調査を行った結果、納税者の申告内容等に非違がある場合（すなわち、更正決定等をすべきと認める場合）には、当該職員は、更正決定等をすべきと認めた金額及び更正決定等の理由といった税務調査の結果の内容を納税者に説明するものとされています（通法74の11②）。

　ただし、この場合、説明の方法として、納税者への書面による通知は、国税通則法上の義務として規定されておらず、「原則として口頭により説明する」とされています（「調査手続の実施に当たっての基本的な考え方等について（事務運営指針）」（平成24年9月12日課総5-11ほか）第2章4(2)）。

①　修正申告等の勧奨

　更正決定等をすべきと認める実地の調査の結果を説明する場合、当該職員は、納税者に対して、修正申告や期限後申告を勧奨することができることが明確に規定されています（通法74の11③）。当該職員が修正申告等を勧奨する場合、納税者に対して、「修正申告書等を提出した納税義務者は不服申立てをすることができないが、更正の請求をすることはできる」旨を説明するとともに、その旨を記載した書面を交付しなければならないことが義務として規定されています（通法74の11③）。

　なお、国税通則法に規定されている当該職員が行う修正申告書等の提出の勧奨の法的な性質については、納税者に対して強制力を伴わない助言といった、いわゆる行政指導（「行政機関がその任務又は所掌事務の範囲内において一定の行政目的を実現するため特定の者に一定の作為又は不作為を求める指導、勧告、助言その他の行為であって処分に該当しないものをいう。」（行政手続法2六））とされています。そのため納税者は、当該職員による修正申告書等の提出の勧奨に従う法的な義務はないといえます。これは、当該職員による行政指

〔図表2-4〕税務調査の終了時の手続

I 実地の調査の終了時の手続
　（通法74の11関係：平成27年度税制改正による変更なし）

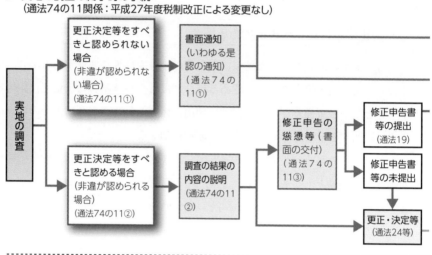

II 実地の調査以外の調査の終了時の手続
　（通法74の11関係：平成27年度税制改正以後）

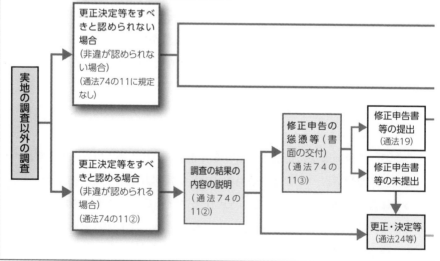

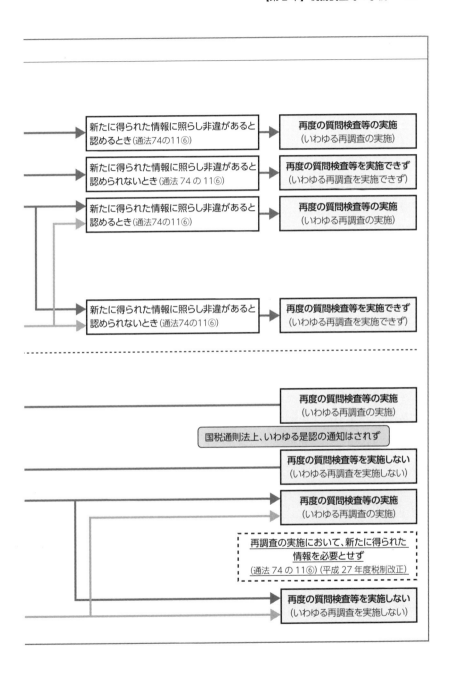

導である修正申告書等の提出の勧奨を納税者が拒絶したとしても、納税者に対して何ら法的な制裁（不利益）が科されるものではないことを意味します。

② 修正申告書の提出（更正の請求）か更正処分等（不服申立て）かの選択

納税者と当該職員の間に、最終的な納付税額や非違の内容に対する見解の相違等があり、調査の結果（非違の内容等）について口頭による説明ではなく書面によって確認し、不服申立ての有無等の今後の対応を検討したいと考える場合には、例えば以下のような選択肢が考えられます。

・ 修正申告書を提出し、所定の税額の納付後、所定の期間内に更正の請求を行う。仮に、当該更正の請求が認められない場合、更正の請求を行った納税者に通知される税務署長の更正をすべき理由がない旨（拒否の理由）（通法23④等）の内容を確認する。

・ 当該職員による修正申告書の提出の勧奨を拒否した上で、更正処分の理由付記の内容、つまり、更正通知書に記載される更正処分の理由（通法28、所法155②等（青色申告の場合）、通法74の11等（白色申告の場合））の内容を確認しつつ、所定の税額を納付した上で、今後の対応等を判断する。

このように納税者は、当該職員の行う勧奨に沿って、修正申告書等の提出・税額の納付（場合によっては、更正の請求）を行うのか、あるいは税務署長による更正等の処分・税額の納付（場合によっては、更正等の処分に対する不服申立て）を行うのかを選択することになると考えられます。

(3) 再調査の制約等

例えば、当該職員が説明した実地の調査の結果を受けて、納税者が修正申告書を提出した後に、税務署長が再調査を行うことについては、国税通則法74条の11第1項の実地の調査における申告の内容の是認の場合（前記(1)52頁参照）と同様、新たに得られた情報がない限り税務調査が行われないという一定の制限が規定されています。

したがって、国税通則法74条の11第2項の実地の調査の結果の説明に沿った修正申告書等の提出については、一定の法的な効果を有するものと考えられま

す。

　なお、実地の調査により質問検査等を行った納税者の同意がある場合、当該納税者への通知や説明等に代えて、税理士等の税務代理人への通知等を行うことができるとされています（通法74の11⑤）。ただし、同意書の提出等といった納税者の同意が確認されなければ、国税通則法上の規定に基づき、実地の調査の内容については、納税者に直接説明されることになります（書面の提出等の納税者の同意の有無の確認方法については、「調査手続の実施に当たっての基本的な考え方等について（事務運営指針）」（平成24年9月12日課総5-11ほか）第2章4(5)を参照）。

2　実地の調査以外の調査の場合

(1)　更正決定等をすべきと認められない場合

　実地の調査の場合（通法74の11①）と異なり、実地の調査以外の調査（例えば、電話又は書面による調査（「調査手続の実施に当たっての基本的な考え方等について（事務運営指針）」（平成24年9月12日課総5-11ほか）第2章4(2)(注)））を行った結果、申告内容を是認する場合（すなわち、更正決定等をすべきと認められない場合）の手続について、国税通則法上の規定は設けられていません。

　したがって、例えば、納税者が確定申告書を提出した後、実地の調査以外の調査のみの結果、更正をすべきと認められないとして、更正処分が行われていない納税者に対しては、実地の調査の場合と異なり、申告内容の是認の通知（通法74の11①）は必要とされていません。

　ただし、課税庁の運用上、実地の調査以外の調査の結果の内容については、書面ではなく、口頭により調査が終了した旨の連絡が行われる場合があります（「調査手続の実施に当たっての基本的な考え方等について（事務運営指針）」（平成24年9月12日課総5-11ほか）第2章4(1)(注)）。

　なお、仮に、更正をすべきと認められないとされた申告書を提出した納税者に対して、何らかの事情により、国税通則法24条に基づき、更正処分を行う必要があると税務署長が判断した場合（例えば、口頭により調査の終了を伝えた

納税者に対して、後日、実地の調査を行う必要があると判断した場合)、「新た
に得られた情報」(通法74の11⑥) を必要とすることなく、税務署長の合理的な
判断に基づき、当該納税者に対して、実地の調査を行うことができるものと考
えられます。

(2) 更正決定等をすべきと認める場合

実地の調査以外の調査を行った結果、納税者の申告内容に非違がある場合
(すなわち、更正決定等をすべきと認める場合) には、当該職員は、更正決定
等をすべきと認めた金額及び更正決定等の理由といった税務調査の結果の内容
を納税者に説明するものとされています (通法74の11②)。

ただし、課税庁の運用上、実地の調査の以外の調査の結果については、口頭
ではなく、書面により説明が行われる場合があります (「調査手続の実施に当たっ
ての基本的な考え方等について (事務運営指針)」(平成24年9月12日、課総5-11ほか) 第
2章4(2)(注))。

なお、実地の調査の場合と同様、当該職員は修正申告や期限後申告を勧奨で
きることが認められています (通法74の11③)。

したがって、前記 **1** (2)② (56頁) と同様、納税者は、当該職員の行う勧奨
に沿って、修正申告書等の提出・税額の納付を行うのか、あるいは、税務署長
による更正等の処分・税額の納付を行うのかを選択することになると考えられ
ます。

(3) 調査後の再調査

実地の調査以外の調査後の再調査については、例えば、当該職員が納税者に
対して説明した実地の調査以外の調査の結果につき、納税者が修正申告書を提
出後、新たに得られた情報がない場合であっても、税務署長は、必要があると
きは、当該納税者に対して、実地の調査を含む再度の税務調査を行う可能性が
あります (通法74の11⑥)。

5 | 再調査を行うための手続

1 再調査における「新たに得られた情報」の位置づけ

　税務調査の終了手続に関して、「実地の調査」あるいは「実地の調査以外の調査」のいずれが行われたかによって、調査終了後に再調査を行う場合に「新たに得られた情報」（通法74の11⑥）を必要とするか否かという点が大きく異なります。

(1)「実地」の判断基準

　「実地の調査」については、国税通則法上、定義されていません。ただし、例えば、平成23年の国税通則法改正に大きく関係する平成23年度税制改正大綱においては、「実地の調査」の意味について、「納税者の事業所、事務所等に臨場してする調査」（「平成23年度税制改正大綱　平成22年12月16日」31頁）とされています。

　また、通達4-4において、「法第74条の9及び法第74条の11に規定する『実地の調査』とは、国税の調査のうち、当該職員が納税義務者の支配・管理する場所（事業所等）等に臨場して質問検査等を行うものをいう。」として、大綱と同様の内容が示されています。さらに、「実地」の一般的な意味にも合致することから、納税者の事務所等での税務調査が、国税通則法上の「実地の調査」を意味するという解釈は妥当であると思われます。

　他方、「実地の調査以外の調査」については、例えば、電話又は書面による調査、あるいは納税者に来署を依頼し、税務署内において調査を行う場合の調査が該当するとされています（「調査手続の実施に当たっての基本的な考え方等について（事務運営指針）」（平成24年9月12日課総5-11ほか）第2章4(2)(注)）。

　以上から、課税庁の解釈においては、「実地の調査」に該当するのか否かを区分する基準として、税務調査の行われる"場所"が採用されていると考えら

れます。

(2) 常に「場所」を基準とすることができるのか

ただし、次に掲げるような点を考慮しますと、単に、"税務調査が行われた場所"のみにより、「実地の調査」と「実地の調査以外の調査」を区分することが、常に合理的な基準と言えるかについては、検討の必要があるのではないかと思われます。

① 実地の調査に係る事前通知の内容を規定した国税通則法74条の9において、調査を行う場所が納税者等の事務所等に限定されておらず、理論上は納税者等の事務所等以外の場所への変更の可能性があること。

② 納税者等へ一定の書類や資料の持参等を求め、税務署内での税務調査を行う場合と、納税者等の事務所等において同様の書類等の提示等を求める税務調査が行われた場合とで、前者と後者の税務調査に関して、手続上の違いを設けること、特に、税務調査終了後の再調査に係る手続に差異が生じること。

納税者等の事務所等以外での税務調査（例えば、税務署内での税務調査）が、国税通則法上の「実地の調査」に該当する否かについては、当該調査の具体的な態様（当該調査の内容、納税者の負担の状況、当該調査の行われた回数等）を踏まえて検討する必要があると考えられます。

2 「新たに得られた情報」の意義

(1) 再調査の根拠となる情報

実地の調査が終了して是認通知が示された場合、あるいは調査担当者の勧奨に沿って修正申告書を提出した場合であっても、当該職員が「新たに得られた情報」に照らして非違があると認めるときは、再度、質問検査等を行うことができる（すなわち、税務署長は、再調査を行い、更正処分を行うことができる）とされています（通法74の11⑥）。言い換えれば、「新たに得られた情報」が

ない場合、再調査を行うことが制限されるということになります。そこで、この「新たに得られた情報」が何を指すかが問題になります。

　「新たに得られた情報」の意味については、国税通則法上、定義されていませんが、「新たに得られた情報」に係る規定が設けられた理由については、例えば、納税者の負担の軽減を図りつつ、適正公平な課税の確保を図る観点との説明がされています。

　また、「新たに得られた情報」という文言の意味については、例えば、通達6-7において、「……国税の調査（実地の調査に限る。）において質問検査等を行った当該職員が、当該通知又は当該説明を行った時点において有していた情報以外の情報をいう。」とされています。

(2) 具体的な判断基準

　具体的にどのような情報が「新たに得られた情報」に該当するかを判断する基準として、次の二つが挙げられます。

イ　**情報を入手した時点に着目するもの**：例えば、調査の終了後に提出された申告書等、調査終了後に回付された資料情報、調査の終了後に実施された外国税務当局との情報交換により把握された情報（例えば、外国政府からもたらされた国外の賃貸用不動産の取得に係る情報など）等が該当するもの（山下147頁）とされています。

ロ　**調査担当者の入手の可能性に着目するもの**：例えば、修正申告書を提出した納税者甲の取引先等である乙に係る調査を通じて把握された甲に関する情報が該当するものと考えられます。なお、仮に、当該情報の把握の時期が甲の調査中であったとしても、甲の調査担当者への連絡が調査後の場合ならば、当該情報は「新たに得られた情報」に該当するものとされています（同上書148頁）。ただし、甲の調査担当者が、実際に目にしなかった情報であっても、確認することが容易な税務署内の情報については、確認の時点が、調査後の場合であっても、「新たに得られた情報」に該当しないとされています（同上書148頁）。

　上記二つの基準は、納税者の負担の軽減を図りつつ、適正公平な課税の確保を図るとの観点から、一定の合理性を有するバランスのとれた基準と考えられます。

(3) 残された課題等

　ただし、上記の基準に関して、例えば、税務調査後に納税者の提出した申告書の内容が、前回の調査により是認された申告書（あるいは前回の調査結果に係る当該職員による説明に沿って提出された修正申告書）の数値に基づくものである場合に、果たして、"前回の税務調査後に提出された申告書の記載事項が、常に「新たに得られた情報」と言えるのか"は、その記載事項の内容により整理する必要があるのではないかと思われます。

　また、具体的な判断基準である、上記イ（情報を入手した時点に着目するもの）及びロ（調査担当者の入手の可能性に着目するもの）の両方に共通する問題として、税務調査終了後、改めて同一の納税者に対して、同一の税目・課税期間について税務調査を行う場合、「新たに得られた情報」について、どの時点で、どの程度の内容が再調査の対象となる納税者に通知（説明）されるのか、国税通則法上、必ずしも明確に規定されていない点が挙げられます。

　この点に関して、例えば税務調査の事前通知に関する規定（通法74の9）において、「新たに得られた情報」に係る項目及び調査の理由を納税者等に通知することは明確に規定されてはいません。ただし、同条第1項において事前通知することとされている「調査の対象となる税目（4号）、調査の対象となる期間（5号）、あるいは調査の目的（3号）」の記載内容から、事前通知された調査が再調査であることは、明らかになるのではないかとも考えられます。

　また、税務調査の運用上、再調査に関しての事前通知については、次のように説明がされています。

「過去に調査を行った税目・課税期間であっても、例えば、取引先の税務調査により非違につながる情報を把握した場合には、再度、同じ税目・課税期間について調査を行うことがあります。このような場合には、再調査することにつ

き原則として事前通知を行いますが、当初の調査の場合と同様、再調査を行う理由については説明することはありません。」（国税庁・税務調査手続に関するFAQ（一般納税者向け）問29）

　ただし、この場合、「新たに得られた情報」に関する内容が納税者等に十分に説明されるかについては、必ずしも明らかではありません。

　以上から、課税庁の入手した情報が、国税通則法上の「新たに得られた情報」に該当するかどうか、納税者が十分に検討する機会があるか否かという点について、法令や通達で明確にされているとはいえません。

3　違法な調査と更正処分等の関係

　納税者が当該職員の質問や検査等を拒否した場合は、当該納税者に対して罰金等が科されます（通法128）。ただし、納税者の同意を得ることなく、店舗内に入った行為や住居部分に立ち入り引出等を開けた行為等（大阪高判平成10年3月19日判タ1014号183頁）については、これらの調査が国家賠償法上、違法であるとして損害賠償の請求が認められました。また、税務調査手続の違法性の程度が、刑罰法令に触れる場合や公序良俗に反する程度に至った場合は、更正処分そのものが違法として取り消される場合があるとした裁判例（東京高判平成3年6月6日訟月38巻5号878頁）があります。

　これは見方を変えれば、納税者の同意を得ることなく居室へ立ち入るといった、国家賠償法上の違法な実地の調査により資料収集が行われた後に、更正等の課税処分がなされた場合であっても、税務職員の居室への立ち入り等の実地の調査の違法性の程度によっては、当該更正処分そのものは、違法でないと判断される場合があることになります。

第3章

附帯税の賦課等に係る手続

～申告書の提出が遅れると、
どのような負担が必要となるのか～

　本章では、納税者が期限後に申告書を提出した場合や税務調査後の更正により賦課される附帯税の特色を確認します。さらに、過少申告加算税等の免除事由や重加算税の賦課要件である「隠蔽・仮装」の意味等を見ていきます。

1 附帯税

1 附帯税の意義

附帯税とは「国税のうち延滞税、利子税、過少申告加算税、無申告加算税、不納付加算税及び重加算税をいう。」（通法2四）と定義されています。

学説上は国税の附帯債務（主たる債務に附帯して生ずる従たる債務）であり、本来の意味の税ではないとされますが、便宜上、本税とあわせて徴収されます（通法60③等、金子875頁）。

附帯税は次のように、納税申告及び納付が適正に履行されない場合の制裁的な機能を有すると同時に、納付の遅れに対する遅延利息（約定利息）の機能も有します。

(1) 税法上の義務違反に対する制裁

申告納税制度においては、納税者の信頼、言い換えれば、他の納税者も税務上のルールである納税義務を適正に履行（遵守）しているという信頼を得ることが必要とされています。そのため、附帯税には税務上の義務違反に対する制裁としての役割が備わっています。

例えば加算税については、申告義務及び徴収納付義務の違反に対して特別の経済的負担を課すことによって、それらの義務の履行の確保を図り、申告納税制度及び徴収納付制度の定着を促進するものと説明（金子881頁）されています。

(2) 租税の納付遅延に対する遅延利息（約定利息）

附帯税には、遅延利息（約定利息）としての役割が備わっていることも特徴とされています。

債権者は、私法上の債務を履行しない債務者に対して、例えば履行の強制（民法414）、特に金銭債務については約定利率あるいは法定利率に基づく損害賠

償の請求が可能です（民法419）。

　ここで、租税債権が金銭債権であるという点に着目し、納税者が正当な納期限内に所定の税額を納付しないといった税務上の義務である租税債務を履行しない場合を考えてみます。債権者である国は、当該納税者に対して、租税債権の回収、すなわち納税者の財産の差押え等の滞納処分（徴収法47等）のみならず、租税の納付の遅れに対する遅延利息（約定利息）の求めが可能であること（通法60等）が規定されています。

2　附帯税の特徴

　附帯税は、税務署長の賦課決定処分によって確定するものと、一定の事実の発生により成立すると同時に確定するものの二種類に区分されます。

　また、附帯税は、所得税等の納付の不足や遅れの場合に生じることから本税との関係で存在し、本税の更正処分等が違法である場合には、当然のこととしてその根拠を失い、納税者は附帯税を納付する必要はありません（附帯税の附随性）。

　ただし、加算税を確定する賦課決定処分は、更正処分等とは別の処分であることから、当該賦課決定処分に対して、課税処分とは別の理由により取消しを求めることができる場合があります（附帯税の独立性）。

　なお、国税通則法上の附帯税は、その計算の基礎となる税額の属する税目の国税となります（通法60④、64、69）。

　次に、附帯税を構成する延滞税、利子税及び加算税について、その趣旨・目的（性質）及び確定の形態等の特徴に焦点を当てて、概略を見ていきます（次頁〔**図表3-1**〕参照）。

〔図表 3-1〕附帯税の種類

附帯税の種類	性質	確定の形態	根拠規定
延滞税 （**3**参照）	遅延利息 行政上の制裁	特別の手続を要しないで納付すべき税額が確定 （納税者の申告及び税務署長の処分は不要）	通法60、15③七等
利子税 （**4**参照）	約定利息	同　上	通法64、15③七、 所法131等
加算税（過少申告加算税、 無申告加算税、不納付加 算税、重加算税：**5**参照）	行政上の制裁	賦課課税方式 （税務署長の賦課決定処分により確定）	通法65、32等

3　延滞税

(1) 趣旨及び目的

　延滞税は、国税の一部又は全部を法定納期限内に納付しない場合、その不納付税額及び不納付期間に応じて負担を求められる金銭的負担であり、納税義務の不履行に伴う損害賠償として遅延利息の意味があります（通法60①）。この履行遅滞に対する損害賠償という性質は、期限内に適正に国税を履行した者との均衡を図るために設けられた制度です（志場694頁）。

　また、延滞税の趣旨・目的については、「納付の遅延に対する民事罰の性質を有し、期限内に申告及び納付をした者との間の負担の公平を図るとともに期限内の納付を促すことを目的とするもの」（最判平成26年12月12日訟月61巻5号1073頁）とされており、税法上の義務の不履行に対する一種の行政上の制裁の性質を有するといえます。

(2) 確定の形態の特徴

　所得税等の申告納税において、納税者が期限内に申告書を提出したものの、その申告書の提出により納付すべき国税を法定納期限までに完納しない（通法

60①一）といった場合には延滞税を納付しなければならず、また、延滞税は、所得税等の本税のみを計算の基礎とします（通法60①一・三・②等）。

　なお、延滞税は、計算が単純であること等から、成立と同時に特別の手続を要しないで納付すべき税額が確定します（通法15③七）。そのため、納税者の申告、あるいは税務署長の処分は必要とされていません。すなわち、納税者に対する延滞税の納付すべき旨の税務署長の通知（催告書）については、「行政庁の処分その他公権力の行使に当たる行為」に該当せず、当該通知を取消訴訟の対象とすることはできないことに注意が必要です。

　また、延滞税は、完納されない本税にあわせて納付しなければならないことも特徴といえます（通法60③）。

4　利子税

(1)　趣旨及び目的

　利子税とは、延納や法人税の納税申告書の提出期限の延長等が認められた場合に、その延長が認められた期間の約定利息という性質を持つ附帯税（通法64）です。

　例えば、所得税法131条や相続税法38条等の規定により納税申告書の提出期限が延長された場合、納税者は利子税を納付しなければなりません。すなわち、延納等又は提出期限の延長期間中は国税の履行遅滞には当たらないため、当該期間においては延滞税ではなく利子税を納付しなければなりません。

　なお、「延滞利子税は右の当然納入すべきであつた本税を延滞したことによる利子で、刑罰に当らないことはもとより、いわゆる行政罰にも当らない。」（東京高判昭和43年12月10日税資58号786頁）として、利子税は制裁としての性質を有しません。

(2)　確定の形態等の特徴

　利子税は、所得税法等に基づき延納等が認められた場合（通法64）に納付し

70

なければならず、延滞税と同様、本税のみを計算の基礎とします（所法131等）。

　また、延滞税と同様、成立と同時に特別の手続を要しないで納付すべき税額が確定し（通法15③七）、延納された本税にあわせて納付しなければならないことも利子税の特徴といえます（通法64①、所法131③等）。

　ここまでご説明した利子税及び延滞税については、次の**2**（72頁以降）で具体的に確認します。

5　加算税

(1) 趣旨及び種類

　加算税は、一般的に行政上の義務違反に対する制裁（経済的不利益）です。

　また、加算税は、単に過少申告・不申告による納税義務違反の事実があれば、正当な理由等のやむを得ない事由のない限り、当該違反の法人等の納税者に対し課せられるものであり、これによって、過少申告・不申告による納税義務違反の発生を防止し、もって納税の実を挙げんとする趣旨に出た行政上の措置であると解すべきとされています（最大判昭和33年4月30日民集12巻6号938頁）。

　加算税は、過少申告加算税、無申告加算税、不納付加算税及び重加算税の四つから構成されます（通法65〜68）。具体的には、次の①〜④のように課されることになります。

① 　過少申告加算税：修正申告の提出又は更正があった場合（通法65）

② 　無申告加算税：期限後申告書の提出又は決定があった場合（通法66）

③ 　不納付加算税：源泉徴収による国税がその法定納期限までに完納されなかった場合（通法67）

④ 　重加算税：過少申告加算税が課される場合において、過少申告加算税の額の計算の基礎となるべき事実の全部又は一部を隠蔽等に基づき納税申告書を提出していた場合（通法68）

　例えば①の過少申告加算税は、期限内に提出された申告書について修正申告又は更正がなされ、当初の申告税額が過少であった場合に賦課されることが規

定されています（通法65①）。

　上記①〜④に掲げる加算税については、後述の**3**（87頁）以降でそれぞれ具体的に確認していきます。

(2) 確定の形態等の特徴

　加算税は、更正処分や修正申告書の提出等により新たに納付すべき税額が生じる場合、申告書の提出や不提出の態様に応じて、新たに納付すべき税額を計算の基礎として、当該税額に対して一定の割合（10％等）を乗じた金額が課せられます（通法65等）。

　加算税は、他の附帯税と異なり、賦課課税方式による国税に該当する（通法16②二）ため、税務署長の賦課決定により確定します（通法32①三）。

　なお、延滞税や利子税と異なり、本税にあわせて加算税を納付しなければならないことは、税法上、規定されていません。

6　印紙税法における過怠税

　これらに加えて、附帯税の性質を持つものとして、印紙税法における過怠税が挙げられます。

　過怠税とは、例えば、印紙税を納付すべき課税文書の作成者が納付すべき印紙税を当該課税文書の作成の時までに納付しなかった、すなわち印紙不貼付の場合、不足額に加えてその２倍から３倍相当額が課されます（印紙税法20）。

　過怠税は加算税と同様、税務署長の賦課決定処分により確定し、税務署長はその決定に係る課税標準及び納付すべき税額を記載した「過怠税に係る賦課決定通知書」を送達することとされています（通法32①三・③、印紙税法20⑥）。

2 延滞税・利子税の概要及び免除

1 延滞税と利子税

　納税者が、所得税法等に規定されている法定納期限内に完納しない場合、あるいは法定納期限内に完納しないことを税務署長が認めた場合、一定の金銭的な負担が求められます。前者については、租税の納付の遅れに対する遅延利息の性質を有する延滞税の納付が求められ（通法60）、後者については、納付の延期が認められた期間の約定利息の性質をもつ利子税の納付が求められます（通法64）。

(1) 「法定納期限」の意義

　延滞税及び利子税いずれにも関係する、国税通則法上の法定納期限の意味を確認します。

① 法定納期限の定義

　申告納税方式による国税の納付について期限内申告書を提出した者は、当該申告書の提出により納付すべきものとして記載した税額を法定納期限までに納付しなければならないとされています（通法35）。このような場合、法定納期限の翌日から延滞税の計算期間の起算日となること（通法60）から、延滞税や利子税の問題を整理する上で、「法定納期限」の意味が重要となります。

　国税通則法上「法定納期限」とは、「国税に関する法律の規定により国税を納付すべき期限」（通法2八）とされています。例えば所得税の場合、確定申告分については法定申告期限と法定納期限が一致し、翌年3月15日とされています（所法128、120）。また、自動確定の源泉徴収に関して、例えば利子所得、配当所得や給与に係る源泉徴収については、徴収の日の翌月10日（所法181、183）とされています。

　ただし、期限後申告や修正申告については、具体的に納付すべきとされている日（修正申告書の場合、修正申告書を提出した日：通法35）とはされず、当該修正申

告等に記載された国税の額を、期限内申告書に記載された納付すべき税額とみなして、期限内申告書の提出により納付すべき本来の期限とされています。例えば所得税の修正申告の法定納期限は、修正申告書の提出の日ではなく、当該修正申告に係る所得税の確定申告書の法定納期限である3月15日とされ、その翌日が延滞税の計算上の始期となります（法定納期限≠具体的納期限：通法2八イ）。

②　納期限の延長・延納

　災害その他やむを得ない事情がある場合、納税者からの申請や税務署長等の処分により納期限の延長が行われることがあります。例えば、納税者からの申請の場合（通法11、通令3③、消法51）や、税務署長あるいは国税庁長官が地域及び期日を指定して納期限を延長する場合（通法11、通令3①）がそれに当たります。このような場合は、延長された期限が法定納期限となり、延長に対応する延滞税や利子税は免除されます。

　さらに、納期限の延長に類似する制度として、納税者の資金事情等を考慮して、一定期間租税の納付を繰り延べること、すなわち延納が認められる場合があります。具体的には、納税者の申請により、税務署長の処分なく認められる場合（所法131）、納税者の申請に基づき税務署長が許可をする場合（相法38等）が該当します。このような延納が認められた場合、まず、法定納期限の延長と異なり、法定納期限そのものが変更される（延長される）ものではなく、延納に係る期限は、国税通則法上の「法定納期限」に該当しないことが明らかにされています（通法2八柱書）。

　ただし、延納が認められた納税者が法定納期限までに納付すべき税額を完納しないことは、履行遅滞とはされません。したがって、延納期間内は税額を納付する必要はなく、延滞税の納付を求められることもありませんが、納税者間の負担を調整するため、延納の期間に応じて利子税の納付が必要となります。

(2)　延滞税の概要

①　趣旨及び目的

　延滞税の課税要件は、期限内申告書を提出した場合に当該申告書の納付すべ

き国税を法定納期限までに完納しないとき（通法60①一）、更正等を受けた場合に当該更正等により納付すべき国税があるとき（同項二）等として、法定納期限内に納税者が租税を納付（完納）しない場合と規定されています。

延滞税の趣旨及び目的については、学説上、例えば、「私法上の債務関係における遅延利息に相当し、納付遅延に対する民事罰の性質をもつ（合わせて、期限内に申告しかつ納付した者との間の負担の公平を図り、さらに期限内納付を促すことを目的とする）。」（金子875頁）とされています。

また、延滞税は、個人・法人の所得金額の計算上、必要経費（所法45①三）・損金（法法55③一）とされないことからも、延滞を続ける納税者への制裁との意味を有します。

② 延滞税の特徴

他の附帯税と異なり延滞税は、税務署長の賦課決定を要せず、国税の納付遅延があった場合、原則として、納付遅延の理由の如何を問わず、成立と同時に自動的に確定します（通法15③七）。すなわち、税務署長からの処分や請求を待たず、納税者において自主的に納付しなければなりません。

なお、延滞税が基礎とする国税は、所得税等のいわゆる本税に限られています。すなわち、加算税や延滞税といった附帯税は対象から除外されて（通法60①各号（特に三号括弧書））おり、延滞税に対して延滞税の納付が求められないことから、複利ではなく単利で計算されます。

イ 延滞税の免除・軽減

延滞税が免除あるいは軽減されることについては、次の二類型が規定されています（通法63）。具体的には後述する **2**（78頁）でご説明します。

- 当然免除：一定の事由が生じた場合には「免除する」との文言に見られるように、税務署長等の裁量の余地が全くなく、延滞税が当然に免除される類型
- 裁量による免除：「免除することができる」との文言に見られるように、税務署長が免除の可否を判断する類型

なお、過少申告加算税等と異なり、「正当な理由」（通法65④等）による免除事

由に係る規定は設けられていません。

□　延滞税の額の計算

　延滞税の額は、原則として、法定納期限の翌日からその国税を完納する日までの期間に応じて計算されます（未納の税額に対して年14.6％（原則）：通法60②）。

　ただし、税額確定後なるべく早めに納付することを奨励するため、納期限の翌日から2月を経過する日までの期間については、延滞税の割合は年7.3％に軽減されています（通法60②）。

　なお、利子税が課される期間は、延滞税が求められる期間に算入されず（通法64②）、また、延滞税の全額が1,000円未満であるときは、その全額が切り捨てられます（通法119④）。

ハ　延滞税の負担軽減の特例

　現在の市中金利の実勢を踏まえた特例的な措置として、令和2年度税制改正により次のように延滞税の負担が軽減されます（措法94①、令和3年1月1日施行）。

　延滞税の割合は、延滞税特例基準割合(※)が年7.3％の割合に満たない場合には、次のように当該延滞税特例基準割合に一定の割合を加算した割合とされています。ただし、当該加算した割合が年7.3％を超える場合には、年7.3％とされています。

・　年14.6％の割合の延滞税：延滞税特例基準割合＋年7.3％
・　年7.3％の割合の延滞税：延滞税特例基準割合＋年1％

※　延滞税特例基準割合とは、財務大臣が告示する割合（最近の告示（令和元年12月12日財務省告示180号「租税特別措置法第九十三条第二項の規定に基づき、令和2年の同項に規定する財務大臣が告示する割合を告示する件」）では年0.6％）である平均貸付割合（措法93②）に年1％の割合を加算した割合をいいます（措法94①）。

　なお、年14.6％については、「期限内納付した者との公平性を図るための利息部分（通常の利子部分）」と「早期納付を促すための部分」で構成されるものとした上で、早期納付を促すための部分（年7.3％）を維持しつつ、通常の利子部分（年7.3％）について、市中金利を踏まえた水準とすることにより軽減されます（志場1648頁）。

　ただし、決定処分（無申告）の場合、延滞税の額の計算となる期間の特例の

対象となることは規定されていません（通法61）。

　なお、納付された金額が本税及び延滞税の金額に達しない場合、納付された金額は、民法の規定（民法489：利息優先充当）とは異なり、納税者の利益を考慮し、延滞税ではなく、計算の基礎となる国税、すなわち所得税等の本税に充てられます（通法62②）。

(3) 利子税の概要

①　趣旨及び性質

　延納、物納、あるいは納税申告書の提出期限が延長された納税者は、所得税法等の規定に基づき、利子税を納付しなければなりません（通法64①）。

　利子税の趣旨・性質については、延滞税と異なり、「延滞利子税は右の当然納入すべきであつた本税を延滞したことによる利子で、刑罰に当らないことはもとより、いわゆる行政罰にも当らない。」（東京高判昭和43年12月10日税資58号786頁）として、制裁としての性質を有しないと位置づけられています。

　また利子税は、延納等、租税の納付の延長が認められた期間に対応する約定利息の性質を有します。

　なお、延滞税と同様、利子税は、所得税法や相続税法が規定する要件が充足された場合、原則として、成立と同時に自動的に確定します（通法15③七）ので、税務署長の処分を伴わないこととなります。

　さらに、利子税の免除あるいは軽減に関しても延滞税と同様に、災害等による納期限の延長をした場合、その延長をした期間に対応する部分の金額は免除されます（通法64③、63②、11）。また、国税の納付の再委託を受けた金融機関が有価証券の取立てをすべき日の翌日から起算して現実に納付した日までの期間等の利子税が免除される場合があります（通法64③、63⑥一等）。

②　利子税の割合

　利子税を納付しなければならないことは国税通則法に規定されていますが、利子税の割合は、延滞税や加算税と異なり、国税通則法ではなく各税法に規定されています。例えば、確定申告税額の延納の場合、納税者が税務署長に延納

届出書を提出した場合に限り、延納の期間の日数等に応じて、所得税額に年7.3％の割合を乗じて計算した金額に相当する利子税を納付しなければならないこと（通法64、所法131）、災害その他やむを得ない理由により決算が確定しないため、確定申告書が提出できず、確定申告書の提出期限の延長（法法75：7.3％）や相続税の延納（相法38：原則6.6％（相法52））が規定されています。

　また、延滞税と同様、令和2年度税制改正により次のように利子税の割合が見直され、負担が軽減されます（措法93①（令2改正法附1二ハ）、令和3年1月1日施行）。すなわち利子税の割合は、原則として、利子税特例基準割合（平均貸付割合(※)＋0.5％（現行1％））が年7.3％の割合に満たない場合には当該利子税特例基準割合とされます。

※　平均貸付割合とは、財務大臣が告示する割合（最近の告示（令和元年12月12日財務省告示180号「租税特別措置法第九十三条第二項の規定に基づき、令和2年の同項に規定する財務大臣が告示する割合を告示する件」）では年0.6％）をいいます（措法93②）。

　なお、延滞税の取扱いと異なり、利子税については、所得税法上の必要経費となり、法人税法上の損金に算入されます（所法45①二、法法38①三）。一方、一部納付がされた場合は、延滞税と同様に、本税に充当されます（通法64③、62）。

　これまでご説明した延滞税と利子税に共通する点、及び相違点について、〔図表3-2〕にまとめました。

〔図表3-2〕延滞税と利子税の共通点と相違点

	延滞税	利子税
税の性質	・遅延利息、行政上の制裁等（「通常の利子部分」＋「早期納付を促す部分」）	・約定利息（「通常の利子部分」）
・課税要件 ・成立・確定の関係	①法定納期限までに完納しない場合（通法60） ②納税義務の成立と同時に特別の手続を要しないで納付すべき税額が確定（納税者の申告及び税務署長の処分は不要）（通法15③七）	①納税者の申請や延納申請に対する税務署長の延納の許可等の場合（所法131、相法38等） ②同左
割合（原則）	・未納税額の14.6％（通法60②）	・延納税額等の7.3％（所得税の場合）（所法131③、相法52等）

割合（特例） （令和2年度税制改正、 令和3年1月1日施行）	・延滞税特例基準割合＋年7.3％（年14.6％の割合の延滞税の場合） ・延滞税特例基準割合＋年1％（年7.3％の割合の延滞税の場合） （措法94①）	・利子税特例基準割合（平均貸付割合＋0.5％、原則：措法93①）
免除（軽減）される場合	・災害等による納税の猶予等、災害等による納期限の延長等、法律上の一定の要件に該当するとき、当然に一定の金額が免除される場合 （通法63①②④） ・納税の猶予等のあった場合において、納税者の事業等の状況によりその延滞税の納付を困難とするやむを得ない理由があると認められるとき等の一定の要件が存するときに税務署長等の処分（判断）によって、延滞税を免除することができる場合 （通法63③⑤⑥）	・災害等による納期限の延長の場合、当然に免除される場合 （通法64③、63②） ・法律上一定の要件が存するときに税務署長等の処分（判断）によって、延滞税を免除することができる場合（通法64③、63⑥）
充当の特則	本税に充当（本税額優先充当） （通法62）	同左（通法64③、62）
その他（損金（必要経費）に関する取扱い等）	・損金不算入（法法55③一） ・必要経費に該当せず（所法45①三） ・所属税目は、計算の基礎となる国税 （通法60④） ・全額が1,000円未満であるときは、その全額が切り捨てられること （通法119④）	・損金算入（法法38①三） ・必要経費に該当（所法45①二） ・同左（通法64③、60④） ・同左

2　延滞税の免除

　法定納期限内に完納しないこと（債務不履行）が納税者についてやむを得ない理由によるものであれば、その責任を追及することは妥当といえません。このような事情が認められる場合、延滞税が免除されます。

(1) 延滞税の免除の二つの類型

　具体的には、国税通則法上、次の二類型が規定されています。

・　当然免除：法律上の一定の要件に該当するとき当然に一定の金額が免除される場合

災害等による納税の猶予等（通法63①）、災害等による納期限の延長（同条②）、国税に関する法律の規定により徴収を猶予された国税に係る延滞税（同条④）

・　裁量による免除：法律上一定の要件が存するときに税務署長等の処分（判断）によって、延滞税を免除することができる場合

納税の猶予等のあった場合において、納税者の事業等の状況によりその延滞税の納付を困難とするやむを得ない理由があると認められるとき等（通法63③）、滞納税額の全額を徴収するために必要な財産の差押えをした場合等（同条⑤）、納付委託の規定により取立期日の翌日から納付された日までの期間に対応する延滞税等（同条⑥）

① 当然免除の類型

当然免除の類型として、法律上の一定の要件に該当するとき当然に一定の金額が免除される場合（災害等による納税の猶予等（通法63①）、災害等による納期限の延長（同条②）、国税に関する法律の規定により徴収を猶予された国税に係る延滞税（同条④））が規定されています。これらは、国税通則法上の「納税の猶予」（通法46）であるのか、国税徴収法上の措置等であるのかにより、免除の対象となる範囲が規定されています（**〔図表 3 - 3〕**参照）。

〔図表 3 - 3〕当然免除関係（通法63①②④）

免除対象	種別	免除の事由	根拠規定
全額免除	納税の猶予	納期限前の国税について災害による納税の猶予（通法46①） 滞納国税に係る震災、風水害、盗難、病気等による納税の猶予（通法46②一・二） 通法46②一・二に該当する事実に類する事実があったこと（通法46②五）	通法63①
	その他（国税徴収法上の措置等）	滞納処分の停止（徴収法153）	
		災害等による期限の延長（通法11）	通法63②

80

2分の1 (半額)	納税の猶予	滞納国税に係る事業の廃止、休止、著しい損失を受けたことによる納税の猶予（通法46②三・四） 通法46②三・四に該当する事実に類する事実があったこと（通法46②五） 税額の確定（処分）が1年以上遅延したことによる納税の猶予（通法46③）	通法63①
	その他	換価の猶予（徴収法151、151の2）	通法63①
		更正の請求があった場合の徴収の猶予（通法23⑤）、不服申立てがあった場合の徴収の猶予（通法105②）等	通法63④

※ 品川芳宣『国税通則法講義－国税手続・争訟の法理と実務問題を解説－』（公益社団法人 日本租税研究協会、2015年）145頁「別表 延滞税の免除規定の一覧」を参照し、筆者作成。

② 裁量免除の類型

裁量による免除の類型として、次の事由が規定されています。

・ 納税の猶予等のあった場合において、所要の調査をして、納税者の事業等の状況によりその延滞税の納付を困難とするやむを得ない理由があると認められるとき等（通法63③）
・ 差押財産等の価値についての判定を踏まえ、滞納税額の全額を徴収するために必要な財産の差押えをしたとされる場合等（通法63⑤）
・ 納付委託の規定により取立期日の翌日から納付された日までの期間に対応する延滞税等（通法63⑥）

これらも、当然免除の類型と同様に、「納税の猶予」であるのか等により、免除の対象となる範囲が規定されています（〔図表3-4〕参照）。

なお、納税の猶予については、納税者の申請により税務署長が判断するものであり、納税の猶予が認められない場合（通法46の2⑩）があります。

〔図表3-4〕裁量免除関係（通法63③⑤⑥）

免除対象	種別	免除の事由	根拠規定
2分の1 (半額)	その他	滞納国税の全額を徴収するために必要な財産を差し押さえた場合、納付すべき全額に相当する担保の提供を受けた場合	通法63⑤

| 納付が困難と認められる金額を限度 | その他 | 納税の猶予又は換価の猶予がされているが、通法63①により免除されない延滞税について、納税者の財産の状況が著しく不良で、公課等を免除しなければ、事業の継続等が困難になると認められる場合において、公課等が軽減（免除）されたとき、あるいは、納税者の事業又は生活の状況により延滞税の納付を困難とするやむを得ない理由があると認められるとき | 通法63③ |
| 一定の期間に対応する部分の金額を限度 | その他 | 納付委託に伴うもの（通法55）、通法63①②の適用外の震災・風水害等の場合、人為による異常な災害等の場合（通令26の2三）等 | 通法63⑥ |

(2) その他の規定による免除

　上記のように国税通則法が規定する事由以外に、例えば、移転価格課税における相互協議の合意に係る免除（措法66の4㉛）、移転価格課税における相互協議の申立てによる納税の猶予に係る免除（措法66の4の2⑦）、非上場株式等についての相続税・贈与税の納税猶予に係る免除（措法70の7⑲）、会社更生法169条に基づく免除、あるいは、新型コロナウイルス感染症等の影響による事業収入の減少等の事実があり、納税の猶予の特例が認められる場合の免除（新型コロナ税特法3①：補章（293頁）参照）等が規定されています。

(3) 延滞税の免除が認められる趣旨

　上記のような延滞税の免除、例えば2分の1の免除が認められる趣旨等については、利息としての延滞税を課すものの、制裁としての部分は免除する趣旨であるが、2分の1を超えて免除する類型は、利息を付加することすら酷と考えられる例外的な場合を対象としているとの見解（佐藤英明「延滞税・利子税・還付加算金」税務事例研究32号（1996年）34頁）が示されています。

　また、財産の差押え（通法63⑤）に係る免除に関しては、「差押えがされてそれにより滞納に係る国税の全額を徴収することができる状態にある期間においては、延滞税によって更に納付を間接的に強制する必要性が減少することから、納税者の負担の軽減を図ることにあると解される。」（東京地判平成21年11月13日租税関係行政・民事事件判決集（徴収関係）平成21年1月～12月順号21-43）とされて

82

います。

3 延滞税の免除に係る問題

　次に、課税庁の解釈や延滞税の免除の可否等が問題となった事例を通じて、延滞税の免除に係る問題を見ていきます。

(1) 課税庁の解釈

① 人為による異常な災害又は事故による免除

　延滞税の免除に係る課税庁の解釈として、例えば「人為による異常な災害又は事故」（通令26の２）に関しては、「人為による異常な災害又は事故による延滞税の免除について（法令解釈通達）」（平成13年６月22日徴管２-35ほか）において次のように示されています。

　延滞税が免除される事由として、「誤指導」「申告書提出後における法令解釈の明確化等」「申告期限時における課税標準等の計算不能」「振替納付に係る納付書の送付漏れ等」及び「その他類似事由」の五つが挙げられています。

　例えば、誤指導に関しては、「その誤指導をした日から、納税者が誤指導であることを知った日以後７日を経過した日までの期間」に対応する延滞税が免除されます。ただし、「納税者による十分な資料の提出があったこと」「納税者がその誤指導を信頼したことにより、納付すべき税額を納付できなかったこと」、さらに「納税者がその誤指導を信じたことにつき、納税者の責めに帰すべき事由がないこと」という要件を満たす必要があります。これらの要件に該当するか否かに関して、「この事由の認定に当たっては、指導時の状況、誤指導の内容及びその程度、納税者の税知識の程度等を総合して判断することに留意すること」とされています。そのため、延滞税の免除の可否・範囲については、納税者の税務職員への説明の内容、納税者の年齢・職業、あるいは専門家への相談（依頼）の有無等の状況が総合的に考慮されると考えられます。

　なお、「申告書提出後における法令解釈の明確化等」に関しては、税法の不知・誤解、あるいは事実誤認による申告や納付が行われなかった場合、延滞税

の免除の対象とはならないことが明示されています。

② 差押え又は担保の提供による免除

　上記の法令解釈通達のほかに、「国税通則法第63条第5項の規定による延滞税の免除の取扱いについて（法令解釈通達）」（平成12年10月30日徴徴3-2ほか）において、延滞税の免除については「国税通則法第63条第5項の規定による延滞税の免除の取扱要領」により処理されることが規定されています。

　例えば、同取扱要領の3「国税を充足する差押え等がされている場合」とは、差押え時の財産の処分予定価額により評価した価額が、滞納に係る国税である本税、各種加算税、過怠税、利子税、延滞税及び滞納処分費の額の合計額以上と判定できる状態にあること、差押え等に係る財産につき値下りした場合や差押え等に係る国税の延滞税の額が増加した場合については、国税を充足する差押え等がされている状態が終了することが示されています。

　なお、延滞税が免除される場合には、同取扱要領の所定の様式（「延滞税免除通知書」）により納税者あて通知することとされ、また、同通知書の（注）2において、当該免除に対して不服申立てを行うことができると示されています。

　このような法令解釈通達の取扱いを踏まえつつ、次に、延滞税の免除が問題となった裁判例を概観します。

(2) 延滞税の免除に係る裁判例

① 延滞税の裁量減免の性質

　裁量免除とされている国税通則法63条5項について、延滞税の減免措置は無条件かつ例外なしに認められるべき措置であるという納税者の主張に関して、次の判断が示されています（大阪地判昭和59年4月25日行集35巻4号532頁）。

イ　免除の対象について、差押え前の延滞税は免除の対象ではないこと。
ロ　免除となるか否かについて、税務署長等の自由裁量に委ねられているものと解するのが相当であること。

② 税務職員による誤指導

　国税通則法63条6項4号（及び通令26の2）に関係する税務職員による誤指導に関しては、例えば、ストック・オプションに係る所得分類が問題となった延滞税は、納税者が更正処分に従って所得税を納期限までに納付しなかったことにより発生したものというべきであって、税務職員の誤った指導と延滞税との間に相当因果関係は認められないとした事例（東京高判平成21年9月29日税資259号11279順号）

③ 税務職員による違法不当な指導

　税務職員の違法不当な指導により延納申請を取り下げざるを得ず、延滞税を納付した旨の主張に対して、延納の担保として不適格な担保しか提供できず、必要書類も提出しなかった等の事情を踏まえ、納税者が、仮にもっと速やかに適格な担保を供することができれば、延滞税が発生しなかった可能性があるにすぎず、税務職員が違法不当な指導をしたということはできないとして、納税者の納付した延滞税は納付義務に基づくものであるとした事例（大阪高判平成18年10月18日税資256号10531順号）

④ 加算税の賦課と延滞税の免除の関係等

　附帯税である加算税の賦課に関して正当な理由が認められることと、延滞税が免除されることとは別であるとの解釈が示されています。

　具体的には次のように、加算税の有する制裁としての性質と延滞税の有する遅延利息としての性質の違いから、加算税が賦課されない場合と延滞税が免除される場合は必ずしも一致しないものとされています（東京地判平成21年5月21日税資259号11204順号）。

　「賦課決定処分をして過少申告加算税を賦課することは酷である場合があり得るとしても、本来納付すべき本税の全額を納付しなかった納税者に対し、過少申告加算税を賦課しないことに加えて、さらに、更正処分がされたことを前提として当然に発生する遅延利息としての性質を有する延滞税についてまで免除をするか否かについては、別途の検討・考慮を要するものというべきである。」

4 利子税の免除等

　納税者が法定納期限内に完納しないことを税務署長が認めた場合、納付の延期が認められた期間の約定利息の性質を持つ利子税が課されることが規定されています（通法64①）。ただし前述したように、延滞税と同様に当然免除の類型として、災害等による納期限の延長をした場合、その延長をした期間に対応する部分の金額は免除が規定されています（通法64③、63②、11）。

　また、裁量免除の類型として、例えば、国税の納付の再委託を受けた金融機関が有価証券の取立てをすべき日の翌日から起算して現実に納付した日までの期間等の利子税が免除される場合が規定されています（通法64③、63⑥一等）。

　なお、利子税の免除に関しては、延滞税の免除のような法令解釈通達は公表されておらず、裁判例も見られませんが、損金（必要経費）の対象となる利子税の損金（必要経費）の算入時期については次の通達が規定されています。

　損金時期について、法人税に関しては、「納付の日の属する事業年度とする。ただし、法人が当該事業年度の期間に係る未納の金額を損金経理により未払金に計上したときの当該金額については、当該損金経理をした事業年度とする。」（法基通9-5-1(4)）とされ、また、所得税に関しては、「納付の日の属する年分の必要経費に算入する。ただし、その年12月31日までの期間に対応する税額を未払金に計上した場合には、当該金額をその年分の必要経費に算入することができる。」（所基通37-6(5)）とされています。

5 その他の法的問題

(1) 附帯税の付従性に係る問題

　附帯税の付従性から、所得税や源泉徴収税等の本税が適法に成立していない限り、延滞税等の附帯税が成立・確定することはありません。そのため基本的には、本税に係る更正処分等が違法であることを理由に当該処分の取消しを求めることにより、別途、附帯税である延滞税等の発生（納付）が違法であるこ

とを争う必要はありません。

　ただし、本税について争わず、延滞税が発生しているか否かのみを争うといった場合、延滞税を納付すべき旨の税務署長の通知（延滞税の通知）は、「行政庁の処分その他公権力の行使に当たる行為」（行訴法3）に該当しない、すなわち処分性を有しないものとされています。したがって、当該通知を取消訴訟（不服申立て）の対象とすることはできないこと（最判平成6年9月13日税資205号405頁、東京地判平成4年11月17日税資193号448頁等）から、延滞税の発生を争う手続について留意が必要です。具体的には、審査請求等の不服申立て・取消訴訟による解決ではなく、延滞税の納付義務が存在しないことの確認といった当事者訴訟（行訴法39等）による解決を図ることが必要です（最判平成26年12月12日訟月61巻5号1073頁）。

　また、自動確定の利子税についても延滞税と同様、処分性がない点は共通しています。

(2)　申告後に減額更正、更に増額更正等の場合の延滞税

　申告後に減額更正がされ、その後、更に増額更正又は修正申告があった場合の延滞税に関しては、上記(1)の最高裁判決（平成26年12月12日）を踏まえ、平成28年度税制改正において、増額更正等により納付すべき税額（その申告税額に達するまでの部分に限る。）について、その申告により納付すべき税額の納付日（法定納期限）の翌日から当該増額更正等までの間（減額更正が更正の請求に基づくものである場合には、その減額更正がされた日から1年を経過する日までの期間を除く。）は、延滞税の納付は求めないこととされました（通法61②、通令26）。

3 ｜ 過少申告加算税

1 ｜ 過少申告加算税の要件

(1) 過少申告加算税の賦課要件

過少申告加算税が賦課される要件として、次のものが挙げられます。

第一の要件：次のいずれかに該当する場合

・ 期限内申告書が提出された場合

・ 還付請求申告書が提出された場合

・ 期限後申告書が提出された場合（期限内申告書の提出がなかったことについて正当な理由があると認められる場合）

第二の要件

修正申告書の提出又は更正がなされ、当初の申告税額が過少であった場合

その修正申告又は更正により、新たに納付すべき税額がある場合（通法35②）には、その税額に10％の割合を乗じて計算した金額に相当する過少申告加算税が賦課されます（通法65①）。

(2) 「納付すべき税額」の意義

上記の過少申告加算税の賦課要件を考える上で、国税通則法65条にいう「納付すべき税額」の意味が問題となります。

条文を文字通りに読めば、修正申告書の提出により税額を納付することとなった場合のみが、過少申告加算税の対象となるように思えます。しかし、還付請求申告書に過大な還付金額を記載した後で、修正申告書の提出により還付申告の金額が過大であるとされた場合（すなわち、修正申告により還付金が減少する場合）に、実際には金銭が還付されていない場合であっても、その還付請求申告書を提出した者に対して過少申告加算税が賦課されることに注意が必

要です（通法35②、19④）。修正申告により還付税額が減少したが、実際には還付されていない場合でも過少申告加算税が課された事例があります（東京高判平成9年6月30日税資223号1290頁）。

このように、過少申告加算税は、修正申告又は更正により新たに納付すべき税額に10％の割合を乗じて計算した金額に相当する額が課されます（通法65①）。この場合、申告漏れの割合が大きくなるに従って過少申告加算税の実効割合が無申告加算税に近づくように、一定の金額を超えるときは5％の加重措置が適用される制度が設けられています（通法65②③）。

(3) 免除事由

① 過少申告加算税を賦課する趣旨

過少申告加算税は、期限内申告書・還付請求申告書の提出、そして、納付すべき税額に不足額がある等の事実といった形式的な基準に基づいて賦課されます。

過少申告加算税は、適法に申告し、税務上の義務を果たした納税者との間に生じる不公平の是正及び納税義務違反に対する行政上の制裁という趣旨から賦課されています。そのため、過少申告加算税を課すことがその趣旨に沿わないと考えられる場合には免除されると規定されています（通法65④⑤）。過少申告加算税を賦課する趣旨については、最高裁判決でも次のように説明されています。

「過少申告加算税は、過少申告による納税義務違反の事実があれば、原則としてその違反者に対し課されるものであり、これによって、当初から適法に申告し納税した納税者との間の客観的不公平の実質的な是正を図るとともに、過少申告による納税義務違反の発生を防止し、適正な申告納税の実現を図り、もって納税の実を挙げようとする行政上の措置」（最判平成18年4月20日民集60巻4号1611頁）

② 過少申告加算税が免除される場合

ただし、次のいずれかの場合には、過少申告加算税が免除されることが規定

されています。

> ・　納付すべき税額の計算の基礎となった事実のうち修正申告等の計算の基礎とされなかったことについて「正当な理由」があると認められる場合（通法65④）
>
> ・　修正申告書の提出が、調査があったことにより更正があるべきことを予知してなされたものでないとき（通法65⑤）

　なお、更正の予知に基づかない修正申告書の提出について、調査対象税目、調査対象期間等に係る調査の事前通知（通法74の9）がある前に行われたものであるときは、過少申告加算税は課されません（通法65⑤）。ただし、調査の事前通知後の更正予知ではない場合の修正申告書の提出については、一定の過少申告加算税（5％）が賦課されます（通法65①括弧書）。

イ　「正当な理由」の意義

　このような過少申告加算税の免除に関する「正当な理由」（通法65④）については次のように解されており、真に納税者の責めに帰することのできない客観的な事情があり、過少申告加算税の賦課が不当又は酷になる場合には賦課されないと規定されています。

> 「過少申告加算税の上記の趣旨に照らせば、同項にいう『正当な理由があると認められる』場合とは、真に納税者の責めに帰することのできない客観的な事情があり、上記のような過少申告加算税の趣旨に照らしても、なお、納税者に過少申告加算税を賦課することが不当又は酷になる場合をいうものと解するのが相当である。」（最判平成18年4月20日民集60巻4号1611頁）

ロ　「更正の予知」の意義

　いわゆる「更正の予知」（通法65⑤）の規定は、自発的な修正申告の勧奨を目的とするものとされており（東京高判昭和61年6月23日行集37巻6号908頁）、「税務当局の徴税事務を能率的かつ合理的に運用し、申告の適正を維持する」との観点から設けられていると説明される場合があります（和歌山地判昭和50年6月23日税資82号70頁）。

　「更正の予知」に関しては、納税者の自発性が必要とされており、条文上、

過少申告加算税が免除されるためには、「調査があったこと」及び「更正があるべきことを予知してされたものでない」という二つの要件を充足する必要があります。

　ただし、過少申告加算税が免除される場合である「正当な理由があると認められる事実」(通法65④)、あるいは「調査があったこと」や「更正があるべきことを予知してされたものでないとき」(通法65⑤) の意味については、法令上、明確に規定されていません。どのような場合が「正当な理由」等に該当するか明らかではないため、個別事情を考慮する必要があると思われます。そこで、次に、過少申告加算税の免除に関して、課税庁の具体的な解釈や裁判例を見ていきます。

(4)「正当な理由」に係る解釈・裁判例

① 課税庁における解釈

　「正当な理由」については、納税者の責めに帰すべきでない事実とした上で、過少申告加算税が賦課されない場合として、例えば所得税に関しては、「申告所得税及び復興特別所得税の過少申告加算税及び無申告加算税の取扱いについて（事務運営指針）」(平成12年7月3日課所4-16ほか、最終改正平成28年12月12日)（以下、本章において「事務運営指針」という。)。において、次の三つの類型が例示されています。

　イ　税法の解釈に関し、申告書提出後新たに法令解釈が明確化されたため、その法令解釈と納税者の解釈とが異なることとなった場合において、その納税者の解釈について相当の理由があると認められること。

　　例えば、通達等の変更前において、従前の通達等に基づき納税者が申告した場合、当該申告については、「正当な理由」があるものとして、過少申告加算税が課されない場合があると思われます。

　　ただし、事務運営指針の注書に示されているように、納税者の税法の不知等は、「正当な理由」に該当しないとされています。

　ロ　法定申告期限の経過の時以後に生じた事情により青色申告の承認が取り消

されたことで、青色事業専従者給与、青色申告特別控除などが認められないこととなったこと。

　例えば、法定申告期限までに確定申告書を提出した後に、青色申告の承認が取り消され、青色申告に係る特典が適用されない結果、納付税額が増加する場合であっても、一定の事情がある場合、当初の申告については「正当な理由」が認められるものとして、過少申告加算税が課されない場合があると思われます。

ハ　確定申告の納税相談等において、納税者から十分な資料の提出等があったにもかかわらず、税務職員等が納税者に対して誤った指導を行い、納税者がその指導に従ったことにより過少申告となった場合で、かつ、納税者がその指導を信じたことについてやむを得ないと認められる事情があること。

　例えば、当初の確定申告を行う上で、納税者が当該職員に対して、十分に正確な資料を提出・提示したにもかかわらず、当該職員により誤った指導がなされ、また、当該指導が単なる計算間違いのようなものではなく、納税者にとっては、一見すると合理的な解釈であると思われ、さらに、当該指導に基づき、納税者が誤った申告書を提出した場合、当該申告については「正当な理由」が認められるものとして、過少申告加算税が課されない場合があると思われます。

　次に、上記の事務運営指針において示されている具体的な基準を踏まえつつ、いくつかの裁判例を見ていきます。

② 裁判例

イ　通達の変更等に係る事例

　通達の変更等に関連して、過少申告加算税の賦課に係る「正当な理由」が認められた事例（最判平成27年6月12日民集69巻4号1121頁）

　なお、納税者の税法の不知・誤解等は「正当な理由」に該当せず（東京高判昭和51年5月24日税資88号841頁）、「正当な理由」の立証・主張の責任は納税者の側にあるとされています（東京高判昭和55年5月27日税資113号459頁）。

ロ　青色申告承認取消しに係る事例

　事業専従者に係る青色事業専従者給与の額と所得税法57条3項の適用により新たに必要経費として認められた事業専従者控除額との差額等については、「正当な理由」が認められた事例（岡山地判平成6年3月10日税資200号900頁）

ハ　当該職員の誤指導等に係る事例

・　納税者が複数回の問い合わせを行い、当該職員のいずれの回答も誤りであり、また、申告の誤りが当該誤った回答が原因である場合に過少申告加算税を課すことは酷であるとして、「正当な理由」が認められた事例（那覇地判平成8年4月2日税資216号1頁）

・　過少申告に関して、当該職員が、納税者の代理人である税理士に積極的に共謀・加担していた場合が「正当な理由」に該当すると認められた事例（最判平成18年4月25日民集60巻4号1728頁）

(5) 「更正の予知」に係る解釈・裁判例

①　課税庁における解釈

　「更正の予知」についても「正当な理由」と同様に、納税者の責めに帰すべきでない事実とした上で、過少申告加算税が賦課されない場合として、例えば所得税については、前述の事務運営指針において次のように示されています。

　「通則法第65条第5項の規定を適用する場合において、その納税者に対する臨場調査、その納税者の取引先に対する反面調査又はその納税者の申告書の内容を検討した上での非違事項の指摘等により、当該納税者が調査のあったことを了知したと認められた後に修正申告書が提出された場合の当該修正申告書の提出は、原則として、同項に規定する『更正があるべきことを予知してされたもの』に該当する。」

　事務運営指針にいう、「非違事項の指摘等により、当該納税者が調査のあったことを了知したと認められた後」という点については、税務調査の展開により多様な事例が想定されるものと思われます。しかし、少なくとも、当該職員により申告内容に係る非違の指摘後や当該職員による修正申告の慫慂後の修正

申告については、過少申告加算税の免除の対象とならないものと考えられます（最判平成11年6月10日訟月47巻5号1188頁）。

　さらに事務運営指針の注書では、「臨場のための日時の連絡を行った段階で修正申告書が提出された場合には、原則として、『更正があるべきことを予知してされたもの』に該当しない。」との点が明確にされています。この注書の文言に従えば、現行法上、調査に係る事前通知がされた段階（通法74の9）で納税者が修正申告書を提出した場合、税務署内における調査が行われていたとしても、当該申告は「更正があるべきことを予知してなされたもの」には該当しないと考えられます。

　ただし、国税通則法65条5項の「調査」や「更正があるべきことを予知してされたもの」の意味に関しては、例えば、調査開始前に提出された修正申告書のみが過少申告加算税の免除の対象となるのか、あるいは、調査開始後のどの時点までに提出された修正申告書が予知してされたものではないと認められるのかといった点が必ずしも明らかではありません。そこで次に、これらの点の具体的な基準に関して、いくつかの裁判例を見ていきます。

② 　裁判例

イ 　「調査」の意味に係る事例

　国税通則法上の「調査」という文言は、実地調査のみならず税務署内の机上等の調査も含まれるとされています。国税通則法65条5項にいう「調査」も、同法の他の規定（通法24）における「調査」と同じ意味と考えることができます（参考：東京高判平成17年4月21日訟月52巻4号1269頁）。

　また、調査に係る税目については、修正申告に係る税目とは異なる税目について当該職員が行う調査（名古屋高判昭和45年7月16日行集21巻7-8号1033頁）や、納税者の取引先である商社、金融機関等への調査（東京高判平成14年9月17日訟月50巻6号1791頁）、さらに犯則調査（内偵調査）（高松高判平成16年1月15日訟月50巻10号3054頁）も含まれるとされています。

　なお、申告書の計算誤りや転記誤りが思料されるのではないかとされる場合に、納税者に対して計算の見直しや修正申告書の提出を要請する行為など、

「国税通則法第7章の2（国税の調査）関係通達の制定について（法令解釈通達）」（平成24年9月12日課総5-9ほか）1-2（「調査」に該当しない行為）に掲げられている行為は、国税通則法65条5項による調査ではなく、行政指導に区分されています。そのため、これらの行為のみにより提出された修正申告書については、過少申告加算税は課されるものでないとされています。

□　「更正があるべきことを予知してなされたもの」の意味に係る事例

　その修正申告書が「更正があるべきことを予知してなされたもの」であるか否かについては、例えば次の判決において、「調査の開始後に提出された全ての修正申告書が該当すること」、あるいは「当該職員により過少申告が把握された後に提出された修正申告書のみが該当すること」という考え方のいずれもが採用されていないことが示されています。

　「税務職員がその申告に係る国税についての調査に着手してその申告が不適正であることを発見するに足るかあるいはその端緒となる資料を発見し、これによりその後調査が進行し先の申告が不適正で申告漏れの存することが発覚し更正に至るであろうということが客観的に相当程度の確実性をもって認められる段階に達した後に、納税者がやがて更正に至るべきことを認識したうえで修正申告を決意し修正申告書を提出したものでないこと」（東京地判昭和56年7月16日行集32巻7号1056頁、東京高判昭和61年6月23日行集37巻6号908頁）

　すなわち、国税通則法65条5項においては、まず調査の着手、端緒となる資料の発見が必要とされ、次に当該資料に関連する納税者の更正の予知が問題になります。例えば、「更正があるべきことを予知してなされたもの」に該当しない、つまり過少申告加算税が免除されることが妥当であるとされた事例として、次のものが挙げられます。

　納税者（経理担当者）が、調査の準備段階において問題となった書類の不提出に気づいた上で、当該書類の不提出の確認後、速やかな修正申告書の提出や追加の納付等を行った等の状況については、調査担当者において確定申告書における申告が不適正であることを発見するに足るか、あるいはその端緒となる資料を発見し、これによりその後の調査が進行し当初の申告が不適正で申告漏

れの存することが発覚し更正に至るであろうということが客観的に相当程度の確実性をもって認められる段階（客観的確実時期）に達する前に、自発的に修正申告を決意し修正申告書を提出したものであると判断された事例（東京地判平成24年9月25日判タ1388号173頁）

　なお、調査により更正があるべきことを予知して修正申告がされたものでないことの主張・立証責任は、納税者の側にあるとされています（東京地判昭和56年7月16日行集32巻7号1056頁）。

(6) その他の関連事項

①　国外財産調書の提出と過少申告加算税の軽減・加重措置

　加算税の負担割合は、適正公平な課税の観点から、昭和59年度税制改正や昭和62年度税制改正において引き上げられており、基本的な傾向として制裁を強化する考え方が採られています。

　ただし、平成24年度税制改正において、「内国税の適正な課税の確保を図るための国外送金等に係る調書の提出等に関する法律」（以下「国外送金等調書法」という。）6条に基づき、申告書とは別に提出する国外財産調書の適正な提出に向けたインセンティブ措置として、所得税と相続税について過少申告加算税等の軽減措置が、他方、未提出等の場合は所得税について加算税の加重措置が設けられました。

　具体的には、国外財産調書に記載された国外財産に関して、所得税の申告漏れ（重加算税の場合を除く。）があった場合（例えば、国外財産から生じる利子所得や配当所得等（国外送金等調書令11①））、過少申告加算税等の計算の基礎となる税額から当該税額の5％の金額が控除されます（国外送金等調書法6①）。すなわち、納税者の申告に関して、国税通則法65条の「正当な理由」や「更正の予知」が認められない場合であっても、国外財産に係る所得の申告漏れに関しては、国外財産調書自体が適正に提出されていれば過少申告加算税が軽減される場合があります（97頁〔**図表3-5**〕参照）。

　このような過少申告加算税等の軽減措置の特例に関して、一定以上の所得金

額及び国内外の財産を有する個人が税務署長に提出しなければならない財産債務調書の提出について準用される（国外送金等調書法6の3）との規定が設けられています。

　ただし、令和2年度税制改正において、相続税について、被相続人の相続開始年の前年分の国外財産調書、相続人の相続開始年の年分の国外財産調書、相続人の相続開始年の翌年分の国外財産調書のいずれかの提出がある場合の過少申告加算税等の軽減措置（国外送金等調書法6②二）、また、被相続人等の国外財産調書の全てが提出されていない場合の過少申告加算税等の加重措置が設けられました（国外送金等調書法6④二）。

　同じく令和2年度税制改正において、国外財産調書が提出された場合であっても、当該職員から国外財産調書に記載すべき国外財産に関する書類の提出等を求められたにもかかわらず当該書類を提出等しなかったとき、国外財産に係る加算税の軽減措置を適用しないことと当該国外財産に係る加算税の10％の加重措置を適用するとの新たな措置が設けられました。

　さらに関連して、国外財産に関する書類の提出等がなく、租税条約等の規定に基づきその租税条約等の相手国等に上記の国外取引又は国外財産に関する情報提供要請をした場合、当該要請に基づく更正決定等を3年間、行うことができるとの更正決定等の期間の延長がされました（通法71①四）。

　なお、国税通則法65条5項の規定の適用がある修正申告書の提出後、国外財産調書を提出した場合、国外送金等調書法に基づき、加重措置が適用されるとした事例（国税不服審判所裁決平成29年9月1日裁決事例集108集（国税不服審判所公式サイト））があります。

　加えて、国外財産調書に偽りの記載をして提出した者、あるいは正当な理由なく提出しなかった場合には、罰則として1年以下の懲役又は50万円以下の罰金に処されます（国外送金等調書法10）が、財産債務調書の対象の国内財産は調査により把握できることから、不提出に係る罰則は設けられていないとされています。

〔図表3-5〕過少申告加算税等の軽減（加重）措置

（1）国外財産調書の提出状況

申告の状況	国外財産調書 （財産債務調書）の提出状況	過少申告加算税等の特例
修正申告書・期限後申告書（修正申告等）が所得税に関するもの（所得税に係る誤った申告あるいは不適正な記載）【×：「正当な理由」等なし】	修正申告等に係る年分の国外財産調書を提出（適正（十分）な記載）※　財産債務調書に準用	過少申告加算税又は無申告加算税の軽減（5％の控除）※　（2）を適用する場合は、軽減措置の規定は、適用しない。
修正申告等が相続税に関するもの（相続税に係る誤った申告あるいは不適正な記載）【×：「正当な理由」等なし】	次に掲げる国外財産調書の**いずれか**を提出（適正（十分）な記載）イ　被相続人の相続開始年の前年分の国外財産調書ロ　相続人の相続開始年の年分の国外財産調書ハ　相続人の相続開始年の翌年分の国外財産調書※　財産債務調書に準用	
修正申告等が所得税に関するもの（所得税に係る誤った申告あるいは不適正な記載）【×：「正当な理由」等なし】	修正申告等に係る年分の国外財産調書の不提出（提出調書の記載が不十分）※　財産債務調書に準用	過少申告加算税又は無申告加算税の加重（5％の加算）※　不提出の罰則適用（国外財産調書のみ罰則適用）
修正申告等が相続税に関するもの（相続税に係る誤った申告あるいは不適正な記載）【×：「正当な理由」等なし】	次に掲げる国外財産調書の**全て**が不提出（提出調書の記載が不十分）イ　被相続人の相続開始年の前年分の国外財産調書ロ　相続人の相続開始年の年分の国外財産調書ハ　相続人の相続開始年の翌年分の国外財産調書	

（2）国外財産調書に記載すべき財産の取得等に係る書類の提出状況

申告の状況	国外財産調書に記載すべき財産の取得等に係る書類の提出状況	過少申告加算税等の特例
修正申告等が所得税又は相続税に関するもの（所得税に係る誤った申告あるいは不適正な記載）【×：「正当な理由」等なし】	提出等を求められた日から**60日を超えない範囲内**において当該職員が指定する日までにその提出等をしなかったとき（関係書類の提出等の拒否）	過少申告加算税又は無申告加算税の加重（原則：10％の加算（相続国外財産を有する者の責めに帰すべき事由がなく提出期限内に国外財産調書の提出がない場合等に関しては、5％の加算））

②　不服申立てに係る手続

　過少申告加算税の賦課決定処分を争う場合、通常は、附帯税の附随性の性質から、本税に係る更正等の課税処分を争うことにより賦課決定処分の取消しも求めることができます。

　ただし、過少申告加算税に係る独自の法的な問題（例えば「正当な理由」（通法65④）の有無等）を争う場合、すなわち、更正処分等の本税に係る処分とは異なる点を争点（理由）として過少申告加算税の賦課決定処分の取消しを求める場合には、更正処分等の本税に係る処分とは別に、過少申告加算税の賦課決定処分に係る審査請求等の所定の不服申立て等の争訟の手続を行わなければなりません。

4 ｜ 無申告加算税

1 無申告加算税の概要

(1) 制度の趣旨

　無申告加算税は過少申告加算税と同様に、申告義務を怠った納税者に対する行政上の制裁として、また、無申告であることに着目して、過少申告加算税よりも高い割合で課されることが規定されています。

(2) 無申告加算税の賦課要件

　無申告加算税は、法定申告期限の経過の時に成立し（通法15②十四）、税務署長の処分（賦課決定処分）により確定します（通法16①二・②二、32①三）。

　無申告加算税は、申告納税方式の国税に関して、次のいずれかに該当する場合に課されるとされています（通法66①）。

① 　納税者が法定申告期限内に期限内申告書の提出を行わず、期限後申告書の提出又は決定（通法25）があった場合

② 　期限後の提出又は決定（通法25）があった後に修正申告書の提出又は更正があった場合

　無申告加算税は、過少申告加算税よりも高い15％という税率が、期限後申告等に基づき新たに納付すべき税額に課され（通法66①）、加えて、加重割合（50万円を超える部分に加重すること）が規定されています（通法66②）。

　無申告加算税の賦課に当たっては、無申告の意図ないし認識の有無は問われていません。

　なお、平成30年度税制改正により、大法人（資本金の額又は出資金の額が1億円を超える法人等）の一定の法人の法人税等の申告書については、電子申告により提出が義務化された（法法75の3、消法46の2等）ことから、電子申告が義

務化された大法人が書面で法人税等の申告を法定申告期限内に行った場合であっても、災害等の場合（法法75の4）を除き、当該申告は期限内申告と扱われず、当該法人に対して、無申告加算税が賦課されます。

(3) 免除事由

　過少申告加算税と同様、期限内申告書の提出がなかったことについて正当な理由があると認められる場合は課されません（通法66①本文但書）。

　また、いわゆる「更正の予知」、すなわち、期限後申告書の提出が国税についての調査があったことにより当該国税について更正等があるべきことを予知してなされたものでないとき、調査の事前通知（通法74の9）がある前に行われたものである場合は、無申告加算税が賦課（5％）され（通法66⑥）、調査の事前通知後の更正予知ではない場合は、無申告加算税が賦課（10％）（通法66①括弧書・⑥）されます。

　ただし、期限後の提出であっても、期限後申告書の提出が法定申告期限から1月以内に行われ、納付すべき税額の全額が法定納付期限までに納付されている等、期限内申告書を提出する意思があったと認められる一定の場合に該当するとされるものについては、無申告加算税が課されません（通法66⑦）。

　なお、国外財産調書あるいは財産債務調書の提出による加算税の軽減措置（逆に加重措置）については、過少申告加算税と同様、無申告加算税についても適用されます（国外送金等調書法6）。

　続いて、無申告加算税に係る法的な問題として、次の2点について整理していきます。

　第一に、期限内において申告書が提出されたか否か、すなわち、どのような基準に基づき、申告書が期限内に税務署長に提出（受領）されたものといえるのか（次項 **2**）。

　第二に、どのような場合に無申告加算税は課されないのか、特に、無申告加算税の独自の規定である「期限内申告書を提出する意思があったと認められる場合」とは、どのようなことを意味するのか（後述 **3**）。

2　納税申告書等の提出時期に係る基準

(1)　到達主義か発信主義か

　国税通則法では、法定申告期限までに税務署長に提出される納税申告書を期限内申告書と規定しています（通法17）。このことから、無申告加算税の賦課を判断する上で、納税者の提出した申告書が法定申告期限内に提出されたものであるか否かが問題となります。特に、納税者が郵送等により提出した申告書の提出日が、どのような基準に基づいて判断され、期限内に提出された申告書と認められるか否かが問題になります。

　納税申告書等の提出の効力発生時期については、一般的な規定が設けられていないことから、民法上の原則である到達主義（民法97）により判断されます。ただし、郵便又は信書便により提出される納税申告書に関しては、現在の郵便事情等を考慮して、特例として、国税通則法22条において郵便物等の通信日付印（いわゆる消印）により提出時期が判断されます。すなわち、郵便等により提出される納税申告書については、実際に税務署長が受領した日ではなく、郵便物等の通信日付に税務署長が受領したものとみなされ、実質的に発信主義に準ずる効果があります。

(2)　発信主義に関する事例

①　「ゆうメール」による提出等が問題となった事例

　郵便法上、郵便物に該当しない「ゆうメール」による納税申告書の提出については、「納税申告書が郵便により提出された場合」に当たらないとして、到達主義により到達の時（3月16日）に効力が発生することとなり、当該申告書は期限後申告書に該当するとした事例（国税不服審判所裁決平成25年7月26日裁決事例集92集（国税不服審判所公式サイト））、宅配便事業者を利用した申告書の提出について、国税通則法22条の適用を否定した事例（国税不服審判所裁決平成17年1月28日裁決事例集69集（国税不服審判所公式サイト））

② 消印が問題となった事例

　法定申告期限の末日の午後５時前に、納税者が無集配局の郵便局の窓口に持ち込んだ郵便物の通信日付（切手の消印）が３月16日であった場合に、提出日が確定申告期限内とされるか否かが争われた事例において、無申告加算税の賦課が認められないとされた事例（東京地判平成17年12月16日判夕1222号172頁）

3　無申告加算税の免除事由の概要

　過少申告加算税と同様に行政上の制裁である無申告加算税は、「正当な理由」等の一定の事由がある場合には課されません。しかし、こちらも過少申告加算税と同様、法令上、どのような場合が「正当な理由」等に該当するかについては明確に規定されていません。したがって、個別事情を考慮する必要があります。

　そこで次に、無申告加算税の免除に関して、課税庁の具体的な基準や裁判例、さらに過少申告加算税とは異なる規定について見ていきたいと思います。

(1)　課税庁における解釈

　いわゆる「正当な理由」に関しては、例えば、「災害、交通・通信の途絶その他期限内に申告書を提出しなかったことについて真にやむを得ない事由があると認められるときは、期限内申告書の提出がなかったことについて正当な理由があるものとして取り扱う。」とされています（事務運営指針）。

　ただし、複数の都道府県にわたる大規模な災害の場合（例えば、「岩手県、宮城県、福島県、茨城県、栃木県及び長野県の一部の地域における国税に関する申告期限等を延長する件」（国税庁告示第13号）（令和元年11月１日））、国税通則法11条（及び国税通則法施行令３条１項）の規定に基づき、国税庁長官等が地域を指定した上で、申告期限そのものを延長することがあります。

(2)　裁判例

　無申告加算税の免除事由である「正当な理由」については、法定申告期限内

に申告書が提出されなかったことについて真に納税者の責めに帰することのできない客観的な事情があり、無申告加算税の趣旨に照らしても、納税者に賦課することが不当又は酷になる場合です。

　上記の趣旨に沿って、無申告加算税の免除が認められなかったものとして、次の諸事例が挙げられます。

・　税務署から消費税の申告書が送付されなかったことを理由に無申告であったことについて、申告書の送付は税法上の義務でなく、適正な申告及び納付を推進するための納税者サービスの一環として事実上行ったものであり、たまたま当該納税者に対して送付漏れがあったからといって、無申告である「正当な理由」があるということはできないとされた事例（浦和地判平成5年10月18日税資199号274頁）

・　相続人（納税者）が、相続人間における相続財産の範囲等の争いにより相続財産の全容が把握できない場合、判明している範囲で相続税を申告することが予定されていることから、判明している相続財産の一部について基礎控除を超えることを把握しているならば、申告義務を免れないとして、問題とされた無申告については、「正当な理由」が認められないとされた事例（神戸地判平成5年3月29日行集44巻3号306頁）

・　過少申告加算税と同様、法の不知・誤解（例えば、確定申告書を提出する義務がないと誤解した場合（東京地判平成6年2月1日税資200号505頁）、当該職員の指導に誤りがあったが、正確な資料を提示したとは考えられない場合（福岡地判平成元年6月2日税資170号630頁））については、正当な理由に該当しないとされる事例

　なお、無申告加算税の「正当な理由」の主張立証の責任については、過少申告加算税と同様、納税者の側にあります（大阪地判昭和39年10月16日訟月11巻2号338頁、神戸地判平成5年3月29日行集44巻3号306頁）。

4 法定申告期限内に申告する意思があったと認められる場合

「正当な理由」及び「更正の予知」以外に無申告加算税が適用されない事由として、一定の期限後申告については法定申告期限内に申告する意思があったと認められるとして、誠実とみられる納税者に対する制裁措置を緩和する規定があります。具体的には、次の要件が規定されています。

- 期限後申告書の提出が、法定申告期限から1月以内に行われていること（通法66⑦）。
- 自主的な期限後申告書の提出があった日の前日から起算して5年前の日までに無申告加算税又は重加算税を課されたことがない場合であって、国税通則法66条7項の規定の適用を受けたことがないこと（通令27の2①一）。
- 期限後申告に係る納付すべき税額が、法定納期限までに納付されていた場合（通令27の2①二）。

また、国税通則法66条の適用に関して、納税者が過去5年以内に同条6項（現7項）の適用された事実を知っていたか否かについては、当該規定の適用の判断を左右するものではありません（国税不服審判所裁決平成22年6月7日裁決事例集79集（国税不服審判所公式サイト））。

5 ｜ 不納付加算税

1 　不納付加算税の賦課要件

　給与等の支払に係る源泉徴収義務を怠った源泉徴収義務者に対して、源泉徴収による国税を国に適正に納付しないことの行政制裁として不納付加算税が課される場合があります。

　不納付加算税は、法定納期限の経過の時に成立し（通法15②十五）、他の加算税と同様、税務署長の処分（賦課決定）により確定します（通法16①二・②二、32①三）。具体的な要件としては、源泉徴収等の国税に関して、①税務署長等により納税告知処分があった（通法36）場合、②法定納期限後に納税の告知処分を受けないで納付した（通法67①）場合です。

　なお、国税通則法67条では「徴収する」という文言が用いられており、他の加算税における「課する」とは異なる表記がなされています。これは、過少申告加算税等が自主納付することとされている（通法35③）のに対して、不納付加算税は、納税の告知（通法36①）により徴収されること、すなわち、給与等を受領する者ではなく、給与等の支払者に対して国が納付等を求める、すなわち「徴収しようとする」枠組みの違いによるものです。

　また、不納付加算税の税率は、10％の割合が納税告知を受けた税額に課される（通法67①）として、原則15％の無申告加算税（通法66①）と比較して低く規定されています。

2 　免除事由

　過少申告加算税と同様、「正当な理由」が認められる場合は、不納付加算税の徴収が免除されます。また、無申告加算税と同様、当該国税について納税告知があるべきことを予知してなされたものでないとき、いわゆる「更正の予知」ではない場合については、全額が免除されず、納付された税額の５％の不

納付加算税が課されます（通法67②）。

　さらに、無申告加算税と同様の趣旨である誠実な納税者の適正な申告納税への配慮として、納税告知を受けることなく、納付が法定納付期限から1月以内に行われる等といった期限後の納付に関して、法定納期限内に納付する意思があったと認められる一定の場合に該当するとされるものについては、不納付加算税が課されないことが規定されています（通法67③、通令27の2②）。

3　源泉徴収等による国税の不納付に係る「正当な理由」等

　申告納税と異なり源泉徴収の場合、給与等の支払者側が支払の相手方の状況（控除対象配偶者や扶養親族等の有無、非居住者か居住者か等）に応じて、所定の金額を源泉徴収する必要があります。そのため、どのような場合が不納付、すなわち源泉徴収を行わなかったことについて「正当な理由」等の免除事由に該当するのかという点が問題となります。しかし、法令上、どのような場合が「正当な理由」等に該当するかについては明確に規定されておりません。

　また、不納付加算税については、「源泉徴収等による国税がその法定納期限までに完納されなかった場合」に徴収されるものであることから、源泉徴収の有無等の源泉徴収制度に係る解釈といった、申告納税制度とは異なる判断が必要となります。さらに、源泉徴収の納付の遅滞に係る不納付加算税の最終的な負担者は誰であるのかという点も問題となります。

　そこで次に、不納付加算税の免除に関する課税庁の具体的な基準、裁判例の概要等を見ていきます。

(1)　課税庁における解釈

　不納付加算税に係るいわゆる「正当な理由」に関しては、例えば「源泉所得税及び復興特別所得税の不納付加算税の取扱いについて（事務運営指針）」（平成12年7月3日課所4-19ほか）において四つの事例が挙げられています。

・　税法の解釈に関し、給与等の支払後取扱いが公表されたため、その公表された取扱いと源泉徴収義務者の解釈とが異なることとなった場合において、

その源泉徴収義務者の解釈について相当の理由があると認められるとき。

・　給与所得者の扶養控除等申告書、給与所得者の配偶者特別控除申告書又は給与所得者の保険料控除申告書等に基づいてした控除が過大であった等の場合において、これらの申告書に基づき控除したことにつき源泉徴収義務者の責めに帰すべき事由があると認められないとき。

・　最寄りの収納機関が遠隔地であるため、源泉徴収義務者が収納機関以外の金融機関に税金の納付を委託した場合において、その委託が通常であれば法定納期限内に納付されるに足る時日の余裕をもってされているにもかかわらず、委託を受けた金融機関の事務処理誤り等により、収納機関への納付が法定納期限後となったことが、当該金融機関の証明書等により証明されたとき。

・　災害、交通・通信の途絶その他法定納期限内に納付しなかったことについて真にやむを得ない事由があると認められるとき。

　以上のように、過少申告加算税と同様、税法の不知若しくは誤解又は事実誤認に基づくものは「正当な理由」に該当しないとされています。

　なお、いわゆる「更正の予知」に関しては、源泉徴収の特殊性を考慮して、上記事務運営指針において、原則として「臨場のための日時の連絡を行った段階で自主納付された場合」「納付確認（臨場によるものを除く。）を行った結果、自主納付された場合」「説明会等により一般的な説明を行った結果、自主納付された場合」については該当しないとされています。

　そこで次に、「正当な理由」の具体的な基準に関して、いくつかの事例を見ていきます。

(2) 裁判例及び裁決事例における判断

① 給与等の受給者への支払に係る事例

　年末調整時に給与の受給者から提出された書類に特に不審な点がない場合、給与の支払者等が当該書類の記載内容に沿って源泉徴収を行うことは「正当な理由」に該当することが示されています（大阪高判平成3年9月26日税資186号635

108

頁）。

　ただし、次のような事例において「正当な理由」が認められないとの判断が示されています。

- 　給与の受給者が代表取締役であった等の事情を踏まえ、給与の支払者である会社において当該取締役の居住の状況の確認が可能であるとした事例（大阪高判平成3年9月26日税資186号635頁）（この事例は、上記と同じ判決で示されたものですが、こちらは、源泉税率が変わる居住・非居住に係る争点の結論です。）
- 　納税者である会社の代表取締役に対する役員報酬、配当金等の支払に関して、当該代表取締役自らが日本の非居住者である旨の説明をしていたとしても、出入国の状況、代表取締役社長としての職務の遂行状況等に照らせば、納税者は、当該代表取締役が日本の非居住者であることにつき合理的な疑念を抱くことができたものと考えられるとした事例（東京地判平成25年5月30日裁判所公式サイト）
- 　提出された書類の記載内容や手引きの記載が問題とされた事例として、提出書類において、住宅借入金等の借換えとの記載があり、また、「年末調整のしかた」において借換えに係る調整計算が記載されている場合、提出書類の確認が不十分であったとした事例（国税不服審判所裁決平成25年9月18日裁決事例集92集（国税不服審判所公式サイト））

② 非居住者への支払に係る事例

　居住者と異なり非居住者に対する支払については、支払者側において源泉徴収が求められる場合があります（所法161、212①等）。そのため、賃借料等の支払の相手が非居住者である場合、支払側に源泉徴収を行う義務が生じる可能性があります。

　ただし、例えば、納税者が賃借料を賃貸人に対して支払う場合において、契約当初、賃貸人は居住者であったが、契約後の数年後、日本を出国し非居住者となった場合、納税者と賃貸人の接触はなく、賃貸人が非居住者となったことを直ちに納税者が知る状況になかったこと、非居住者と知った後、源泉徴収の

納付手続を採ったこと等から、正当な理由が認められた事例（国税不服審判所裁決平成25年5月21日裁決事例集91集（国税不服審判所公式サイト））があります。

　他方、納税者が、不動産の売主の住所・居所が国内にあるか否かについては、不動産登記事項証明書の確認や売主への直接の確認等により、非居住者であるかの確認をすることができることから、真に納税者の責めに帰することのできない客観的な事情があったということはできないとして、所得税を当該不動産の売主から源泉徴収（旧所法161一の三、212）をして法定納期限までに納付しなかったことについて、正当な理由が認められなかった事例（東京地判平成23年3月4日裁判所公式サイト）があります。

③　その他の場合等

イ　職員の急病等を理由とする遅延

　納付期限当日に源泉徴収による所得税（源泉所得税）の納付を予定していたが、職員の急病等により納付が1日遅れた場合、納税者らは、源泉所得税は法定の納付期限までに納付されるべきことを知っており、また、納付期限までに納付すべきことを当然に予定していたというのであるから、急病等のために納付することができなくなったとしても正当な理由が認められなかった事例（浦和地判平成12年6月26日税資247号1376頁）があります。

ロ　不納付加算税の最終的な負担者

　不納付加算税の最終的な負担者は給与等の支払者であることから、給与等の受給者に対して不納付加算税に相当する金銭の負担を求めることはできません（最判昭和45年12月24日民集24巻13号2243頁）。

6 重加算税

1 重加算税の趣旨

事実を隠蔽・仮装し、当該隠蔽等に基づいて申告書を提出した場合等は、行政制裁として過少申告加算税等に代えて重加算税が課される場合があります。具体的には、重加算税は、法定納期限の経過の時に成立し（通法15②十四・十五）、他の加算税と同様、税務署長の処分（賦課決定処分）により確定します（通法16①二・②二、32①三）。

この重加算税の性質については、国税通則法制定時の議論において、納税義務の違反者に対して重加算税を課すことにより納税義務違反の発生を防止し、もって納税の実をあげようとする行政上の措置であり、刑事罰と明白に区別するべきとされています（税制調査会「国税通則法の制定に関する答申の説明（答申別冊）」（昭和36年7月）102頁）。

また、重加算税の趣旨や目的に関しては、例えば「この重加算税の制度は、納税者が過少申告をするについて隠ぺい・仮装という不正手段を用いていた場合に、過少申告加算税よりも重い行政上の制裁を科することによって、悪質な納税義務違反の発生を防止し、もって申告納税制度による適正な徴税の実現を確保しようとするもの」（最判平成7年4月28日民集49巻4号1193頁）として、納税者の不正手段に対する行政上の重い制裁とされています。

2 重加算税の賦課要件

このような趣旨を有する重加算税は、具体的に次の要件を満たす場合、過少申告加算税、無申告加算税、あるいは不納付加算税に代えて課されます（あるいは徴収されます）。

① 過少申告加算税が課される場合

過少申告加算税が課される場合に納税者がその国税の課税標準等又は税額等

の計算の基礎となるべき事実の全部又は一部を隠蔽し、又は仮装し、その隠蔽等したところに基づき納税申告書を提出したときは、重加算税（35％）が課されます（通法68①）。

②　無申告加算税が課される場合

　無申告加算税が課される場合に納税者がその国税の課税標準等又は税額等の計算の基礎となるべき事実の全部又は一部を隠蔽し、又は仮装し、その隠蔽等したところに基づき納税申告書を提出しなかったときは、重加算税（40％）が課されます（通法68②）。

③　不納付加算税が課される場合

　不納付加算税が課される場合に、納税者が全部又は一部を隠蔽し、又は仮装し、その隠蔽等したところに基づき、国税をその法定納期限までに納付しなかったときは、重加算税（35％）が徴収されます（通法68③）。

　このように、単に納税者の申告が過少、無申告、あるいは源泉所得税の納付がないという事実、すなわち過少申告等の行為のみではなく、その国税の課税標準等の計算の基礎となるべき事実の全部又は一部を「隠蔽」又は「仮装」したといった、いわゆる「不正」と評価し得る行為があることを要件としていることが、重加算税を賦課する場合の特徴です（最判平成7年4月28日民集49巻4号1193頁）。

　なお、賦課決定処分により確定する重加算税の賦課は、他の加算税と同様、行政手続法上の不利益処分（行政手続法2四）に該当することとなります。平成23年度の国税通則法改正に伴い、行政手続法の適用除外の対象から除外される（＝行政手続法の適用対象とされる）ため、重加算税の賦課においては、賦課決定通知書（通法32③等）に理由の付記が必要です（通法74の14①、行政手続法14（不利益処分の理由の提示））。そのため、理由付記の記載が十分であるかという点が法的に問題になる場合があります。

3 重加算税が課されない場合

(1) 重加算税の適用除外

　過少申告加算税等と同様、一定の場合には重加算税が課されないものとされています。具体的には、国税通則法68条1項括弧書（「修正申告書の提出が、その申告に係る国税についての調査があったことにより当該国税について更正があったことを予知してされたものであり」）として、更正を予知しないで、修正申告書を提出した場合にのみ、重加算税を課さないものとされています（通法68①）。すなわち、過少申告について隠蔽又は仮装の事実があったとしても、納税者が隠蔽等の事実を認め、自発的に修正申告書を提出した場合には重加算税は課されません。

(2) 適用除外事由をめぐる相違点

① 無申告加算税及び不納付加算税に係る取扱い

　また、無申告加算税及び不納付加算税に関しては、「正当な理由」があると認められる場合（通法66①但書、67①但書）、更正等の予知等に該当しない場合（更正を予知しないで提出した期限後申告書等の提出（通法66①括弧書・⑥）や告知があるべきことを予知してされたものではない源泉徴収等による国税の納付（通法67②））、あるいは法定申告期限内（法定納期限内）に申告（納付）する意思があったと認められる場合（通法66⑦、67③）も重加算税は課されません（あるいは徴収されません）（通法68②③）。

　したがって、無申告加算税に代えて重加算税が課されることから、無申告加算税が課税されない場合や軽減される場合には、重加算税も課されません。（この説明を不納付加算税について読み換えると、「したがって、不納付加算税に代えて重加算税が徴収されることから、不納付加算税が徴収されない場合や軽減される場合には、重加算税も徴収されない」ということになります。）

②　過少申告加算税に係る取扱い

　他方、過少申告加算税に代えて課される重加算税の賦課決定処分の争訟においては、まず、重加算税の賦課要件である「隠蔽・仮装」の事実の有無（該当性）が判断されます。次に、「隠蔽・仮装」の事実が認められないと判断された場合は、過少申告加算税相当部分について国税通則法65条（過少申告加算税）4項の「正当な理由」の事実の有無（該当性）が判断されることとなります。

　例えば、納税者について「隠蔽・仮装」（通法68）の事実はないが、「正当な理由」（通法65④）が認められないとして、重加算税の賦課要件を満たさないが、過少申告加算税の賦課は妥当である旨を判断した事例（最判平成18年4月20日民集60巻4号1611頁）、納税者について「隠蔽・仮装」（通法68）の事実はなく、また、「正当な理由」（通法65④）が認められるとして、重加算税の賦課要件を満たさず、また、過少申告加算税の賦課も違法である旨を判断した事例（最判平成18年4月25日民集60巻4号1728頁）があります。

　このように、重加算税の賦課の適用を除外する規定の内容が、無申告加算税あるいは不納付加算税に代えて適用される場合と過少申告加算税に代えて適用される場合とでは異なることに留意する必要があります。

　なお、国外財産調書あるいは財産債務調書の提出による加算税の軽減措置については、過少申告加算税や無申告加算税の場合と異なり、重加算税の要件（隠蔽し又は仮装されたもの）に該当する場合については適用されません（国外送金等調書法6①、6の3①）。

　次に、重加算税に係る法的な問題として、①「事実の仮装」や「事実の隠蔽」とはどのようなもので、何を意味するのか、②第三者による隠蔽・仮装等について整理していきます。

7 | 重加算税の法的問題 (その1：事実の隠蔽・仮装とは何か)

1 隠蔽・仮装の一般的な意味

　重加算税の要件である、事実の「隠蔽・仮装」については、法令上、明確に規定されていません。そのため、どのような主体や行為の態様等が国税通則法上の「隠蔽・仮装」に該当するのかも、明らかではありません。

　当然に、個別事情を考慮する必要があると思われます。そこでまず、「隠蔽・仮装」の一般的な意味について、学説等や課税庁における解釈を概観した上で、裁判例の概要を見ていきます。

(1) 学説等

　事実の隠蔽とは、「二重帳簿の作成、売上除外、架空仕入若しくは架空経費の計上、たな卸資産の一部除外等によるものをその典型的なものとする」(志場813頁)や「売上除外、証拠書類の廃棄等、課税要件に該当する全部または一部をかくすこと」(金子890頁)とされています。

　また、事実の仮装とは、「取引上の他人名義の使用、虚偽答弁等をその典型的なものとする」(志場813頁)や「架空仕入・架空契約書の作成・他人名義の利用等、存在しない課税要件事実が存在するように見せかけること」(金子891頁)とされていますが、隠蔽と仮装は同時に行われる場合があります。

　なお、「行為が客観的にみて隠ぺい又は仮装と判断されるものであればたり、納税者の故意の立証まで要求しているものではない」(志場813頁)として、重加算税の賦課基準が外形的・客観的なものであるとされています。

(2) 課税庁における解釈

　例えば申告所得税に係る重加算税の賦課に該当すると考えられる具体例として、「申告所得税及び復興特別所得税の重加算税の取扱いについて（事務運営

指針）」（平成12年7月3日課所4-15ほか）において以下のような事例が挙げられています。

① いわゆる二重帳簿を作成していること。

② ①以外の場合で、次に掲げる事実があること。

　イ　帳簿、決算書類、契約書、請求書、領収書その他取引に関する書類（以下「帳簿書類」という。）を、破棄又は隠匿していること、帳簿書類の改ざん、偽造、変造若しくは虚偽記載、相手方との通謀による虚偽若しくは架空の契約書、請求書、領収書その他取引に関する書類の作成又は帳簿書類の意図的な集計違算その他の方法により仮装を行っていること。

　ロ　取引先に虚偽の帳簿書類を作成させる等していること。

③ 事業の経営、売買、賃貸借、消費貸借、資産の譲渡又はその他の取引について、本人以外の名義又は架空名義で行っていること。

④ 所得の源泉となる資産（株式、不動産等）を本人以外の名義又は架空名義により所有していること。

⑤ 秘匿した売上代金等をもって本人以外の名義又は架空名義の預貯金その他の資産を取得していること。

⑥ 居住用財産の買換えその他各種の課税の特例の適用を受けるため、所得控除若しくは税額控除を過大にするため、又は変動・臨時所得の調整課税の利益を受けるため、虚偽の証明書その他の書類を自ら作成し、又は他人をして作成させていること。

⑦ 源泉徴収票、支払調書等（以下「源泉徴収票等」という。）の記載事項を改ざんし、若しくは架空の源泉徴収票等を作成し、又は他人をして源泉徴収票等に虚偽の記載をさせ、若しくは源泉徴収票等を提出させていないこと。

⑧ 調査等の際の具体的事実についての質問に対し、虚偽の答弁等を行い、又は相手先をして虚偽の答弁等を行わせていること及びその他の事実関係を総合的に判断して、申告時における隠ぺい又は仮装が合理的に推認できること。

このような具体例に関して、例えば、売上除外や他人の名義の利用といった

納税者の積極的な行為は重加算税の賦課の対象に該当するという結論は、多くの場合、一致すると思われます。

　ただし、このような売上除外といった積極的な行為等が存在しない場合の過少申告等について、果たして国税通則法上の「隠蔽・仮装」に該当するといえるのかという点が問題になると思われます。この点に関して、例えば、重加算税に係る通達においては「故意」という言葉が使われず、「隠蔽・仮装」という外形的な不正事実があれば重加算税の対象になるとされています。

　また、「隠蔽・仮装」に係る具体的な基準（態様）に関して、納税者以外の者の行為（例えば税務代理人や従業員等の行為等が重加算税の対象となるかといった、主体に係る問題）をどのように評価するのか等についても、次の**8**で整理します。

2　事実の隠蔽・仮装の意義

　重加算税の賦課決定処分の適否を考える上で、まず「事実の隠蔽・仮装」とは何を意味するのかを整理する必要があります。

(1)「事実」及び「隠蔽・仮装」の意義

①　事実とは

　「事実の隠蔽・仮装」の「事実」については「その国税の課税標準等又は税額等の計算の基礎となるべき事実」（通法68①）と規定されています。また、事実の隠蔽とは「売上除外、証拠書類の廃棄等、課税要件に該当する全部又は一部をかくすこと」（金子890頁）とされています。

　これらから「事実」とは、例えば、契約関係等といった税額計算の根拠となる事実関係を意味すると思われます。

②　隠蔽・仮装とは

　重加算税を賦課する要件を満たすためには、申告書の提出とは別に、ある事実に関して、納税者が事実の隠蔽・仮装を行っていると評価されることが必要になるものと思われます。例えば納税者が、益金や事業所得の金額を意味する

売上金額の基礎となる売買契約や売買契約書上の契約金額に関して、契約の存在自体を帳簿等の記録から除外した場合、あるいは契約金額の改ざんを行った場合が該当します。

　言い換えれば、納税者が上記の契約金額の改ざんといった「事実の隠蔽・仮装」の行為を行っておらず、単なる計算ミス、桁数誤り、数字の転記ミス等によって申告書の記載等を誤り、結果として過少申告を行った場合には、たとえ過少申告の金額が多額であっても、直ちに「事実の隠蔽・仮装」が存在するものとは解することはできず、国税通則法上の重加算税の要件が満たされるとはいえないことから、重加算税を賦課できないと思われます。

　一方、重加算税を賦課する上で、例えば、納税者が正確に記載された会計帳簿に基づく真実の所得金額とは異なることを知りながら、所得金額又は収入の一部をつまみ出し、ことさら過少に記載した納税申告書を提出する行為（いわゆる「つまみ申告」）のような、二重帳簿や架空口座の利用といった積極的な行為が常に必要とされるか否かについては議論がなされてきました。この「つまみ申告」について、最高裁は次項のように判断しています。

(2) 最高裁の判断

① つまみ申告に係る事例の判断

　一般的な基準を示した判断ではありませんが、納税者（白色申告者）が、正しい会計帳簿類を作成していたにもかかわらず、数年間にわたって3～4％程度の過少申告を行った後、少額の修正申告を数度行い、また、税務調査において、真実よりも過少の金額等が記載された資料を提出していた事例（最判平成6年11月22日民集48巻7号1379頁）において、裁判所は次のように判断し、正確な会計帳簿の存在（正確な会計帳簿を作成する能力）、過少申告の繰り返し、あるいは税務調査における虚偽の資料の提出といった外形的な事情等を考慮しています。

「正確な所得金額を把握し得る会計帳簿類を作成していながら、3年間にわたり極めてわずかな所得金額のみを作為的に記載した申告書を提出し続け、しか

も、その後の税務調査に際しても過少の店舗数等を記載した内容虚偽の資料を提出するなどの対応をして、真実の所得金額を隠ぺいする態度、行動をできる限り貫こうとしているのであって、申告当初から、真実の所得金額を隠ぺいする意図を有していたことはもちろん、税務調査があれば、更に隠ぺいのための具体的工作を行うことをも予定していたことも明らかといわざるを得ない。」

　当該事情を考慮した上で裁判所は、過少申告行為とは別に「事実の隠蔽・仮装」と評価される行為が認められるとして、上記のような「つまみ申告」に対して重加算税を賦課することができるという判断を次のように示しています。

「単に真実の所得金額よりも少ない所得金額を記載した確定申告書であることを認識しながらこれを提出したというにとどまらず、本件各確定申告の時点において、白色申告のため当時帳簿の備付け等につきこれを義務付ける税法上の規定がなく、真実の所得の調査解明に困難が伴う状況を利用し、真実の所得金額を隠ぺいしようという確定的な意図の下に、必要に応じ事後的にも隠ぺいのための具体的工作を行うことも予定しつつ、前記会計帳簿類から明らかに算出し得る所得金額の大部分を脱漏し、所得金額を殊更過少に記載した内容虚偽の確定申告書を提出したことが明らかである。したがって、本件各確定申告は、単なる過少申告行為にとどまるものではなく、国税通則法68条1項にいう税額等の計算の基礎となるべき所得の存在を一部隠ぺいし、その隠ぺいしたところに基づき納税申告書を提出した場合に当たるというべきである。」

② 　確定的な脱税の意思に基づいて税理士に所得のあることを秘匿した事例に係る判断

　別の事例ですが、取引先の証券会社や顧問税理士から注意を受け、株式売買に関して申告の必要があることを認識していたにもかかわらず、数年間にわたって当該株式売買に係る所得を申告せず、また、税理士からの資料の求めや質問に対しても株式売買に係る資料を示さず、申告の必要はない旨の返答等をしていた事例（最判平成7年4月28日民集49巻4号1193頁）において、裁判所は、事実の隠蔽・仮装が存在すると評価するためには、まず、納税者が「所得を過少に申告する意図」を有し、「過少に申告する意図が外部からもうかがい得る特

段の行動をした」ことが必要であると次のように判断しています。

> 「重加算税制度の趣旨にかんがみれば、架空名義の利用や資料の隠匿等の積極的な行為が存在したことまで必要であると解するのは相当でなく、納税者が、当初から所得を過少に申告することを意図し、その意図を外部からもうかがい得る特段の行動をした上、その意図に基づく過少申告をしたような場合には、重加算税の右賦課要件が満たされるものと解すべきである。」

　また、この事例における納税者の具体的な行為に関して裁判所は、株式の売却に係る所得の申告の必要性を認識していたにもかかわらず、数年間にわたり株式の売却に係る申告を行わなかったこと、税理士の質問等に対する虚偽の返答（説明）や資料の不提出により所得を隠したことといった事情を総合的に考慮しています。

③　最高裁判決の指し示すもの

　上記①②でご紹介した最高裁判決は、重加算税を賦課する上で、必ずしも納税者が具体的あるいは積極的な「隠蔽・仮装行為」を行うことを必要とせず、申告の状況等の具体的な事情を総合的に判断した上で、「事実の隠蔽・仮装行為」が存在すると判断され得ることを示しているといえます。

(3)「事実の隠蔽・仮装」の具体的な態様

① 　事実の隠蔽・仮装が認められた事例

　まず、「事実の隠蔽・仮装」が認められた事例を概観します。

イ　売上除外等の売上関係

・ 　架空契約書（偽りの債務保証弁済書）の作成による納税者に帰属すべき不動産所得を他人に帰属するようにみせかけ、当該所得を申告しなかった事例（東京高判平成25年10月9日税資263号順号12302、東京地判平成24年12月7日税資262号順号12109）

・ 　他人の名義の預金口座を利用する等により店舗の売上を納税者の売上でないかのように装うのみならず、一部の店舗の経営主体（名義）を他人の名義として、店舗に係る事業所得を過少に申告した事例（東京高判平成25年3月27日

税資263号順号12183、さいたま地判平成24年11月7日税資262号順号12090)

□ 仕入・経費の過大計上等の仕入・経費関係

・ 取引の実体がないにもかかわらず、合意書等を作成する等、取引の事実を仮装し、売却損を損金の額に算入していた事例（東京高判平成25年5月30日税資263号順号12226、新潟地判平成24年10月29日税資262号順号12084)

・ 法人の経営に従事したことのない家族への振込みが退職金の支給等とは認めがたいとして、当該家族への退職金支給の旨を帳簿書類に記載したことは、取引を仮装したものとされた事例（東京高判平成25年2月28日税資263号順号12155、東京地判平成24年9月21日税資262号順号12044)

・ 事業実体のない法人を設立するなどし、課税仕入れに該当しない控訴人従業員に対する給与を当該実体のない法人への外注費であるかのように仮装し、当該給与に係る源泉徴収を行わなかった事例（大阪高判平成24年7月19日税資262号順号12003、大阪地判平成24年1月12日税資262号順号11852)

ハ 資産の除外等

・ 被相続人の日本の銀行口座から相続人の海外の口座へ送金された金銭について、被相続人から相続人に相続時の3年以内に贈与された金銭として相続財産に含めず、相続税の申告書を提出した事例（東京高判平成24年9月27日税資262号順号12052、東京地判平成23年6月10日税資261号順号11700)

② 事実の隠蔽・仮装が認められなかった事例

事実の隠蔽・仮装が認められないとして重加算税の賦課決定処分が取り消された、以下のような裁判例及び裁決事例が見られます。

イ 裁判例

・ 収入に関係するメモや関係帳簿類についても、何ら隠匿、改変されることなく、そのまま保管されており、また、税務調査において納税者は、これを逡巡、拒絶することなく、メモ等を提示している等の点から、納税者が、単に収入のメモの存在を失念し、しかも、ずさんな態度で所得税の確定申告をし続けたものであり、収入除外に関して、隠蔽・仮装しようとした意思があったものとは認め難いとされた事例（広島高判平成22年10月28日税資260号順号

11542)

・　株式や投資信託の名義自体が被相続人のものとされている以上、そこに隠蔽・仮装があったものとみるのは困難というほかなく、仮に、被相続人の株式保有の事実を認識しており、これを申告対象から除外したとしても、それだけでは重加算税の賦課要件が満たされるものではないとした事例（東京地判平成18年7月19日税資256号順号10471）

□　裁決事例

・　輸入取引に係る消費税に関して、貨物の適正な課税価格を明らかにする書類の一部を通関業者に送付しなかったことについては、納税者が通関業者へ送付する書類に係る事務の流れ、通関業者における輸入貨物の課税価格の確認状況、さらに、税務調査時において、当該職員の求めに応じて、提示した関係書類の内容等を踏まえ、事実の隠蔽に該当しないとした事例（国税不服審判所裁決平成26年10月9日裁決事例集97集（国税不服審判所公式サイト））

・　不動産の売買価格を分散（本来の不動産よりも低い売買価額と架空の業務委託手数料を計上）したとの事実の仮装があるとした重加算税の賦課決定処分について、手数料とされる金額が売主に渡っていたとする事実が認められないこと、手数料の支払相手方の業務の内容と契約書に記載された業務内容が符合する等の業務の実態があること等を考慮し、不動産を購入する行為に関して、事実の仮装はなかったとする事例（国税不服審判所裁決平成25年11月13日裁決事例集93集（国税不服審判所公式サイト））

3　隠蔽・仮装の意図

　以上の事例に見られるように、多額の申告漏れ、収入を除外した形での経理処理、費用（原価）に該当しない支出等の計上等によって申告漏れ（過少申告）等が認められる場合でも、直ちに国税通則法上の「事実の隠蔽・仮装行為」が存在するとはいえないことに留意する必要があります。言い換えれば、その過少申告等を行った納税者において、"事実の隠蔽・仮装の意図があったと評価できるか否か"が、重加算税の賦課を判断する上で重要な基準となりま

す。

　当然のことながら、常に納税者の真の意図を窺い知ることはできず、また、不申告・つまみ申告等といってもいろいろな態様があるため、同一の結論は導き出し難いものといえるとされています。

(1) 意図の有無を判断する基準

　ただし、「事実の隠蔽・仮装」の意図の有無を判断する基準（要素）として、例えば、次のような点が考慮されると思われます（進藤壮一郎「重加算税」定塚誠編著『行政関係訴訟の実務』（商事法務、2015年）190頁）。

① 　納税者による自らの（真実の）納税額等に関する認識の有無及びその程度
② 　納税者が過少に申告した所得の額及びこれが真実の所得に占める割合
③ 　納税者の行動の継続性、反復性（過少申告が単年度か数か年度か）
④ 　上記②及び③により隠蔽した金額
⑤ 　納税者の税務調査に対する対応の有無及びその内容等

　上記のような点を踏まえると、納税者の特定の行為（一連の行為）が事実の隠蔽・仮装に該当するか否かを判断する上で、次の諸点を総合的に判断することが必要になると思われます。

①に関して：納税者（納税者の関係者）あるいは、特定の行為に関与した担当者の経歴・理解・能力等（納税者の職業、年齢、健康状態、業務や取引に係る知識の程度、当該業務等の経験年数、申告に関与した税務代理人や通関業者等の確認作業の手順・内容や助言の内容等）
②、③及び④に加えて、⑤の税務調査における対応に関して：例えば、当該職員への答弁の拒否の有無、答弁の内容、提示書類の内容、あるいは申告書提出前の相談の内容等

　上記①〜⑤に加えて、次の2点についても考慮が必要になると思われます。

⑥ 　納税者が事実の隠蔽・仮装とされる行為を行った理由・背景（例えば、納税者の人間関係（家族間の対立の有無）、取引先からの圧力の有無、納税者が過少申告（無申告）に至るまでに対処した事柄等）

⑦　事業者や法人（株式会社等）に関して特定の行為が、法人（事業者）が定めた事務処理の手順や業界の取引慣行等に沿った合理的な処理といえるのか等

(2) 事実の隠蔽・仮装の該当性

これらの基準を踏まえ、次の判決を見てみます。

・　新たな売買契約は納税者が望んだものではなく、買主側の強い説得に納税者が従う形で行われ、譲渡代金の圧縮等も買主の主導でなされたこと、さらに、決して経済情報に通じていると思われない納税者が、譲渡代金を買主のいうままの金額であると認識して確定申告書を提出したことなどが認められる場合、このような申告をもって、所得税の課税標準又は税額等の計算の基礎となるべき事実の一部を隠蔽し又は仮装したことには該当しないというべきとされた事例（東京高判平成8年5月13日税資216号355頁）

この事例では、上記①に関しては納税者の年齢等や取引（経済情報等）に関する理解の程度、⑥に関しては取引相手方の強い説得により契約に至った経緯といった事情を勘案しているといえます。実質的に、納税者における正当な理由（特段の事情）の有無・程度を考慮し、重加算税を賦課すべき「事実の隠蔽・仮装」の該当性が判断されているのではないかと解されます。

4　過少申告等の意図について

重加算税を賦課する上では、①事実の隠蔽・仮装のみならず、②当該隠蔽（仮装）したところに基づく納税申告書の提出等が必要とされています。

そこで次に、申告書提出の段階において、納税者が申告をしない（あるいは過少申告である）ことを認識する必要があるか否かについて整理していきます。

(1) 裁判所の判断

納税者が仮名により株式等の有価証券の取引を行ったが（すなわち、「事実

の仮装」が存在することを認めつつも）、有価証券の売買による利益が存在したという認識や所得発生の事実の認識がなかった旨を主張し、重加算税の賦課決定処分の取消しを求めた事例（最判昭和62年5月8日裁判所公式サイト）において、最高裁は次のように、重加算税を賦課する上で、納税者が自分の申告が過少申告であることを認識していることは必要とされないという判断を示しています。

> 「重加算税を課し得るためには、納税者が故意に課税標準等又は税額等の計算の基礎となる事実の全部又は一部を隠ぺいし、又は仮装し、その隠ぺい・仮装行為を原因として過少申告の結果が発生したものであれば足り、それ以上に、申告に対し、納税者において過少申告を行うことの認識を有していることまでを必要とするものではないと解するのが相当である。」

重加算税の要件として、このように過少申告の認識は不要であるという考え方は、源泉徴収の不納付に係る重加算税の賦課においても採用されています。例えば次の裁判例では、「故意に事実を仮装すること」と「源泉所得税の徴収漏れの認識」は明確に区別され、後者は重加算税を賦課する上で必要とされていません。

> 「重加算税を徴収し得るためには、源泉徴収義務者が故意に課税標準又は税額等の計算の基礎となる事実の全部又は一部を隠ぺいし、又は仮装し、その隠ぺい、仮装行為を原因として不納付の結果が生じたものであれば足り、それ以上に、法定納期限において源泉徴収義務者が源泉徴収に係る国税をあえて納付しないことの認識を有していることまでを必要とするものではないと解するのが相当である」（大阪高判平成24年7月19日税資262号順号12003　大阪地判平成24年1月12日税資262号順号11852）

(2) 「事実の隠蔽・仮装の意図」が、すなわち「過少申告等の意図」ではないという関係

多くの場合、架空取引（納税者の故意に基づく仮装行為）とその架空取引に基づく過少申告等は関連しています。納税者が申告の段階において、税額を減

少させること等を意識していないという説明は、通常受け入れ難いものといえます。しかし、上記の裁判例のように、故意ある過少申告行為が必ずしも「事実の隠蔽・仮装」に該当するとは認められていないことに注意が必要です。

　一方、税以外の理由（例えば、労務管理上の理由等）から、支払給与や残業手当等に関する原紙記録を改ざんし、福利厚生費や出張旅費等の別の科目に仮装した場合、事業者（法人）が、その支払について源泉所得税を徴収して納付しなければならないことを認識していなかったとしても、「正当な理由がある」等（通法68③括弧書）が認められない限り、源泉所得税の徴収の不納付に係る重加算税を徴収できるといえます。

　このような「事実の隠蔽・仮装の意図≠過少申告の意図（過少申告の認識）」という関係について、さらに一歩進んで考えてみます。

　納税者が、「過少申告の意図」や「過少申告の認識」ではなく、「税負担の軽減の意図」のもとに申告した場合に重加算税の賦課を判断するに当たっては、"事実の隠蔽・仮装に該当する行為（実際に行われた取引を意図的に隠す契約書の改ざん、仮名口座の利用など）"と"税負担の軽減を目的として行われた複雑な取引"とは別のものと考える必要があります。

　すなわち、納税者が複雑な取引の存在自体を隠す行動をしておらず、その取引の法的位置づけについての主張（見解）が納税者と課税庁との間で異なっていた場合（例えば、問題となっている取引について、納税者は保険取引と解するが、課税庁は預金（預け金）と解する事例（東京高判平成22年５月27日訟月58巻５号2194頁））、両者の理解が不一致であることのみを理由として、その取引に係る申告に対して重加算税を賦課することはできないものといえます。

8 | 重加算税の法的問題
（その2：隠蔽・仮装の主体は誰か）

1 重加算税における隠蔽・仮装の主体

(1)「納税者」の範囲

　国税通則法68条において、重加算税の賦課の要件として、「……納税者がその国税の課税標準等又は税額等の計算の基礎となるべき事実の全部又は一部を隠蔽し、……」と規定されていることから、重加算税の賦課を検討する上で、「納税者」という文言の持つ意味及びその範囲が問題となります。

　国税通則法上、「納税者」とは、「国税に関する法律の規定により国税（源泉徴収等による国税を除く。）を納める義務がある者（中略）及び源泉徴収等による国税を徴収して国に納付しなければならない者をいう」（通法2五）とされていることから、「国税を納める義務がある者」である個人事業者自身や法人が隠蔽・仮装を行った場合に重加算税の賦課の対象となることは明白です。

　ただし、納税者本人以外の第三者である家族、役員あるいは従業員等が隠蔽・仮装の行為を行った場合、納税者本人が常に重加算税の賦課の対象となるかについては、文言上、必ずしも明確に規定されていません。また、国税通則法上、納税者本人以外の隠蔽・仮装を行った第三者を直接の対象とする制裁規定も設けられていません。

(2) 第三者による隠蔽・仮装

　裁判例及び裁決事例においては、納税者以外の第三者が隠蔽・仮装を行った場合、一定の条件の下で、納税者本人に対する重加算税の賦課は肯定されると判断されています。ただし、これは同時に、納税者本人に無制限に（常に）重加算税を賦課するという考えではないことに留意する必要があります。

　次に、課税庁における解釈、裁判例及び裁決事例を通して、具体的な判断基

準等を整理します。

① 課税庁における解釈

　課税庁の解釈として、所得税に関しては次のように、配偶者等の納税者本人以外の隠蔽・仮装に基づく申告が、重加算税の賦課対象になり得ることが示されています。

> 「なお、隠蔽又は仮装の行為については、特段の事情がない限り、納税者本人が当該行為を行っている場合だけでなく、配偶者又はその他の親族等が当該行為を行っている場合であっても納税者本人が当該行為を行っているものとして取り扱う。」（「申告所得税及び復興特別所得税の重加算税の取扱いについて（事務運営指針）」（平成12年7月3日課所4-15ほか）第1　賦課基準・1（隠蔽又は仮装に該当する場合））

　相続税に関しては次のように、納税者本人以外の第三者である申告等を任された者、さらに他の相続人（共同相続人）が隠蔽等の行為を行っていた場合、納税者本人が重加算税の賦課対象になり得ることが示されています。

> 「相続人（受遺者を含む。）又は相続人から遺産（債務及び葬式費用を含む。）の調査、申告等を任せられた者（以下「相続人等」という。）が、帳簿、決算書類、契約書、請求書、領収書その他財産に関する書類（以下「帳簿書類」という。）について改ざん、偽造、変造、虚偽の表示、破棄又は隠匿をしていること。」（「相続税及び贈与税の重加算税の取扱いについて（事務運営指針）」（平成12年7月3日課資2-263ほか）第1　賦課基準・1　相続税関係）

　法人税については所得税の場合と異なり、例えば「法人税の重加算税の取扱いについて（事務運営指針）」（平成12年7月3日課法2-8ほか）の「第1　賦課基準・1（隠ぺい又は仮装に該当する場合）においては、納税者（法人）以外の従業員等による隠蔽・仮装に基づく申告が重加算税の賦課の対象となるという点について明確に言及されていません。

　消費税については次のように、納税者以外の行為については、所得税又は法人税における影響を勘案した上で重加算税の賦課決定処分がなされることが規定されています。

> 「所得税又は法人税（以下「所得税等」という。）につき不正事実があり、所得税等について重加算税を賦課する場合には、当該不正事実が影響する消費税の不正事実に係る増差税額については重加算税を課する。」（「消費税及び地方消費税の更正等及び加算税の取扱いについて（事務運営指針）」（平成12年7月3日課消2-17ほか）第2　消費税及び地方消費税の加算税の取扱い・Ⅳ　重加算税の取扱い・2（所得税等に不正事実がある場合））

　以上のように、課税庁における取扱いは、税目ごとに必ずしも統一したものとなってはいえません。

　ただし、納税者以外の第三者の隠蔽・仮装に基づく申告が行われた場合、納税者本人に対する重加算税の賦課決定処分が行われる場合があることが示されています。

②　裁判例及び裁決事例

　最高裁判決において、あくまでも税理士へ依頼した事例ではありますが、重加算税制度の趣旨を踏まえた上で、納税者本人以外の行為について納税者と同視できる場合には、納税者に対する重加算税の賦課が肯定されています。

> 「納税者以外の者が隠ぺい仮装行為を行った場合であっても、それが納税者本人の行為と同視することができるときには、形式的にそれが納税者自身の行為でないというだけで重加算税の賦課が許されないとすると、重加算税制度の趣旨及び目的を没却することになる。」（最判平成18年4月20日民集60巻4号1611頁）

　このような納税者本人以外の第三者の隠蔽・仮装行為については、具体的にどのような場合が重加算税の賦課の対象とされるのかという点が問題になります。

　そこで次に、第三者の隠蔽・仮装に関して、納税者の行為と同視できるとされた事例と同視できないとされた事例について、どのような点が考慮されたのかを整理します。

(3) 第三者の行為が納税者の行為と同視できるとされた事例

① 取締役（役員）の場合

　注目される事例（広島高判平成26年１月29日訟月61巻４号811頁）として、代表権を有しない役員（常務取締役）が主導して架空取引を行い、架空外注費等が計上された場合があります。

　裁判所は、国税通則法68条１項に定める「納税者」について、「基本的に納税者本人（法人の場合は、その代表者）を指すものと解される」としつつも、法人（会社）組織の特質を踏まえ、「法人が納税義務者である場合、その『納税者』とは、いうまでもなく代表者個人ではなく、代表者を頂点とする有機的な組織体としての法人そのものであるから、法人の意思決定機関である代表者自身が仮装行為を行った場合に限らず、法人内部において相応の地位と権限を有する者が、その権限に基づき、法人の業務として行った仮装行為であって、全体として、納税者たる法人の行為と評価できるものについては、納税者自身が行った行為と同視され、本条１項の重加算税の対象となるものと解するのが相当である」と示しています。

　このような法人（会社）組織の特質等を踏まえた上で、法人の社長（代表取締役）自身がその事実を把握していた事実は認められないものの、①架空取引を行った役員が特定の支店の業務全般について、社長から一任されていたこと、②納税者（法人）の定款上の常務取締役の職務権限、③当該役員が創業者一族であり、社長の実弟という身分関係にあること、④法人の発行済株式の11.5％を所有することを踏まえ、「本件架空取引については、本条１項の重加算税の課税要件に関して、納税者である控訴人自身の行為と同視し得るものというべきである」として、重加算税の賦課を妥当としています。

② 従業員の場合

　特定の経理課職員に重要な経理帳簿の作成等を任せきりにした上で、納税の際にも当該職員が作成した経理帳簿等に基づき作成された決算書類等で申告を行ったところ、これら経理帳簿等に当該職員の横領の発覚を妨げるための虚偽

の記載が存在したため、客観的にみて、法人が隠蔽・仮装の事実に基づく申告をなしたことになったのであるから、重加算税賦課決定に違法はないとされた事例（大阪高判平成13年7月26日訟月48巻10号2567頁）があります。これに類似するものとして、経理部長の横領に関して重加算税を肯定した事例（東京高判平成21年2月18日訟月56巻5号1644頁）があります。

③ 納税者の家族（共同相続人等）の場合

　納税者の家族、例えば配偶者に関しては、病院を経営した納税者の妻が行った給料の支払に係る架空の出金伝票等の作成について、当該病院において「部長」と呼ばれ、事務全般を取りまとめている者である納税者と同居する妻であり、このような者による行為は、納税者の行為と同視できるものというべきであることから、納税者に対する重加算税の賦課決定処分が妥当とされた事例（東京地判平成23年3月25日税資261号順号11655）があります。

　相続税において、被相続人の親族名義預金等に係る隠蔽行為に関して、納税者（相続人）は、当初から過少申告を意図して被相続人による隠蔽・仮装行為を利用し、また、本人確認の手続を避けて償還手続等を行うなど、納税者自らも相続財産の隠蔽・仮装行為と評価し得る行為を行ったものであるから、納税者らによる相続税の申告は重加算税の賦課要件を満たすものというべきであるとされた事例（大阪地判平成23年12月16日税資261号順号11836）があります。

④ 代理人等の場合

　司法書士等が関与したものとして、次の事例があります。

　第三者と共謀して架空の債務を計上し、虚偽の事項を記載した不正な申告書を納税者の代理人等である司法書士が提出しました。当該司法書士は、納税者が不動産を売却した相手方の会社の司法書士です。不動産売却に係る申告を相手方の会社に依頼した納税者は、申告を相手方の会社に全面的に委ねており、また、当該司法書士が他の税理士を介するなどして適切な確定申告をする用意をしているかを確認したことが認められず、さらに、納税者が相談した税理士からは、自己の申告内容を確認することを助言されたにもかかわらず確認しませんでした。これらの事情を踏まえ、当該司法書士の選任・監督について過失

がなかったものとは認められないことから、重加算税の賦課が妥当とされたものです（大阪高判平成９年２月25日税資222号568頁）。

　上記の「第三者の行為が納税者の行為と同視できるとされた事例」を見る限り、少なくとも納税者本人の主観として、第三者（役員や家族等）の行為を知らなかったという理由のみでは重加算税の賦課決定処分の対象外とはされず、他方、どのような場合ならば重加算税が賦課されないことを納税者が主張できるかについても明らかとはいえないと思われます。

(4) 第三者の行為が納税者の行為と同視できないとされた事例

　第三者の行為が納税者の行為と同視されないと判断した判例（最判平成18年４月20日民集60巻４号1611頁）は、税理士に確定申告手続を委任した際、脱税の意図はなく、専門家である当該税理士を信頼して適正な申告を依頼したものであり、当該税理士が脱税を行っていた事実を知っていたとうかがうこともできないということ、また、確定申告書の内容をあらかじめ確認せず、申告書の控えや納付済みの領収証等の確認すらしなかった点等には納税者の落ち度があることを考慮しても、依頼した税理士の隠蔽・仮装行為をもって納税者本人の行為と同視することはできないとして、重加算税賦課の要件を満たすものということはできないとしています。

２　第三者の行為が納税者の行為と同視されるための要素等

　以上のような事例を概観しますと、現行法上、第三者の行為が納税者の行為と同視できるか否かについて、明確な基準が存在するとは言い難いと思われます。

　個人に関して、前記最高裁平成18年判決（前記１(2)②、128頁参照）の枠組みを踏まえ、①親族間の委任の場合、特段の事情がない限り納税者本人と同視されるであろうこと、②親族以外の第三者の場合、税理士等の専門性が高い者に対する委任でない場合、隠蔽等の予見・認識可能性や監督義務が肯定される結果、納税者本人と同視できるケースが増えると思われます。

このような整理を踏まえますと、少なくとも納税者本人の主観として、第三者（役員や家族等）の行為を知らなかったという理由のみでは、重加算税の賦課決定処分の対象外とはされないものと思われます。

また、納税者本人が主観的に第三者の隠蔽・仮装行為を知らなかった場合でも、納税者本人の行為と同視できるものとして考慮される要素としては、税目により次の点が挙げられます。

法人税の場合、会社等の一定の組織において隠蔽・仮装を行った者に関して、次の点が総合的に考慮されるのではないかと思われます。

① 代表者（納税者）からの職務に係る委任の内容、実際に行った職務の内容（会社等における職務権限）

② 代表者との関係（血縁関係や婚姻関係等の有無）

③ 法人（会社）における影響力（持株比率等）

④ 法人（社内）における事務処理の手順及び当該事務処理の確認体制（横領等の不正行為の発見に一定の注意を払ったか否か等）

他方、所得税や相続税の場合、個人（納税者）が申告等の提出等を第三者に依頼（委任）し、当該第三者が隠蔽・仮装を行った場合に関しては、次の点が考慮されるのではないかと考えられます。

① 納税者と当該第三者との関係（血縁関係や婚姻関係等の有無）

② 第三者の職業・社会的な地位（税理士等の専門家であるか否か等）

③ 委任の程度（全面的に委任したか否か等）や第三者の行為を容認していたと考えられる行動の有無

④ 納税者が依頼した第三者（共同相続人であるのか、税理士であるのか等）に一定の注意を払ったものといえるかどうか

⑤ さらに相続税については、納税者本人が被相続人や共同相続人の隠蔽・仮装を利用したのか

なお、消費税が免除されている小規模事業者（個人）が消費税課税事業者選択届出書を提出し、虚偽の事実に基づき消費税の還付申告をした場合、①還付申告の時点で、還付申告により、観念的・抽象的には納税義務が成立してい

る、②更正処分により、還付金が減少されたことにより、納税義務が具体化したものというべきであるとして、③申告時点においても、当該個人は納税義務を負っている、すなわち「納税者」であると解して差し支えないものというべきであるとして、当該還付申告書を提出した個人は重加算税の賦課決定処分の対象になることを示した事例（大阪高判平成16年9月29日訟月51巻9号2482頁）があります。そのため、重加算税の賦課決定処分の対象は、税法上、申告書を提出することが義務として規定されている者に必ずしも限定されないことにも留意する必要があります。

3　加重措置の概要

　重加算税等を賦課する割合については、納税者本人の過去の行為（重加算税や無申告加算税の賦課決定処分の有無）が考慮されます。

　具体的には、期限後申告、修正申告（調査があったことにより更正があるべきことを予知（いわゆる更正予知（通法65⑤参照））によるものに限る。）、更正又は決定があった場合、期限後申告書の提出のあった日や更正があった日等の前日から起算して、①5年前の日の間（いわゆる5年以内）に、②当該期限後申告等の税目について、③無申告加算税（更正又は決定があるべきことを予知によるものに限る。）又は重加算税を課された（徴された）場合、無申告加算税の割合（原則：15％）又は重加算税の割合（原則：35％）について、それぞれの割合に10％を加算することとなりました（通法66④、68④）。

　当該制度は、無申告や事実の隠蔽・仮装に基づく申告書の提出を繰り返す納税者、すなわち重加算税（無申告加算税）の主体に関する措置と考えられます。

4　重加算税の賦課に伴う効果

　重加算税が賦課される場合、納税者には、税として追加の金銭的な負担が生じます。ここでは、このような金銭的な追加負担以外にどのような負担（不利益）が納税者に生じるのかについて整理します。

(1) 青色申告の承認の取消しの可能性

　青色申告を行っている（青色承認を受けている）納税者に重加算税が賦課された場合、当該重加算税の賦課決定処分により青色申告の承認が取り消される可能性があります。例えば、所得税法及び法人税法では、次のように規定されています。

- 　所得税法150条1項3号：その年における第一号に規定する帳簿書類に取引の全部又は一部を隠蔽し又は仮装して記載し又は記録し、その他その記載又は記録をした事項の全体についてその真実性を疑うに足りる相当の理由があること。
- 　法人税法127条1項3号：その事業年度に係る帳簿書類に取引の全部又は一部を隠蔽し又は仮装して記載し又は記録し、その他その記載又は記録をした事項の全体についてその真実性を疑うに足りる相当の理由があること。

　上記の所得税法150条等における隠蔽・仮装の意義は、重加算税の場合のそれと同義に解してよいとの見解（金子942頁）が示されています。そのため、納税者が「事実の隠蔽又は仮装」に基づき申告を行い、重加算税が賦課された場合、当該納税者は青色申告の承認の取消しの対象となる場合があります。

　ただし、重加算税の賦課に係る規定（通法68）とは異なり、所得税法（あるいは法人税法）における青色申告の承認の取消しには、「その承認を取り消すことができる」と規定されていることから、法令上、税務署長に裁量があります（大阪高判昭和38年12月26日行集14巻12号2174頁）。このように、常に「重加算税の賦課＝青色申告の承認の取消し」となるものではなく、また、税務署長の判断も全く自由なものではないことから、一定の限界がある点に注意が必要です（例えば、所得税法150条1項1号に基づく青色申告の承認の取消しに関して、裁量逸脱があったと判断した事例（横浜地判平成17年6月22日税資255号順号10060））。

　この点に関する課税庁の取扱いは、例えば「個人の青色申告の承認の取消しについて（事務運営指針）」（平成12年7月3日課所4-17ほか）において、次のように示されています。

「イ　決定又は更正をした場合において、当該決定又は更正後の所得金額（以下「更正等に係る所得金額」という。）のうち隠ぺい又は仮装の事実に基づく所得金額（以下「不正事実に係る所得金額」という。）が、当該更正等に係る所得金額の50％に相当する金額を超えるとき（当該不正事実に係る所得金額が500万円に満たないときを除く。）」として、重加算税が賦課された全ての納税者の青色申告の承認の取消しを行うのではなく、一定の場合（50％基準）、税務署長は青色申告を取り消すとの運用がされています。

法人税の場合も同様に、「当該更正所得金額の50％に相当する金額を超えるとき」という基準が示されています（「法人の青色申告の承認の取消しについて（事務運営指針）」（平成12年 7 月 3 日課法 2 -10ほか） 3 (1)）。

(2)　更正等の賦課期間の延長

国税通則法70条は、国税の更正、決定等につき、原則として 3 年ないし 5 年の期限を経過した場合にはすることができない旨を規定しています（通法70①）。

ただし、同条 5 項において、「偽りその他不正の行為により」税額を免れた場合、法定申告期限から 7 年を経過する日まで、すなわち 7 年間遡って更正等を行うことができることが規定されています。この規定を充足するか否かの判断については、「偽りその他不正の行為」の文言の意味が問題となります。

重加算税との関係については、「隠蔽・仮装」に該当する申告（重加算税の賦課対象となる申告）がなされた場合、「偽りその他不正の行為」に該当するとして、賦課期間が 7 年に延長されるか否かが問題となります。「偽りその他不正の行為」の意味については、例えば、「税額を免れる意図の下に、税の賦課徴収を不能又は著しく困難にするような偽計その他の工作を行うことをいうものと解するのが相当である」（最判昭和52年 1 月25日訟月23巻 3 号563頁）とされています。

また、具体的な行為については、例えば次のように判断されています。

「単なる不申告行為はこれに含まれないものである。そして右の偽計その他工作を伴う不正行為を行うとは、名義の仮装、二重帳簿を作成する等して、法定

の申告期限内に申告せず、税務署員の調査上の質問に対し虚偽の陳述をしたり、申告期限後に作出した虚偽の事実を呈示したりして、正当に納付すべき税額を過少にして、その差額を免れたことは勿論納税者が真実の所得を秘匿し、それが課税の対象となることを回避するため、所得の金額をことさらに過少にした内容虚偽の所得税確定申告書を提出し、正当な納税義務を過少にしてその不足税額を免かれる行為（後略）」（福岡高判昭和51年6月30日行集27巻6号975頁）

　他方、「事実の隠蔽・仮装」については、例えば、二重帳簿の作成や取引上の他人名義の使用等が該当するとされていることから、「事実の隠蔽・仮装」と「偽りその他不正の行為」は多くの場合、重なり合うと思われます。

　また、重加算税の賦課決定処分が妥当であるとされる場合、すなわち事実の隠蔽・仮装が認められる場合、賦課期間の判断に関しては、事実の隠蔽・仮装が認めることから、「偽りその他不正の行為」が行われたものと判断されるとして、通常の場合よりも長い期間である7年に遡る更正処分等を妥当とする事例がいくつも見られます（例えば、東京高判平成25年10月9日税資263号順号12302等）。

　裁判例を踏まえますと、重加算税賦課決定処分が適法である場合は、更正処分等の期間制限が7年であることは適法であるとする考え方が、国税通則法上の解釈として多くの事例において採用されていると考えられます。

　ただし、国税通則法上、68条と70条5項の両規定の文言（「事実の隠蔽・仮装」と「偽りその他不正の行為」）が異なることから、厳密な意味では別個のものといえます。また、更正処分等の期間制限を7年とする更正処分は適法であるが、重加算税賦課決定処分は違法（依頼した税理士が不正な申告を行った事例（最判平成17年1月17日民集59巻1号28頁、最判平成18年4月25日民集60巻4号1728頁））、あるいは重加算税賦課決定処分そのものが行われていない事例が見られること（米国大使館職員が給与所得をことさらに過少に申告した事例（東京高判平成16年11月30日訟月51巻9号2512頁））からも、68条と70条5項両者の適用される範囲（対象）が常に重なる（同じもの）とは言い難いといえます。

　更正処分等が7年前に遡る場合（「偽りその他不正の行為」が認められる場合）、重加算税の賦課決定処分において、重加算税が課される対象と重加算税

が課さない対象が区別されること（通法68①、通令28）とは異なり、賦課期間の
特例の対象となる部分は、「偽りその他不正の行為」によって免れた税額に相
当する部分のみに限定されず、単純な計算誤り等の過少申告部分を含む国税の
全部が延長される除斥期間（7年）の対象となります（最判昭和51年11月30日裁判
所公式サイト）。

(3) 延滞税の免除期間の対象外とされる行為

　法定申告期限から一定の期間は、延滞税の計算期間から除くこととされてい
ます（通法61）。この規定は、多額の延滞税の納付を求めることは納税者にとっ
て酷であること及び課税庁の更正処分の時期によって納税者ごとの経済的負担
に差異が生じることは適当ではないという理由によるとされています。

　ただし例外として、延滞税の額の計算の基礎となる期間の特例の対象から、
①偽りその他不正の行為により国税を免れ、又は国税の還付を受けた納税者が
当該国税についての調査があったことにより当該国税について更正があるべき
ことを予知して提出した修正申告書、あるいは②偽りその他不正の行為により
国税を免れ納税者についてされた当該国税に係る更正等を除く（通法61①）と
規定されています。

　上記規定において、「偽りその他不正の行為により国税を免れ」との文言が
用いられていることから、賦課期間の延長の場合（通法70）と同様の解釈に基
づき、重加算税が賦課された場合、当該国税に関しては、延滞税の計算から除
かれる期間の特例の適用がないと考えることは可能と考えられます。課税庁の
取扱いでは、重加算税が課されたものである場合は、延滞税の計算期間の特例
規定の適用はないものとされています（「延滞税の計算期間の特例規定の取扱いにつ
いて」（昭和51年6月10日徴管2-35ほか）1(1)）。

　したがって、過少申告加算税等が賦課された場合と比較して、重加算税が賦
課された場合には納税者の負担が増加するものといえます。

5 重加算税賦課決定処分と過少申告加算税等の賦課決定処分との関係

　ここまで見てきたように、納税者の過少申告等に関して事実の隠蔽・仮装に基づく申告が認められる場合、「過少申告加算税に代えて」等との規定に基づき、重加算税が課されます（通法68）。

　仮に、審査請求等の段階で事実の隠蔽・仮装の存在が認められない場合に、重加算税賦課決定処分を行うことは明らかに違法といえます。このような場合、次のいずれの考え方が妥当であるかという疑問が生じます。

① 　重加算税賦課決定処分は過少申告加算税等賦課決定処分とは全く別と考え、違法と判断された重加算税賦課決定処分は全く法的効力を失うという考え方、すなわち、税務署長は別途、過少申告加算税等の賦課決定処分を新たに行うかどうかを判断する必要があるのかとの考え方

② 　重加算税賦課決定処分と過少申告加算税等の賦課決定処分の両者は、全く別個の処分とはいえず、仮に、「事実の隠蔽・仮装」の判断が違法と判断された場合であっても、過少申告加算税等が賦課される範囲で賦課決定処分の効力は維持されるという考え方

　この重加算税と過少申告加算税等の両処分の関係について、国税通則法は必ずしも明確に定めた規定を設けていません。最高裁判決では、次のように判断が示されています。

　「後者の重加算税は、前者の過少申告加算税の賦課要件に該当することに加えて、当該納税者がその国税の課税標準等又は税額等の計算の基礎となるべき事実の全部又は一部を隠ぺいし、又は仮装し、その隠ぺいし、又は仮装したところに基づき納税申告書を提出するという不正手段を用いたとの特別の事由が存する場合に、当該基礎となる税額に対し、過少申告加算税におけるよりも重い一定比率を乗じて得られる金額の制裁を課することとしたものと考えられるから、両者は相互に無関係な別個独立の処分ではなく、重加算税の賦課は、過少申告加算税として賦課されるべき一定の税額に前記加重額に当たる一定の金額を加えた額の税を賦課する処分として、右過少申告加算税の賦課に相当する部

分をその中に含んでいるものと解するのが相当である。」（最判昭和58年10月27日
民集37巻 8 号1196頁）

　このような最高裁判決の考え方を踏まえますと、例えば過少申告加算税に代
えて重加算税が賦課された処分に関して、重加算税の賦課のみならず過少申告
加算税の賦課自体に対しても不服がある場合、納税者は、「事実の隠蔽・仮
装」の有無等の重加算税の賦課要件や重加算税の免除要件の有無（いわゆる
「更正の予知」に該当しないこと）を争うのみならず、「正当な理由」の有無と
いった過少申告加算税の免除事由の該当性についても主張する必要がありま
す。

第4章

税務争訟手続

~裁判所に訴えるには、どのような
手続が必要となるのか~

　課税処分等に対して何らかの不服がある場合、納税者等は取消しを求めることができます。このような課税処分等の取消しに関する手続は、大きく分けて、①税務署長等の処分庁又は国税不服審判所長に対する不服申立て（いわゆる租税不服申立て）と②裁判所に対する取消訴訟（いわゆる租税訴訟）から成り、両者は併せて租税争訟あるいは税務争訟と呼ばれています。

　本章では、課税処分等の取消し等に係る手続において納税者等が遵守しなければならない事項や留意すべき事項、税務争訟における法的問題を整理していきます。

1 | 不服申立制度

　まず、税務署長等の処分庁又は国税不服審判所長に対する不服申立制度を概観します。税務に係る紛争を解決する手続の一つである不服申立制度は、①公正性の向上、②使いやすさの向上、③国民の救済手段の充実・拡大という観点から設けられており、具体的には【**図表4-1**】のような流れに沿って進められていきます。

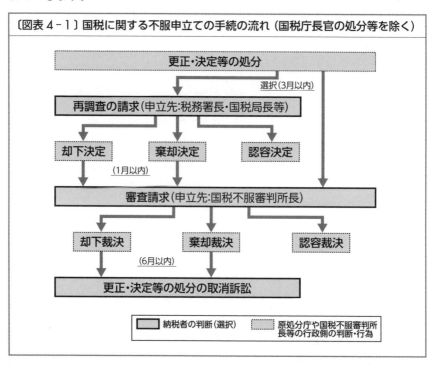

〔図表4-1〕国税に関する不服申立ての手続の流れ（国税庁長官の処分等を除く）

1 　不服申立権者と不服申立ての対象

　税務署長の更正処分等によって権利又は利益を侵害された者のように、国税に関する処分について不服がある者（不服申立人）は、不服申立てをすることができます（通法75①）。この場合、不服申立人は、当該処分をした税務署長や

国税局長等（処分庁）に対する「再調査の請求」（通法75①一イ）、あるいは国税不服審判所長に対する「審査請求」のいずれかを選択できます（同号ロ）。

　また、再調査の請求について決定があった場合に、再調査の請求をした者になお不服があるときは、国税不服審判所長に対して審査請求をすることができます（通法75③）。

　一方、そもそも不服申立てができない処分についても、その内容が規定されています。具体的には、行政不服審査法の規定による処分や国税の犯則事件に関する法令による処分等（通法76、行審法7①七）が挙げられます（〔**図表4-4**〕参照）。

2　申立期間等

　不服申立て（再調査の請求又は審査請求）は、原則として、更正処分のあったことを知った日の翌日から起算して3月以内であればできます（通法77①）。

　また、再調査の請求についての決定に不服がある場合は、再調査決定書の謄本の送達があった日の翌日から起算して1月以内（通法77②）であれば、国税不服審判所長に対して審査請求をすることができます（通法75②）。

　処分があった日の翌日から起算して1年を経過したときは、正当な理由がない限り、不服申立てをすることができません（通法77③）。不服申立ての二段階目の審査である「審査請求」の申立期間及び処分があった日の翌日から起算して1年を経過したときは、不服申立てをすることができません（通法77④）。

3　その他留意すべき手続関係

　行政不服審査法と国税通則法の関係については、国税通則法の規定があるものを除き、不服申立てに係る一般法である行政不服審査法が適用されます。ただし、行政不服審査法の第2章（審査請求）及び第3章（再調査の請求）に規定されている不服申立ての請求に関する規定や審理手続に関する規定は、国税通則法上の不服申立手続には適用されないことが明確に規定されています（通法80①）。

　さらに、税務行政の迅速な処理、あるいは濫訴の防止の観点から、不服申立ては、執行の続行を妨げないこと、すなわち「執行不停止の原則」が規定されています（通法105①、ただし例外として、差押財産の換価（通法105①））。そのため、更正処分等に対して不服申立てがなされても、当該更正処分等により確定された納税義務に係る滞納処分の執行は原則として停止しないこととなります。したがって、不服申立ての結果が出ていないことを理由として税額を納付しない場合、督促後に差押え等の滞納処分が行われる可能性があります（通法37、徴収法47）。

　また、一定の期限までに税額を納付しない場合、未納の税額に対して延滞税を納付しなければなりません（通法60）。

　上記のような特色から、不服申立制度に関して、滞納処分を避けるために税額を納付した上で課税処分の取消しを求め、争訟で勝った場合に税額を還付してもらうものであると捉えることができます。

　そのほか、再調査の請求の趣旨及び理由等の事項を記載した書面を提出しなければならないこと（通法81）、不備等について補正を求めなければならないこと、不備が軽微なものは職権で補正すること（通法81③）、教示に係る規定（通法80①、行審法82：不服申立てをすべき行政庁等の教示）、不服申立てをすべき行政機関を誤って教示した場合の救済（通法112）等の規定が設けられています。

4　再調査の請求

(1) 再調査の審理に係る手続

　再調査の請求には、再調査の趣旨や理由等を記載した再調査の請求書の提出が必要とされています（通法81）。

　ただし、再調査の請求人等からの申立てがあった場合、口頭で意見を述べる機会を与えなければならないとされています（再調査審理庁の許可を得て、補佐人とともに出頭することができます（通法84①③））。言い換えれば、再調査の請求人である納税者は、口頭により自己の見解を述べる機会は保障されている

といえます。

　なお、税務署長等の再調査審理庁の職員は、国税通則法74条の2等の質問検査権に基づき、再調査の請求に係る調査を行うことができます。

(2) 再調査の判断に係る手続

① 決定の種類

　再調査の請求に対する判断は、決定により以下の内容が示されます。

イ　再調査の請求が不適法な場合（例えば、法定の期間経過後の申立て等）には、実質審理を行わず、却下（通法83①）の決定がなされます。

ロ　再調査の請求に理由がない場合には、実質審理を行い、棄却（同条②）の決定がなされます。

ハ　再調査の請求に理由がある場合には、決定により、申立人の不利益とならない限りで、原処分の全部若しくは一部を取り消し、又は変更（同条③）がなされます。

② 理由付記

　決定の理由付記については、再調査決定書に理由を記載しなければならないこと（通法84⑦）及び理由付記の記載の程度として、「その維持される処分を正当とする理由が明らかにされていなければならない」（同条⑧）と規定されています。

　なお、平成23年12月の国税通則法改正により、白色申告に対する更正処分等においても理由付記は必要とされました。ただし、理由付記の記載の程度については、必ずしも明確ではないと考えられます。

　このような状況を踏まえますと、白色申告の納税者は、理由付記の記載がある程度明らかにされている再調査の請求を通じて、更正処分等の理由や根拠をより詳細に知ることができます。更正処分等の取消訴訟を検討する納税者にとって、再調査の請求を行うことには一定の意味があると考えられます。

③ 処分の変更

　処分の変更に関しては、「ただし、再調査の請求人の不利益に当該処分を変

更することはできない。」（通法83③但書）との規定に基づき、処分の不利益変更は禁止されています。

　例えば、再調査請求の対象となった更正処分に係る税額が150万円であった場合、仮に、審理の過程において正当な税額が200万円と判断された場合であっても、決定により、150万円を上回る200万円に税額を変更することは禁止されているといえます（なお、税額を200万円とする再更正処分（通法26）がなされる可能性があると考えられます（参考：東京地判昭和54年2月28日税資104号443頁、名古屋地判昭和55年12月19日税資115号743頁））。

5　審査請求

(1)　審査請求の審理に係る手続

①　審査請求人等の権利等

　審査請求の審理は、基本的には書面によるとされています。具体的には、審査請求書の受理（通法87等）、審査請求書の原処分庁への送付、原処分庁からの答弁書の提出、答弁書の審査請求人等への送付（通法93）、答弁書への反論書の提出（通法95）、あるいは審査請求人等からの証拠書類等の提出や原処分庁からの処分の理由となる事実を証する書類の提出（通法96）といった一連の審理手続の流れが規定されています。

　また、審査請求人は、口頭意見陳述の機会を求めることができます（通法95の2）。さらに、担当審判官の許可を得て、審査請求に係る事件に関し、原処分庁に質問を発することができる機会が設けられています（通法95の2②）。

　加えて、営業上の秘密保持等（東京高判昭和59年11月20日行集35巻11号1821頁）といった第三者の利益を害するおそれがあるとき、その他正当な理由があるときを除き、審理関係人は、原処分庁や審査請求人から提出された証拠書類等（通法96①②）や担当審判官に関係人等から提出された帳簿書類等（通法97①二）については、閲覧又は証拠書類等の写しの交付を求めることができます（通法97の3）。ただし、担当審判官が関係人等に質問した内容をまとめた書類やメモ

等については、閲覧の対象となる文書を定めた国税通則法97条において明示されていないことから、条文上、審理関係人の閲覧等の求めの対象になるとは言い難いと思われます。

② 審査請求人等に対する質問検査権

一方、審判官や国税不服審判所の職員は、審理を行うために必要があるときは、審査請求人や関係人等に質問すること、審査請求人等の帳簿書類等の提出を求めること、当該帳簿書類等を検査すること、あるいは鑑定人に鑑定させることができます（通法97）。

この場合、審査請求人や審査請求人と特殊な関係にある者（例えば、審査請求人の配偶者等（通令34））が上記の質問・検査等を拒否した場合には罰則が適用されません。しかし、審査請求人等以外の者が拒否した場合には罰則が適用されることに注意が必要です（通法128）。

このように、罰則の適用が質問等の相手方により区分されているのは、例えば、審査請求人が、審査請求したことにより罰則を受けることになるのは酷であるという理由からとされています。

(2) 審査請求の判断に係る手続

① 裁決の種類

審査請求に対する判断は、裁決により示されます。具体的には、再調査の請求と同様（**4**(2)①、145頁参照）、㋑審査請求が不適法な場合には却下（通法98①）され、㋺審査請求に理由がない場合には棄却（同条②）されます。

一方、㋩審査請求に理由がある場合には、再調査の請求における決定と同様、裁決により、審査請求人の不利益とならない限りで、審査請求に係る処分の全部若しくは一部を取り消し、又はこれを変更（同条③）することができます。

なお、国税不服審判所長は、通達に示されている法令の解釈と異なる解釈により裁決をするとき等は、あらかじめその意見を国税庁長官へ通知しなければなりません（通法99①）。この規定は、行政不服審査法の見直しに伴い、国税不

服審判所長は法令解釈に関する国税庁長官の通達に拘束されずに裁決できるとする趣旨を明確にするとともに、より手続の公正性を高める観点から、平成26年度税制改正により見直されたものです。

また、国税不服審判所長には、裁決に当たって、一定の場合に国税審議会への諮問が義務付けられています（通法99②）。具体的には、国税不服審判所長が審査請求人の主張を認容し、かつ、国税庁長官が当該意見を相当と認める場合を除き、国税庁長官と国税不服審判所長が共同して国税審議会へ諮問します。国税不服審判所長は、国税審議会の議決に基づいて裁決を行わなければなりません。

さらに、裁決書には理由等の記載が必要とされ（通法101①）、また、再調査の請求と同様、理由付記の記載の程度として、「その維持される処分を正当とする理由が明らかにされていなければならない」（通法101②、84⑧）ことが求められています。

② 審査手続の終結

一定期間内に答弁書や反論書等がなされなかった場合や、正当な理由がなく審査請求人等が口頭意見陳述に出頭しないとき、担当審判官は審理手続を終結することができます（通法97の4）。

また、裁決の拘束力については、審査請求人のみならず、関係行政庁をも拘束することが明示されています（通法102）。そのため、税務署長等の処分庁は、裁決で取り消された処分と同様の処分をすることができないといえます。

ただし、このような拘束力は、棄却及び却下の裁決については生じないとされています。したがって、原処分庁である税務署長等は、更正処分に対する審査請求を棄却する旨の裁決があった場合でも、当該更正処分を取り消すことはできると考えられます（最判昭和49年7月19日民集28巻5号759頁）。

なお、行政不服審査法と国税通則法・地方税法の関係については、国税通則法・地方税法において、特別な規定があるものを除き、不服申立てに係る一般法である行政不服審査法が適用されます。

(3) 国税庁長官に対する不服申立手続

　次に掲げるような国税庁長官の処分等に関する不服申立ては、国税通則法に基づく税務署長等への再調査の請求や国税不服審判所長への審査請求ではなく、行政不服審査法に基づく国税庁長官に対する審査請求を行うものと規定される点に留意することが必要です（通法80②、「不服審査基本通達（異議申立関係）の制定について」（平成28年2月5日課審2-4ほか）（以下、本章において「不服審査基本通達（国税庁関係）」という。）80-2（税務官庁の事実上の行為又は不作為についての不服申立て））。

- ・　国税庁長官の処分：国等に対して財産を寄附した場合の譲渡所得等の非課税の取消（措法40）や特定医療法人の承認の取消（措法67の2）等
- ・　税務署長等の不作為：更正の請求に対する不作為（通法23）等
- ・　公権力の行使に該当する事実上の行為：継続的性質を有する事実行為、提出物件の留置き（通法74の7）等（不服審査基本通達（国税庁関係）75-1（国税に関する法律に基づく処分）(4)）

　このような国税庁長官の処分等に対する審査請求については、地方税に係る不服申立ての場合と同様、行政不服審査法に基づき審査請求の手続が進められます。具体的には、国税庁職員から指名される審理員により審理手続が進められます。また、一定の場合を除き、総務省に設けられる行政不服審査会への諮問、同審査会の答申等の手続を経た上で、国税庁長官の裁決が行われます（行審法44、手続の流れについては次頁〔**図表4-2**〕参照）。

(4) 地方税に係る不服申立手続

　地方税の処分（更正や賦課決定等）に対する審査請求については、地方税法に特に規定がない限り、行政不服審査法が適用される（地法19）点は、国税に係る処分の場合と同様です。

　ただし、固定資産税を除いて、地方税の処分等に係る不服申立ての手続や審査手続についての特別な規定がほとんどないため、基本的には行政不服審査法

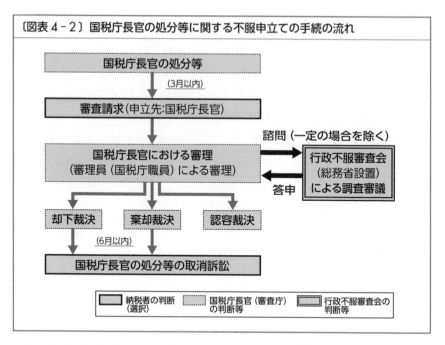

〔図表4-2〕国税庁長官の処分等に関する不服申立ての手続の流れ

に基づき進められることになります。したがって、まず、処分等に不服がある納税者は、都道府県の知事や各市町村の市長等に対して、再調査の請求ではなく、審査請求を行う必要があります。

　したがって、不服申立人からの審査請求（審査請求書の提出）後、審理手続を担当する都道府県や市等の職員のうち一定の事由に該当しない者から指名された審理員（行審法9等）による審理手続（反論書等の提出（行審法30）、口頭意見陳述（行審法31）等）を経て、審理員からの審理員意見書等の提出（行審法42）を受け、裁決が行われます。

　上記の手続において、審査請求人から諮問を希望しない旨の申出がされている等の一定の場合を除き（行審法43①）、審理員意見書等の提出を受けた審査庁（知事や市長等）は、国に設けられた行政不服審査会に対応する執行機関の附属機関（第三者機関）に諮問し、当該機関の答申を経た上（行審法81等）で、主文、事案の概要、理由等を記載した書面により裁決（行審法50）を行わなければなりません（手続の流れについては次頁〔**図表4-3**〕参照）。

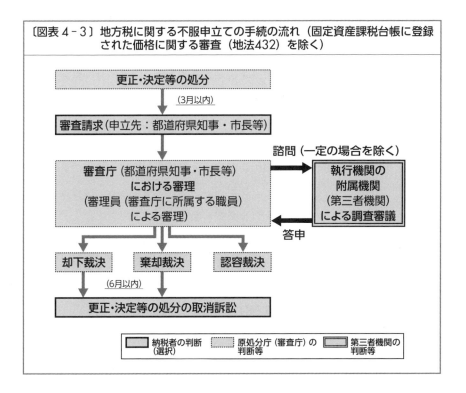

〔図表4-3〕地方税に関する不服申立ての手続の流れ（固定資産課税台帳に登録された価格に関する審査（地法432）を除く）

　なお、固定資産課税台帳に登録された価格に関する審査については、各市町村に設置された固定資産評価審査委員会に、所定の期間内に審査の申立てを行う必要があります（地法432）。

　また、固定資産評価審査委員会において審査された不服申立てについては、行政不服審査委員会に対応する第三者機関への諮問は要しません（行審法43）。

　ただし、国税と同様、地方税に係る課税処分等（地法19）の取消訴訟を裁判所に提起する上で、審査請求の裁決を得ることが必要であるという枠組み、いわゆる審査請求（不服申立）前置主義が採用されています（地法19の12）。

　なお、固定資産評価審査委員会による審査の際に主張しなかった事由であっても、審査決定の取消訴訟において、その違法性を基礎付ける事由として、これを主張することが許されるというべきとされています（最判令和元年7月16日民集73巻3号211頁）。

6 　不服申立手続全体における留意点

以上のような租税に係る不服申立手続全体に関して、以下の点に留意する必要があります。

(1) 国税及び地方税の個別手続の必要性

国税と地方税は、それぞれ独自の手続（処分）により確定する税であり、不服申立てについても、原則として、国税通則法、地方税法あるいは行政不服審査法に沿って、それぞれの手続を行う必要があります。

例えば、所得税と住民税は関連性が強いものではありますが、国税の課税処分に対してのみ不服申立てを行ったとしても、地方税に係る処分に対して、連動して不服申立てが行われたものではない点に留意する必要があります（東京地判平成23年1月21日税資261号順号11596）。

(2) 審査請求手続における相違点

国税については、国税庁長官の処分等を除き、国税通則法の規定に基づき、原則として再調査の請求及び審査請求（2段階）あるいは審査請求（1段階）のいずれかの手続を選択できます。

一方、地方税及び国税庁長官の処分等については、行政不服審査法の規定に基づき、原則として審査請求の手続（一定の場合を除き、行政不服審査会等への諮問等）を行う必要があります。

(3) 取消訴訟の提起との関係

国税通則法や地方税法においても、国税に関する法律に基づく処分及び都道府県等の地方団体の徴収金に関する処分については、原則として当該処分に対する不服申立て（審査請求に対する裁決）を経た後でなければ取消訴訟を提起できません（通法115、地法19の12）。

したがって、納税者が更正等の課税処分に対する取消訴訟も視野に入れて当

該処分への対応を検討する場合、所要の手続に沿って、所定の期日内に不服申
立てを行う必要があります。

(4) 執行不停止の原則

国及び地方団体のいずれの処分に対して不服申立てを行ったとしても、原則
として処分の執行は停止しないこととされています（執行不停止の原則、通法
105、行審法25）。

したがって、納税者が更正処分等により確定した税額の納付を行わない場
合、差押え等の滞納処分が行われる可能性があることに留意する必要がありま
す。

(5) 不服申立てに係る教示制度

国税・地方税に係る不服申立てに関しては、書面による処分における教示の
義務や利害関係人からの書面による教示の求めといった不服申立てに係る教示
の制度（行審法82、通法80）が設けられておりますので、教示制度の活用を検討
する必要があると思われます。

また、誤った教示に基づき不服申立てを行った納税者や、教示がされなかっ
たことによる誤った不服申立てを行った納税者については、適法な不服申立て
を行ったものとして救済される措置が規定されています（行審法83、通法112、不
服審査基本通達（国税庁関係）112-2（教示に関する他の救済規定との関係）、不服審査基
本通達（国税不服審判所関係）112-2（教示に関する他の救済規定との関係））。

2 | 税務署長等の行為における処分性の意義

1 税務争訟手続における不服申立ての要件

　税務争訟上、国税不服審判所長あるいは裁判所が、納税者の請求（不服）を審理する上で、納税者の請求（不服）の内容等が一定の要件を備えていることが要求されています。これらの要件（不服申立てにおける、いわゆる「不服申立ての要件」、取消訴訟におけるいわゆる「訴訟要件」）が満たされない場合、国税不服審判所長や裁判所は、納税者の不服（納税者の請求）の中味（いわゆる本案）の審理に入る前の段階で、当該不服（当該請求）を却下します（いわゆる「門前払い」）。

　ここでは、納税者（あるいは納税者の代理人）等の視点から、税務争訟の手続の流れを踏まえつつ、不服申立ての要件等を概観していきます。

　具体的には、次の①〜⑥の問題点を整理していきます。

① 税務署長等の行為のうち、どのような行為について争うことができるのかという問題（いわゆる、「処分」や「処分性」の問題）

② 税務署長等の処分に対して、誰が、どのような理由（どのような利害関係を有すること）から、当該処分を争うことができるのかという問題（いわゆる、不服申立てにおける不服申立適格、取消訴訟における「原告適格」や「訴えの利益」の問題）

③ いつまでに、税務争訟の手続を進める必要があるのかという問題（いわゆる、不服申立てにおける「不服申立期間」、取消訴訟における「出訴期間」の問題）

④ どこで争うことができるのか、誰を相手方として争う必要があるのか、どの法律に基づき手続を進める必要があるのか等、税務争訟を行う上で、上記①から③に関連する法的問題

⑤ 不服申立前置主義が採用されていること（通法115）から、どのような場合

に、不服申立前置が必要とされないのか（不服申立前置主義の例外）等の法的問題

⑥　仮に、不服の内容を税務争訟の手続で争うことができない場合、他の手続を活用することにより、税務署長等の行為の適否を争うことができるのかという問題（例えば、国家賠償請求訴訟が可能かどうか等）

　まず、上記①の「税務署長等の行為のうち、どのような行為を争うことができるのか」という、いわゆる「処分」あるいは「処分性」の問題について見ていきます。

2　処分・処分性の意義

(1)　税務署長等の処分に該当するか

　国税通則法75条１項は、「国税に関する法律に基づく処分で次の各号に掲げるものに不服がある者は、当該各号に定める不服申立てをすることができる。」と規定していることから、まず、税務争訟を進める上で、税務署長等の行為が「処分」に該当することが必要です。ということは、税法上の規定に基づいて、税務署長が納税者等に対して何らかの通知（文書の送付）等を行った場合、例えば、納税者等に送付された文書に「○○処分」という名称が付されていた場合であっても、必ずしも税務争訟の対象とならない場合があることに注意する必要があります。

　例えば、国税徴収法等の税法上、税務署長等の特定の行為に対して不服申立てができることが規定（明示）されている場合（国税徴収法171条に基づく滞納処分に関する不服申立て等）がありますが、国税通則法上、不服申立ての対象とされる「処分」の定義は規定されていません。

　また、課税処分等の取消訴訟の対象となる行為は、「行政庁の処分その他公権力の行使に当たる行為」（行訴法３）と規定されていますので、税務署長等の行政庁の行為の性質を整理した上で、それが「行政庁の処分」に該当するか否かを判断する必要があります。

　例えば、ここでいう不服申立てや訴訟の対象となる「処分」の意味として、行政法一般に係る裁判例において、「公権力の主体たる国または公共団体が行う行為のうち、その行為によって、直接国民の権利義務を形成しまたはその範囲を確定することが法律上認められているものをいうもの」（最判昭和39年10月29日民集18巻8号1809頁）とされています。すなわち、一般的に、税務争訟の対象となる処分とは、①納税者等の権利義務その他法律上の地位を形成し、あるいは、②納税者等の権利義務等に具体的変動を及ぼし、又は権利義務等の範囲を具体的に確定する等の効果を生ぜしめるものに該当する必要があります。

　また、「処分」あるいは「処分性」を有する行政の行為とは、例えば、「私人の権利義務関係・法律関係を決定する内容を有するものでなければならない。」とした上で、「①権利義務関係の決定、②一方性（権力性）、③具体性（直接性）という3要素から構成される行為」（宇賀克也『ブリッジブック行政法 第3版』（信山社、2017年）206-207頁）と説明される場合があります。

(2) 課税庁側の解釈

　不服審査基本通達（国税庁関係）75-1（国税に関する法律に基づく処分）において、「法第75条第1項の『国税に関する法律に基づく処分』については、次のことに留意する。」として、以下のように、税務署長等の特定の行為が「処分」に該当するか否かに関して、国税庁長官（課税庁）の解釈が示されています。

「(1)　処分は、行政庁の公権力の行使に当たる行為であることを要するから、例えば、国税の賦課徴収に関する事務を行う行政庁（以下「税務官庁」という。）における不用物品の売払行為はこれに該当しないこと。

　(2)　処分は、行政庁の公権力の行使に当たる行為が外部に対してされることを要するから、例えば、国税庁長官の国税局長及び税務署長に対する訓令、通達又は指示はこれに該当しないこと。

　(3)　処分は、行政庁の公権力の行使によって直接国民の権利義務に影響を及ぼす法律上の効果を生ずるものであることを要するから、例えば、公売予告通

知及び徴収法第55条《質権者等に対する差押えの通知》の規定による質権者等に対する通知並びに法第74条の2第1項《当該職員の所得税等に関する調査に係る質問検査権》に規定する『当該物件……の提示若しくは提出を求めること』はこれに該当しないこと。

(4) 処分には、事実上の行為は含まれないのであるから、例えば、法第74条の7《提出物件の留置き》に規定する『当該調査において提出された物件を留め置くこと』はこの処分には該当しないこと。

(5) 法第74条の7の規定に基づき同条に規定する『当該職員』が留め置いた物件について、当該物件の提出者から返還の求めがあった場合で、当該職員がこれを拒否したときの当該拒否は処分に該当すること。」

このように、いくつかの具体的な行為について、処分に該当するか否かに係る課税庁の解釈が示されています。

ただし、上記の通達で示された処分の内容については、「なぜ、特定の行為が処分に該当するのか（処分性を有するのか）」が必ずしも明らかではない場合があります。そこで次に、事例を通じて、税務争訟の対象とされる「処分」に該当する（処分性を有する行為に該当する）、あるいは該当しないとされた税務署長等の行為を概観していきます。

3　処分に該当する税務署長等の行為

更正（通法24）、決定（通法25）、過少申告加算税賦課決定（通法32）、更正をすべき理由がない旨の通知（通法23）といった税法上の各種申請を拒否する税務署長等の行為等は、不服申立てができる処分（処分性を有する行為）の典型例といえます。

また、以下のような事例において、税務署長等の特定の行為が「処分」に該当する（「処分性」を有する）とされています。

- ・ 納税の告知（通法36①二：最判昭和45年12月24日民集24巻13号2243頁）
- ・ 督促（通法37：最判平成5年10月8日訟月40巻8号2020頁）
- ・ 充当（通法57：最判平成5年10月8日訟月40巻8号2020頁、最判平成6年4月19日判

時1513号94頁）

- 最高価申込者の決定（徴収法104：東京地判平成 6 年 2 月28日行集45巻 1・2 号226頁）

4　処分に該当しない税務署長等の行為

一方、次の事例においては、税務署長等の特定の行為は処分に該当しない（「処分性」を有しない）ものとされています。

- 法律（条令）（寺院の拝観料に課税する条例に係る処分性を否定した事例（大阪高決昭和41年 8 月 5 日行集17巻 7・8 号893頁））
- 通達（最判昭和43年12月24日民集22巻13号3147頁）
- 申告修正の慫慂（修正申告に係る行政指導）（通法74の11③：静岡地判昭和32年 2 月 1 日税資25号97頁）
- 申告納税方式による租税についての納税申告（修正申告）（通法19等：最判昭和42年 5 月26日訟月13巻 8 号990頁）
- 源泉徴収義務者が納付した税金を収納する行為（名古屋高判昭和42年11月29日行集18巻11号1503頁）
- 予定納税額等の通知（予定納税基準額の通知）（所法106：大阪高判昭和47年 5 月18日税資65号991頁）
- 延滞税を納付すべき旨の通知（札幌地判昭和50年 6 月24日訟月21巻 9 号1955頁）
- 公売の通知（徴収法96：最判昭和50年 6 月27日訟月21巻 8 号1749頁）
- 還付金等の還付（広島高判昭和54年 2 月26日行集30巻 2 号265頁）
- 破産管財人に対する税務署長の交付要求（徴収法82：最判昭和59年 3 月29日訟月30巻 8 号1495頁）
- 税務署の担当職員が納税者に対して修正申告書用紙等を送付した行為（東京地判平成24年 3 月15日税資262号順号11907）
- 登記官の行う登録免許税の納付の事実の確認（東京高判平成 8 年 4 月22日行集47巻 4・5 号362頁）
- 公売による換価代金の配当（大阪高判平成21年10月30日裁判所公式サイト）

- 　租税条約に基づく情報要請行為（東京地判平成29年2月17日裁判所公式サイト）
- 　更正の申出に対してその更正をする理由がない旨のお知らせ（更正の申出の拒否、いわゆる嘆願書の内容（要望）を拒否すること）（国税不服審判所裁決平成25年1月17日裁決事例集90集（国税不服審判所公式サイト））

5　国税通則法上の不服申立てができない行為

　税務署長等による特定の行為等は、形式的に「処分」とされる場合であっても、国税通則法上の不服申立ての対象とされないこと（除外事項）が規定されています（通法76、**〔図表4-4〕**参照）。これらの行為は、行政不服審査法により不服申立てをすべきものとされます。

〔図表4-4〕税務署長等の処分に対する不服申立てに係る取扱い

不服申立ての種類等	具体的な処分等の内容	備考（留意事項等）
国税不服審判所長への審査請求 （税務署長等への再調査の請求に係る決定後の審査請求）	更正（通法24）、決定（通法25）、過少申告加算税賦課決定（通法32）、更正をすべき理由がない旨の通知（通法23）、納税の告知（通法36①二）、充当（通法57）、最高価申込者の決定（徴収法104）	・主として、国税通則法の規定を適用（通法80） ・不服申立前置主義（通法115）
国税庁長官への審査請求	・納税地の指定（所法18①）、国等に対して財産を寄附した場合の譲渡所得等の非課税の承認申請に対する当該承認をしないことの決定及び承認の取消し（措法40①等）、特定の医療法人に係る法人税率の特例の承認申請に対する当該承認をしないことの決定及び承認の取消し（措法67の2①等）等 ・税務署長等の不作為 ・公権力の行使に当たる事実上の行為（事実行為）	・行政不服審査法の規定を適用 ・行政不服審査会への諮問
不服申立ての除外事項 （通法75の適用除外）	・行政不服審査法の規定による処分（通法76①一） ・国税通則法75条の規定による不服申立てについてした処分（通法76①一） ・通告処分（通法157）や差押え（通法132）等の国税の犯則事件に関する法令に基づいて国税庁長官等がする処分（通法76①二） ・不服申立てについてする処分に係る不作為（通法76②）	・行政訴訟法により争うことのできる場合がある。

(1) 不服申立ての除外事項

　国税通則法76条1項は、次の①～③の処分には国税通則法75条（国税に関する不服申立ての対象）の規定が適用されないこと、いわゆる不服申立ての除外事項

とされる処分を規定しています。

① 行政不服審査法の規定による処分（1号）

② 国税通則法75条の規定による不服申立てについてした処分（例えば、補正要求（通法81③）、再調査の請求についての決定（通法83）、補佐人帯同の不許可（通法84③）等）（1号）

③ 行政不服審査法7条1項7号（適用除外）に掲げる国税の犯則事件に関する法令に基づいて国税庁長官、国税局長等がする処分（2号）

また、④行政不服審査法の規定に合わせ、不服申立てについてする処分に係る不作為については審査請求することができないことを規定しています（通法76②）。

(2) 除外事項に係る事例

上記(1)②に関して、平成26年の行政不服審査法改正前の事例ですが、国税に関する法律に基づく処分に対する異議申立てにつき税務署長がした決定は、国税通則法76条1項1号の「この節の規定による処分」に該当するから、税務署長が行った当該決定自体に対しては、更に審査請求等の不服申立てをすることができないとした事例（浦和地判平成6年12月26日税資206号813頁）があります。

また、(1)③に関しては、通告処分（通法157）や差押え（通法132）等の国税の犯則事件に関する法令に基づいて国税庁長官等がする処分が該当します。例えば、関税法に係る事例ですが、通告処分について、④関税法上、犯則者が通告処分の旨を任意に履行する場合のほかは、⑭通告処分の対象となった犯則事案についての刑事手続において争わせ、当該手続によって最終的に決すべきものとし、通告処分については、それ自体を争わしめることがないとして、通告処分を行政事件訴訟の対象から除外することとしているものと解するのが相当とし、通告処分に対する取消訴訟は許されないとの判断が示された事例（最判昭和47年4月20日民集26巻3号507頁）があります。

なお、臨検、捜索又は差押えに係る裁判官の許可等の国税犯則事件調査手続の性質は、一種の行政手続であって、刑事手続（司法手続）ではないと解すべ

きであり、刑訴法の規定（準抗告）の準用を認めるのは相当でないことから、国税犯則事件に関する法令（平成29年度税制改正前）に基づき収税官吏等のする処分に対する不服申立てについては、それが行政庁の処分であることを前提として、行政事件訴訟法により訴訟を提起すべきものであるとの判断が示された事例（最決昭和44年12月3日刑集23巻12号1525頁）があります。

6 不作為に係る審査請求

　国税通則法75条は、税務署長等の不作為に係る審査請求についての規定を設けていません。国税不服審判所は国税の賦課徴収に対する不服申立てを取り扱う裁決機関であり、国税の賦課徴収に当たる執行機関が有する執行権が付与されていません。そのため、税務署長等に対する一般監督権の行使として義務付けを行うことはできないことから、国税不服審判所長に対して審査請求ができないとされています。

　したがって、税務署長等の不作為に関しては、行政不服審査法3条の規定に基づき、国税庁長官に対して審査請求を行うこととなります。例えば、税務署長等の不作為とは、更正の請求（通法23）に係る不作為（「法令に基づく申請に対して何らの処分をしないこと」（行審法3））が該当します。

　青色申告の承認の申請（所法144等）のように、申請があった後一定の期間内に承認又は却下の処分がなかったときに承認があったものとみなされるもの（所法147）については、行政不服審査法3条に規定する不作為の対象とならないとされています。

　なお、不作為の違法確認の訴え（行訴法8①）については、裁判所に対して直ちに出訴することができます（志場1281頁）。

　また、国税通則法75条が規定していない、公権力の行使に当たる事実上の行為（事実行為）に関する不服申立ても不作為と同様、行政不服審査法により国税庁長官に対して審査請求を行う必要があります。事実行為とは、例えば、提出物件の留置き（通法74の7）等が該当します。

　なお、国税庁長官の処分や国税庁の当該職員による調査に関する不服申立て

については、国税通則法75条1項2号、2項により、不作為の場合と同様、国税通則法ではなく、行政不服審査法に基づき、国税庁長官に対して審査請求を行うこととなります（通法75①二・②、80②）。

3 ｜ 税務争訟における原告適格・訴えの利益

1 ｜ 原告適格及び訴えの利益の意義

　特定の処分が行われた場合に税務争訟を行う上で、全ての人が当該処分の取消し等を求めることができるわけではありません。現行法上、特定の個人が特定の処分の取消しを求め、裁判所において争うためには、次の①〜③の内容を有することが必要とされています。

① 訴えの対象：取消訴訟の対象が、訴訟の対象として判決で取り消すに適するものであること。

② 原告適格：当該取消訴訟につき、原告が訴訟を追行する正当な資格を有すること。

③ 狭義の訴えの利益：当該取消請求の当否につき、判決を受けるだけの法的利益ないし必要があること。

　原告適格に関して行政事件訴訟法 9 条 1 項は、次のように「法律上の利益を有する者」であることを規定しています。

「当該処分又は裁決の取消しを求めるにつき法律上の利益を有する者（処分又は裁決の効果が期間の経過その他の理由によりなくなった後においてもなお処分又は裁決の取消しによって回復すべき法律上の利益を有する者を含む。）に限り、提起することができる。」

　また、同条 2 項は次のように、1 項で規定された原告適格の勘案事項を規定しています。

「裁判所は、処分又は裁決の相手方以外の者について前項に規定する法律上の利益の有無を判断するに当たっては、当該処分又は裁決の根拠となる法令の規定の文言のみによることなく、当該法令の趣旨及び目的並びに当該処分において考慮されるべき利益の内容及び性質を考慮するものとする。この場合において、当該法令の趣旨及び目的を考慮するに当たっては、当該法令と目的を共通

にする関係法令があるときはその趣旨及び目的をも参酌するものとし、当該利益の内容及び性質を考慮するに当たっては、当該処分又は裁決がその根拠となる法令に違反してされた場合に害されることとなる利益の内容及び性質並びにこれが害される態様及び程度をも勘案するものとする。」

　ただし、これらの規定等において、法律上の利益を有する者として、税務署長等の特定の処分の取消しを求めることのできる主体とは誰（何者）であるかという点は必ずしも明らかではありません。そのため、個々の処分において適用される法令（処分の根拠法規）の解釈を通じて、原告適格の有無を検討する必要があります。

　この点に関して、例えば、不服審査基本通達（国税庁関係）75-2（処分に不服がある者）において、次のように課税庁の解釈が示されています。

「法第75条第1項の『処分……に不服がある者』は、処分によって直接自己の権利又は法律上の利益を侵害された者であることを要し、処分の直接の相手方のみならず、例えば、差押えに係る財産について抵当権を有する者のように第三者もこれに当たる場合があることに留意する。」

　ただし、上記の解釈において、「差押えに係る財産について抵当権を有する者」以外に、法律上の利益を侵害された者とは具体的にどのような者を示すのかが明らかではありません。そこで次に、税務上の処分や手続に係る裁判例等を通じて、原告適格の意義や原告適格に係る具体例を整理していきます。

2 原告適格を有する者の具体例

　原告適格に関して、納税者本人が処分の取消しを請求できる、すなわち原告適格を有することは明らかです。

　ただし、納税者本人が死亡し、当該納税者につき相続があった場合、納税義務の承継者は相続人であるとされています（通法5①）。また、納税義務の承継があったときは、相続人が国税を納める義務がある者となることから、国税通則法上の納税者（通法2五）に当たるとされています。すなわち、相続人が、納税に関して被相続人が有していた税法上の地位を承継し、被相続人の国税に

係る申告・申請・請求等、あるいは不服申立て等の手続の主体となり、また、税額確定処分や滞納処分等の対象となります。したがって、相続人は、被相続人に対する更正等の処分等に関して原告適格を有することとなります。

例えば、地方税（固定資産税）に係る次のような事例があります。

①共同相続人のうち1人に対して、又は同時若しくは順次に全ての共同相続人に対して固定資産税等の納税の告知、督促及び滞納処分をすることができると解されること、②不動産の共有者である共同相続人の1人を当該不動産に係る固定資産税の納税義務者の代表者として指定したこと等、共有者である共同相続人のうちのいずれの者に対して、また、いかなる順序で納税の告知等を行うかについては、地方団体の長の裁量に委ねられているというべきである（福岡地判平成25年2月26日判例地方自治381号21頁）。

なお、納税者本人以外の第三者に関して、例えば、「差押えに係る財産について抵当権を有する者」のような処分の相手方（納税者や滞納者等）以外の者である第三者も、法律上の利益を有する者であれば、原告適格を有するといえます（不服審査基本通達（国税庁関係）75-2）。

次に、第三者（処分の直接の相手方以外の者）に関して、具体的に、誰が法律上の利益を害された者として原告適格を有する個人（法人等）といえるのか、事例を通じて確認します。

3　原告適格を有するとされる個人等に係る事例

まず、原告適格を有する第三者に該当する個人等に係る事例を整理します。なお、原告適格を有するという判断は、原告（納税者等）の主張（処分の取消し等の請求）を認めることを直ちに意味しないことにご注意ください。

次の特定の処分に関して、特定の個人等の第三者が原告適格（訴えの利益）を有するとされています。

・　第二次納税義務者（課税処分関係）（徴収法39等）（最判平成18年1月19日民集60巻1号65頁）
・　連帯納付義務者（他の納税義務者（本来の納税義務者）に係る納税申告

等）（相法34）（東京高判平成23年10月26日裁判所公式サイト）

・　不動産の共有者（徴収処分関係）（最判平成25年 7 月12日訟月60巻 3 号681頁）

・　仮差押債権者（徴収処分関係）（東京地判平成 9 年12月 5 日行集48巻11・12号904
頁）

・　第三債務者（徴収処分関係）（東京地判平成12年12月21日裁判所公式サイト）

・　差押財産（動産等）の所有者（徴収処分関係）（福岡地判平成25年 2 月28日租
税関係行政・民事事件判決集（徴収関係）平成25年 1 月〜12月順号25- 7 ）（なお、同判
決において、当該第三者が当該財産の所有権が自己に帰属することについて
の立証責任を負うものと解される旨が示されています。）

・　特定の債権者（徴収処分関係）（鳥取地判昭和44年 3 月10日訟月15巻 5 号576頁）

・　充当前に過納金請求権を譲渡した者（徴収処分関係）（東京地判平成 9 年12月
12日訟月45巻 3 号668頁）

4　原告適格を有しないとされる個人等に係る事例

　税務署長等による特定の処分の名宛人である個人等と社会生活上一定の利害
関係等（親子関係や取引関係等）を有する第三者であっても、必ずしも当該処
分の取消しを求めることのできる原告適格（訴えの利益）を有する者と認めら
れるものではありません。

　次のような処分に関して、特定の個人等である第三者は原告適格（訴えの利
益）を有しないものとされています。

・　給与等の受給者（源泉徴収における受給者：源泉徴収告知処分関係）（通
法36）（名古屋高判平成17年 5 月18日税資255号順号10035）

・　第二次納税義務者（第二次納税義務告知処分の取消訴訟において、主たる
納税義務者に係る課税処分（主たる納税義務の有無等）を争う場合：第二次
納税義務告知処分関係）（徴収法32）（最判昭和50年 8 月27日民集29巻 7 号1226頁）

　（なお、第二次納税義務者が、主たる納税義務者に代わって主たる納税義務
者の課税処分自体の取消しを求める場合、当該第二次納税義務者は原告適格
を有するとされた事例（最判平成18年 1 月19日民集60巻 1 号65頁））

- 家族（親族）（親に係る課税処分等の取消しを子供が求める場合等：措法40条1項）（東京地判平成3年7月10日税資188号1頁）
- 業者団体等の特定の団体（特定の団体に所属する個人に対する課税処分の取消しを当該団体が求める場合等）（横浜地判昭和52年9月12日訟月23巻10号1821頁）
- 事業上の一定の関係者（共同で事業を営む者等）（静岡地判平成26年2月13日税資264号順号12409）
- 第三債務者（取立訴訟に係る判決の確定後に課税処分の無効確認を請求した第三債務者）（最判昭和55年12月4日訟月27巻5号960頁）

　なお、日本国内に住所等を有しない納税者によって選任される納税管理人（通法117）は、あくまでも納税者のために納税申告その他の事務を処理するための代理人であることから、納税者に係る更正等の処分に関して原告適格を有するものではありません。ただし、不服申立てに関して、納税者が、納税管理人を代理人とすることを申し出た場合には、当該納税管理人は、国税通則法107条に規定する不服申立人の代理人として取り扱われることとされています（不服審査基本通達（国税庁関係）107-1（納税管理人による代理））。

4 | 狭義の訴えの利益

1 「狭義の訴えの利益」の意義等

　税務争訟を行う上では、第一に税務署長等の行為が処分性を有すること、第二に特定の処分の取消しを求める者、特に、処分の名宛人以外の第三者の場合は原告適格を有することが必要です。ただし、これら二つの要件を充足しても、「処分を取り消す実際上の必要性のあること」（宇賀Ⅱ210頁）といった狭義の訴えの利益が認められない場合は、訴えが不適法（却下）になる場合があります。

　なお、ここでいう「狭義の訴えの利益」（単に「訴えの利益」ともいいます。）の意味・内容は、国税通則法等には定義されていません。

(1) 狭義の訴えの利益に関する見解

　この「狭義の訴えの利益」については、次のような説明がされています。

・　権利利益の侵害が存続し、その回復のため当該行政処分の取消しが必要であるという状態になければならないこと（当該取消請求の当否につき判決を受けるだけの法的利益ないし必要性があること）（泉44頁、61頁）。
・　処分が取り消された場合に、現実にその利益の回復が得られる状態にあること（原田尚彦『行政法要論 全訂第7版［補訂二版］』（学陽書房、2012年）391頁）。

　例えば、原告の権利利益を侵害しないような行政処分については、これを取り消すべき利益はなく、取消訴訟の提起は認められないとして、基本的には、課税処分の一部を取り消す処分である減額更正処分自体の取消しを求める訴えの利益はないといわれています。

　この点に関して最高裁は次のように判断し、基本的には、納税者にとって有利な処分であること（何らの不利益な処分をもたらすものでないこと）から、減額（再）更正処分の取消しを求める訴えの利益はない、すなわち、不服申立

てや取消訴訟の対象とすることは、その利益を欠くとされています。

「それ自体は、再更正処分の理由のいかんにかかわらず、当初の更正処分とは別個独立の課税処分ではなく、その実質は、当初の更正処分の変更であり、それによって、税額の一部取消という納税者に有利な効果をもたらす処分と解するのを相当とする。そうすると、納税者は、右の再更正処分に対してその救済を求める訴の利益はなく、専ら減額された当初の更正処分の取消を訴求することをもって足りるというべきである。」（最判昭和56年4月24日民集35巻3号672頁）

　また、期間の経過や処分の執行（完了）等により処分の法的効果は消滅し、当該処分の取消しを求める訴えの利益が消滅することがあります。ただし、減額更正処分の本来的な法的効果以外に、派生的な法的効果等が生じる場合があることから、このような減額更正処分の取消しを求める訴えの利益は失われない場合があるとされています。

(2) 訴えの利益の消滅

　行政処分の取消変更等と訴えの利益については、処分が変更された場合におけるその効力の帰趨に慎重な検討を要します。すなわち、更正処分等が変更された場合、その処分の取消しを求める訴えの利益が消滅するか否かについては、その変更処分等がいかなる効果を有するかによって異なるからです。

　例えば、特定の個人に対して更正処分が行われた後に再更正処分が行われた場合、①再更正処分の取消しのみを求めることで十分か（当初の更正処分の取消しを求める訴えの利益が失われるのか）、②当初の更正処分の取消しのみを求めることで十分か、あるいは、③両方の処分の取消しを求める必要があるのか、といった点に関して、どの処分を不服申立てあるいは取消訴訟の対象とするのかについては、国税通則法等の規定からは必ずしも明らかではありません。

　そこで次に、裁判例等を通じて、狭義の訴えの利益の有無、あるいは不服申立てや取消訴訟の争訟において、何を対象とするのかを具体的に整理していきます。

2 狭義の訴えの利益に関する具体例

(1) 不利益処分性に関する事例

　課税処分の一部が審査請求等の不服申立手続により取り消された場合、一般的に課税処分は取り消された部分について効力を失うので、当該部分について訴えの利益はないとされています。

　上記以外の訴えの利益がないものとして、以下のような事例が見られます。

・　無申告加算税を課すべきところ、過少申告加算税を賦課した場合：①無申告の場合に誤って過少申告による更正処分がなされた場合、誤って過少申告による更正処分をしたからといって、当該処分により納税義務者が不利益を受けるものではないこと、②問題となっている更正処分が仮に違法であるとしても、納税者（上告人）は、これによって不当に権利を侵害される虞れはないことから、当該処分の取消しを求める法律上の利益を有しないものといわなければならないとして、無申告の場合になされた過少申告による更正処分の取消しを求める訴えの利益がないとされた事例（最判昭和40年2月5日民集19号1巻106頁）

・　減額更正処分に関して、株式会社における役員への報酬支払の否認（損金算入否認）に伴い行われた個人の所得税に対する更正処分によって給与所得金額及び算出所得税額が増加したものの、これによって当該更正処分における計算上の源泉所得税額も増加したために、結果として納付所得税額が申告額より減少した場合、①当該更正処分に係る計算上の源泉所得税額が増加したとしても、これのみでは受給者は何ら不利な法的効果を受忍すべき地位には立たないものということができること、②納付所得税額を減少させるものであること、③減額更正処分において控除されている源泉所得税額は、所得税法第四編の規定に基づき正当に徴収をされた又はされるべき額を下回らないものと認めることを理由として、減額更正処分に対する訴えの利益がないとされた事例（東京地判平成8年11月29日判時1602号56頁）

・　増額更正処分の内容が、①申告に係る課税標準の一部取消しと、②新たに認定された課税要件事実に基づく課税標準の加算から成り立っている場合（すなわち、減額と増額の複合から成り立つ処分である場合）であっても、更正の請求の方法以外にその是正を許さないならば納税義務者の利益を著しく害すると認められる特段の事情がない限り、申告額を超えない部分の取消しを求める部分については不適法であるといわざるを得ないとした事例（大阪高判平成21年10月16日訟月57巻2号318頁）

・　更正処分における法人税額等に不服がなく、単にその理由としての勘定科目の計算否認についてのみ不服があるにすぎない場合、当該更正処分の取消しを求める訴えの利益がないとされた事例（東京地判昭和35年3月16日訟月6巻4号771頁）

　他方、相続税の申告、更正処分の後、さらに、更正の請求に基づき相続税額等を0円とする減額再更正処分がされた場合につき、①更正の請求に基づき当初の更正処分について減額再更正処分がされた場合と、②更正処分の取消判決により当該処分が取り消された場合とでは、減額あるいは取消しの範囲において、本税額、加算税額及び延滞税額が消滅し、本税額等が還付される点では相違はないが、減額あるいは取消しに係る納付済みの国税（延滞税を含む。）についての還付加算金の算定期間の始期の点で相違があり（通法58①）、判決により取り消された場合の方が還付加算金の額において納税者の利益となること（相当に有利であること）が明らかであることから、上記の減額再更正処分により当初の更正処分の効力が失われたとしても、当該更正処分の取消しを求める訴えの利益が失われないとした事例（東京高判平成9年5月22日行集48巻5・6号410頁）があります。

(2) 処分の執行（執行完了）等に関する事例

　税務署長等の行政処分が執行によってその目的を達するような性質のものである場合には、執行の完了により当該行政処分の法的効果は消滅し、当該行政処分の取消しを求める訴えの利益は消滅することがあります。具体的には、以

下のような事例が見られます。

- 債権の取立てが完了した場合の差押処分（徴収法47等）（神戸地判平成8年2月21日訟月43巻4号1257頁）
- 公売手続が終了した場合の最高価申込者の決定等（徴収法104等）（大阪地判平成24年12月14日税資263号順号12377）
- 換価代金の交付が終了した場合の第三債務者らから取り立てられた金銭等の配当に係る処分（配当計算書の作成等（徴収法131等））（東京地判平成25年1月17日租税関係行政・民事事件判決集（徴収関係）平成25年1月～12月順号25-2）
- 売却手続が中止された場合の売却通知処分（徴収法109④等）（国税不服審判所裁決平成27年4月8日裁決事例集99集（国税不服審判所公式サイト））

5 複数の処分が行われた場合の争訟の対象

1 関連する規定

例えば、更正処分に続いて再更正処分等の複数の処分が行われた場合、納税者はどの処分を取消訴訟の対象とするのかという問題があります。これに関して、まず国税通則法の規定や学説等を整理したいと思います。

税務署長は、提出された申告書について、一定の場合に更正処分を行うことができます（通法24）。また、税務署長は、更正処分等をした課税標準等が過少や過大等であることを知ったときは、当該課税標準等を再更正することができます（通法26）。さらに税務署長は、国税の更正、決定等の期間制限内（通法70）であれば、一定の制約はありますが、再更正処分を何度でも行うことができます。

なお、更正処分、再更正処分後であっても、納税者は修正申告書を提出することができます（通法19②）。

加えて、複数の処分がなされて、税額の確定が複数回行われた場合の法律関係に関しては、次のような規定が置かれています。

- 更正処分や再更正処分等によっても、当該更正処分等の前にされた申告や更正処分に基づく確定した納付すべき税額の部分に影響を及ぼさないとして、前の申告や更正処分等に基づいてされた納付や徴収処分が無効にはならないこと（通法20、29）。
- 再更正処分等があった場合に国税の徴収権の消滅時効を中断する効力の及ぶ範囲について、再更正処分等により納付すべき国税（税額）の限度で消滅時効が中断すること（「処分に係る部分の国税」（通法73①一））。
- 更正処分等の不服申立ての審査の係属中に増額再更正処分等が行われ、当該再更正処分等に対して、再調査の請求が行われた場合、当該再調査の請求を審査請求とみなし（通法90）、国税不服審判所長等は当初の更正処分に係る

審査請求事件等と併合して審理することができること（通法104）、すなわち、当初の更正処分等と増額再更正処分等のそれぞれについて別個に不服申立ての対象となり得ること。

・ 更正処分に係る取消訴訟が係属中にされた再更正処分の取消しを求めようとするとき、不服申立前置主義の適用が除外されること（通法115①二）。

ただし、例えば、増額更正処分後に増額再更正処分が行われた場合などで、税務署長によるこれらの処分を裁判所で争いたい納税者は、①増額再更正処分の取消しのみを求めることで十分か、②当初の増額更正処分の取消しのみを求めることで十分か、あるいは、③両方の処分の取消しを求める必要があるのかといった審理や判断の整合性を確保する手続上の手当てに関して、不服申立ての場合（通法90等）とは異なり、国税通則法や行政事件訴訟法等は必ずしも明確に規定していません。

2 学説等の概要

申告、更正処分、再更正処分は、納税者や課税庁によって別個独立の行為として行われますが、いずれの行為も一個の租税債務（納税義務）を具体的に確定するための行為であることから、相互に密接な関係を有します。

これらの行為の関係をどのように見るのか、具体的にいえば、当初の更正処分の取消しを求めることはできるのか、どの処分の取消しを求める訴えの利益が認められるのか、という問題に関する代表的な考え方として、次の「吸収説」と「併存説」が示されています。

(1) 吸収説

当初の申告（更正）は更正（再更正）によって効力を失うとする吸収説については、次のような説明がなされています。

① 増額再更正は更正・決定に係る税額の脱漏部分のみを追加確認する処分ではなく、当該納税者の納付すべき税額を全面的に見直し、更正・決定に係る税額を含めて全体としての税額を確定する処分であり、当初の更正・決定は

増額再更正の処分内容としてこれに吸収されて一体となり、その外形が消滅するとする考え方（泉47頁）。

② 更正又は再更正は、それぞれ、申告又は更正・決定を白紙に戻した上で、改めて税額を全体として確定し直す行為とした上で、「申告又は更正・決定は更正又は再更正によって効力を失うことになる」とする考え方（金子959頁）。

例えば、確定申告の税額が200万円、増額更正処分による税額が250万円、さらに、増額再更正処分による税額が300万円であった場合、吸収説においては〔**図表4-5**〕のように更正処分と再更正処分の関係が整理されます。

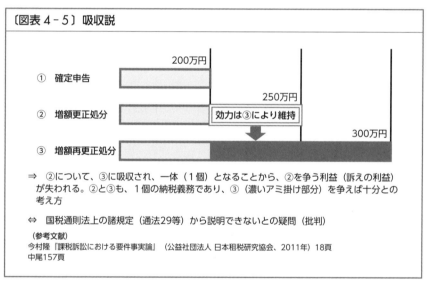

〔図表4-5〕吸収説

例えば、200万円
① 確定申告

250万円
② 増額更正処分　効力は③により維持

300万円
③ 増額再更正処分

⇒ ②について、③に吸収され、一体（1個）となることから、②を争う利益（訴えの利益）が失われる。②と③も、1個の納税義務であり、③（濃いアミ掛け部分）を争えば十分との考え方

⇔ 国税通則法上の諸規定（通法29等）から説明できないとの疑問（批判）

（参考文献）
今村隆『課税訴訟における要件事実論』（公益社団法人 日本租税研究協会、2011年）18頁
中尾157頁

このような場合に吸収説を採用することの妥当性として、取消訴訟の対象となるべきものが一個の処分となり、審理が一つの裁判所において行われることから、判断の抵触（衝突）が生じないことが挙げられています。ただし、国税通則法29条等の関係諸規定の内容等から、吸収説に対して疑問が示されています。

(2) 併存説

　一方、当初の申告（更正）は、更正（再更正）によって効力を失うものではないとする併存説については、次のような説明がなされています。

> ①　更正・決定と増額再更正とはそれぞれ別個独立の行為として併存し、増額再更正は更正・決定によって確定した税額に一定額を追加するものにすぎず、更正・決定と増額再更正の両者で一個の納税義務を確定させるという考え方（泉46頁）。
>
> ②　更正又は再更正は、申告又は更正・決定とは別個・独立の行為であり、申告又は更正・決定によって確定した税額に一定の税額を追加し、又はそれを減少させるにすぎないとする考え方（金子959頁）。

　上記の例に関して、併存説においては次頁【図表4-6】のように更正処分と再更正処分の関係が整理されます。

　このような併存説を採用する妥当性として、「第24条（更正）又は第26条（再更正）の規定による更正（略）で既に確定した納付すべき税額を増加させるものは、既に確定した納付すべき税額に係る部分の国税についての納税義務に影響を及ぼさない。」として、更正処分は税額を確定した申告に影響を及ぼさないとする国税通則法29条等が設けられていることが挙げられています。ただし、併存説によれば複数の裁判所で審理できることになるため、いわゆる「中抜判決」の出現が避けられないといった訴訟上（執行上）の問題に対する疑問が示されています。

　以上概観した規定や学説等を踏まえて、具体的な事例における最高裁判所等の裁判所の考え方を見ていきます。

3　取消訴訟の対象に関する具体例

　複数の更正処分、あるいは更正処分後に申告が行われた場合等に、処分の取消しを求める訴えの利益が認められるのか、また、訴えの利益が認められる特定の処分に関して、どの範囲が審理されるのか等について、具体的な事例を通

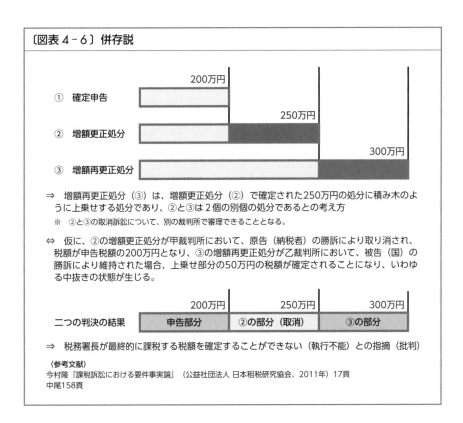

〔図表4-6〕併存説

① 確定申告　200万円

② 増額更正処分　250万円

③ 増額再更正処分　300万円

⇒　増額再更正処分（③）は、増額更正処分（②）で確定された250万円の処分に積み木のように上乗せする処分であり、②と③は2個の別個の処分であるとの考え方

※　②と③の取消訴訟について、別の裁判所で審理できることとなる。

⇔　仮に、②の増額更正処分が甲裁判所において、原告（納税者）の勝訴により取り消され、税額が申告税額の200万円となり、③の増額再更正処分が乙裁判所において、被告（国）の勝訴により維持された場合、上乗せ部分の50万円の税額が確定されることになり、いわゆる中抜きの状態が生じる。

二つの判決の結果　200万円　250万円　300万円

申告部分　②の部分（取消）　③の部分

⇒　税務署長が最終的に課税する税額を確定することができない（執行不能）との指摘（批判）

（参考文献）
今村隆『課税訴訟における要件事実論』（公益社団法人 日本租税研究協会、2011年）17頁
中尾158頁

じて整理していきます（中尾154頁以下の事例参照）。

(1) 更正処分と増額再更正処分の場合

　例えば、「本件更正処分がされたのちこれを増額する再更正処分がされたことにより、当初の更正処分の取消しを求める訴の利益が失われたとしてこれを却下すべきものとした原審の判断は正当」とされています（最判昭和55年11月20日訟月27巻3号597頁）。また、ここで言われている原審である控訴審（東京高判昭和53年1月31日行集29巻1号71頁）において、「或る年分の所得税について再更正が行なわれた場合には、当初の更正の取消しを求める訴えがその利益を欠いて不適法となることは、すでに確立した判例（筆者注：最判昭和42年9月19日民集21巻7号1828頁や最判昭和32年9月19日民集11巻9号1608頁）である」とされています。

この最高裁判決は、吸収説（上記**2**(1)）を採ることを明らかにしており、更正処分後に増額再更正処分がされた場合、当該増額再更正処分のみが取消訴訟の対象となり、当初の更正処分の取消しを求める訴えは、訴えの利益がなく不適法として却下されるとしています。

　なお、更正処分の取消訴訟の係属中に増額再更正処分がされた場合は、訴えの変更（民事訴訟法143）を行うことになるとされています（山下清兵衛『租税訴訟ハンドブック』（第一法規、2016年）406頁）。

　また、増額再更正処分が当初の更正処分等を吸収したとしても、当初の更正処分等によって生じた法的効果は遡及的に消滅しないことから、当初の更正処分等の手続的な違法事由は、原則として増額再更正処分に承継され、当該取消訴訟において当該手続的な違法事由を主張できるとされています（京都地判平成3年12月25日税資187号638頁）。

(2) 更正処分と減額再更正処分の場合

　最高裁は、申告に係る税額につき更正処分がされたのち、いわゆる減額再更正がされた場合、「右再更正処分は、それにより減少した税額に係る部分についてのみ法的効果を及ぼすもの」とした上で、「それ自体は、再更正処分の理由のいかんにかかわらず、当初の更正処分とは別個独立の課税処分ではなく、その実質は、当初の更正処分の変更であり、それによって、税額の一部取消という納税者に有利な効果をもたらす処分と解するのを相当とする。そうすると、納税者は、右の再更正処分に対してその救済を求める訴の利益はなく、専ら減額された当初の更正処分の取消を訴求することをもつて足りるというべきである。」と判断しています（最判昭和56年4月24日民集35巻3号672頁）。

　上記の考え方によれば、更正処分後に減額再更正処分がされた場合、最高裁は一部取消説（併存説）（上記**2**(2)）の立場に立つものであることから、減額再更正処分がされる前の更正処分が取消訴訟の対象となり、減額再更正処分の取消しを求める訴えは、訴えの利益がなく不適法として却下されることとなります（次頁〔**図表4-7**〕参照）。

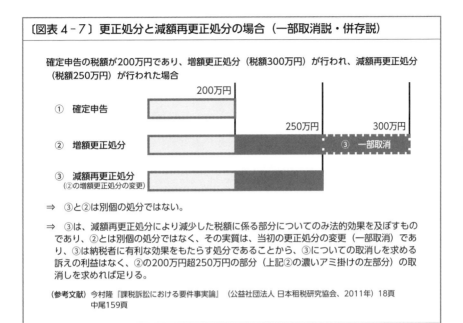

〔図表4-7〕更正処分と減額再更正処分の場合（一部取消説・併存説）

確定申告の税額が200万円であり、増額更正処分（税額300万円）が行われ、減額再更正処分（税額250万円）が行われた場合

① 確定申告　　200万円

② 増額更正処分　250万円　300万円　③ 一部取消

③ 減額再更正処分
（②の増額更正処分の変更）

⇒ ③と②は別個の処分ではない。

⇒ ③は、減額再更正処分により減少した税額に係る部分についてのみ法的効果を及ぼすものであり、②とは別個の処分ではなく、その実質は、当初の更正処分の変更（一部取消）であり、③は納税者に有利な効果をもたらす処分であることから、③についての取消しを求める訴えの利益はなく、②の200万円超250万円の部分（上記②の濃いアミ掛けの左部分）の取消しを求めれば足りる。

（参考文献）今村隆『課税訴訟における要件事実論』（公益社団法人 日本租税研究協会、2011年）18頁
中尾159頁

(3) 増額更正処分と申告の場合

① 確定申告（修正申告）と増額更正処分

　確定申告（あるいは修正申告）後に増額更正処分が行われた場合、納税者は、申告額を下回る部分の取消しを求める訴えの利益はないとされています（東京地判昭和48年3月22日行集24巻3号177頁、東京高判平成18年12月27日訟月54巻3号760頁、次頁【図表4-8】【図表4-9】参照）。また、原則として、申告した税額の減額を求める場合は、更正の請求（通法23）によらなければなりません（いわゆる「更正の請求の原則的排他性」）。

② 増額更正処分後の修正申告

　次の高裁判決のように、増額更正処分と修正申告の時期が前後して、増額更正処分後に修正申告が行われた場合は、基本的に当該増額更正処分の取消しを求める訴えの利益はないとされています（181頁【図表4-10】参照、東京高判平成11年8月30日訟月47巻6号1616頁）。

180

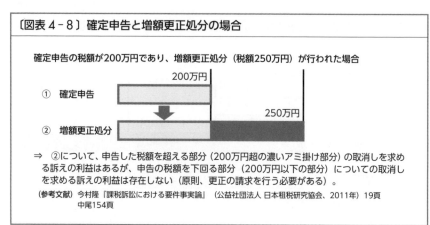

〔図表4-8〕確定申告と増額更正処分の場合

確定申告の税額が200万円であり、増額更正処分（税額250万円）が行われた場合

① 確定申告　200万円

② 増額更正処分　250万円

⇒ ②について、申告した税額を超える部分（200万円超の濃いアミ掛け部分）の取消しを求める訴えの利益はあるが、申告の税額を下回る部分（200万円以下の部分）についての取消しを求める訴えの利益は存在しない（原則、更正の請求を行う必要がある）。

（参考文献）今村隆『課税訴訟における要件事実論』（公益社団法人 日本租税研究協会、2011年）19頁
中尾154頁

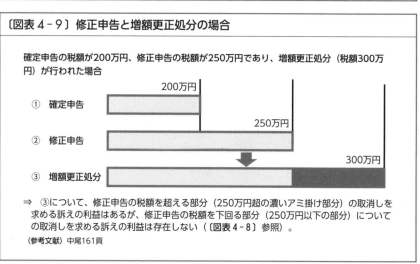

〔図表4-9〕修正申告と増額更正処分の場合

確定申告の税額が200万円、修正申告の税額が250万円であり、増額更正処分（税額300万円）が行われた場合

① 確定申告　200万円

② 修正申告　250万円

③ 増額更正処分　300万円

⇒ ③について、修正申告の税額を超える部分（250万円超の濃いアミ掛け部分）の取消しを求める訴えの利益はあるが、修正申告の税額を下回る部分（250万円以下の部分）についての取消しを求める訴えの利益は存在しない（〔図表4-8〕参照）。

（参考文献）中尾161頁

「申告納税方式をとる相続税においては、納付すべき税額は、納税者の申告により、税務署長において更正しない限り、確定するのであり、これは、先にされた申告又は更正に係る税額を増額する修正申告をした場合も同様である。したがって、納税者が増額修正申告をした場合には、その納付すべき税額は増額された部分を含む全額について改めて納税申告がなされたと同視すべきであり、その限りで先にされた申告は修正申告に吸収されて消滅し、先の更正処分はその目的を失って効力を失うというべきである。」（東京高判平成16年3月16日訟月51巻7号1819頁）

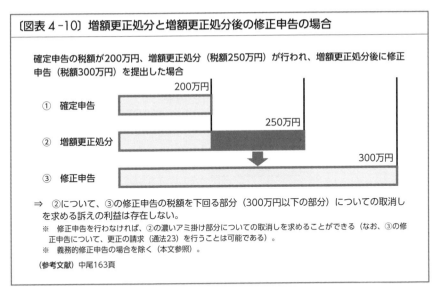

〔図表４-10〕増額更正処分と増額更正処分後の修正申告の場合

確定申告の税額が200万円、増額更正処分（税額250万円）が行われ、増額更正処分後に修正申告（税額300万円）を提出した場合

①　確定申告　　　　200万円

②　増額更正処分　　　　　250万円

③　修正申告　　　　　　　　　　　300万円

⇒　②について、③の修正申告の税額を下回る部分（300万円以下の部分）についての取消しを求める訴えの利益は存在しない。

※　修正申告を行わなければ、②の濃いアミ掛け部分についての取消しを求めることができる（なお、③の修正申告について、更正の請求（通法23）を行うことは可能である）。

※　義務的修正申告の場合を除く（本文参照）。

（参考文献）中尾163頁

　なお、一定の期間内に提出する修正申告書は期限内申告書とされ、いわゆる義務的修正申告として延滞税が課されません（措法37の２等）。増差税額に係る延滞税の負担を避けるため、ほかに方法がない場合には、増額更正処分の取消しを求めることができるとされています（東京地判平成３年４月26日行集42巻４号622頁）。

(4) 増額更正処分後に通知処分がされた場合

　ここでは、更正の請求がされ、それに対する通知処分がなされないまま増額更正処分がされ、その後に更正の請求に理由がない旨の通知処分（以下「通知処分」という。）がされた事例をもとに確認します（東京高判平成19年10月25日訟月54巻10号2419頁、次頁〔図表４-11〕参照）。

　この判決では、「当該通知処分に対して不服申立てをしていれば、増額更正処分に対しても不服申立てを経由したものと扱うことが相当であり、したがって、上記訴えについては、不服申立前置の要件、出訴期間の遵守に欠けるところはないと判断する。」とされました。その上で、「本件では、本件通知処分の取消しの訴えと平成14年３月期更正処分等の取消しの訴えが併存しているが、

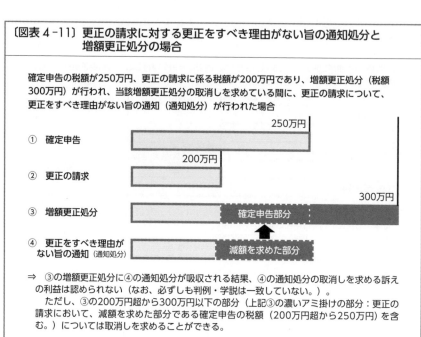

〔図表4-11〕更正の請求に対する更正をすべき理由がない旨の通知処分と
　　　　　　 増額更正処分の場合

確定申告の税額が250万円、更正の請求に係る税額が200万円であり、増額更正処分（税額300万円）が行われ、当該増額更正処分の取消しを求めている間に、更正の請求について、更正をすべき理由がない旨の通知（通知処分）が行われた場合

① 確定申告　　　　　　　　　　　　　　　　　　250万円

② 更正の請求　　　　　200万円

③ 増額更正処分　　　　　　　　　　　　　　　　　　　　300万円
　　　　　　　　　　　　　　　　　　　確定申告部分

④ 更正をすべき理由が
　 ない旨の通知（通知処分）　　　　　　減額を求めた部分

⇒　③の増額更正処分に④の通知処分が吸収される結果、④の通知処分の取消しを求める訴えの利益は認められない（なお、必ずしも判例・学説は一致していない。）。
　　　ただし、③の200万円超から300万円以下の部分（上記③の濃いアミ掛けの部分：更正の請求において、減額を求めた部分である確定申告の税額（200万円超から250万円）を含む。）については取消しを求めることができる。

※　後発的事由に基づく更正の請求に対する通知処分について、当該通知処分の取消しを求める訴えの利益が
　　認められる場合がある（増額更正処分取消訴訟が併存）。

（参考文献）中尾165頁

当裁判所も、控訴人としては平成14年3月期更正処分等を争えば足り、これと別個に本件通知処分を争う利益や必要はないから、本件通知処分の取消しの訴えは不適法であると判断する。」として、吸収説の考え方に基づき、更正をすべき理由がない旨の通知の取消しを求める訴えの利益はなく、結論として、増額更正処分のみを争えばよいとされました。

　なお、通知処分（通法23④）の法的性質については、「その棄却処分は、是正権の発動を拒否し、申告税額等について減額を認めないことを確認する効果を持つ処分であって、税額を確定する処分ではない（税額は、申告によって確定する）。」と説明されています（泉54頁）。このような通知処分の法的性質を考慮しますと、通知処分と増額更正処分との関係については、増額更正処分は、申告により確定した税額を含めた税額を総額的に確定する処分であることから、申告税額を減額しないという趣旨を含むものといえます。すなわち、増額更正

処分のみを争えばよいものと考えることができます。

上記の事例とは対照的に、通知処分後に増額更正処分が行われた場合には、当該通知処分に係る取消訴訟は訴えの利益を欠き、却下されるとされています（例えば、通知処分に係る異議申立て棄却の決定後、増額更正処分が行われた事例（大阪高判平成8年8月29日行集47巻7・8号738頁））。

なお、例えば次の高裁判決のように、①通知処分に対する取消訴訟等が提起されて通知処分が確定しておらず、②別途、増額更正処分の取消訴訟等が提起されている場合（すなわち両処分が未確定の状態にある場合）は、単に申告後の増額更正処分の取消しを求める場合と比較して、取消しを求めることのできる税額の範囲が異なると判断されている点に注意が必要です。

「増額更正処分の内容は、通知処分の内容を包摂する関係にあるのであるから、前者に対する取消訴訟の中で、通知処分における減額更正をしない旨の判断に存する違法を主張して、申告税額等を下回る額にまで増額更正処分の取消しを求めることもできるものと解される。」（東京高判平成4年6月29日訟月39巻5号913頁）

また、仮に、通知処分に対して取消訴訟（不服申立て）を行ったが、他方、増額更正処分に対して取消訴訟（不服申立て）を行わなかった場合、当該通知処分の取消判決が示されれば、税務署長は正しい税額の確定行為として減額更正処分を行う必要があります。通知処分の取消しのみによって納税者の不利益が回復されるので、通知処分取消訴訟の訴えの利益はなくならないと解すべきとされています（大野188-189頁）。増額更正処分のみの取消訴訟（不服申立て）を行った場合と審理の範囲や結論が異なる可能性があることに注意が必要です。

さらに、増額更正処分後、後発的事由に基づく更正の請求（所法152、通法23）に係る通知処分が行われた場合、増額更正処分の取消訴訟において後発的事由の有無が判断されていないことから、増額更正処分と通知処分の両処分の取消訴訟が併存すると解する余地があるとの見解（大野187頁）があります。このような後発的事由に基づく更正の請求に係る通知処分に関して、相互に判断

184

の抵触が生じる現実的なおそれはないとして、当該通知処分の取消しを求め得るとした事例（東京地判平成9年4月25日訟月44巻11号1952頁）があります。

(5) 更正の請求に基づく減額更正処分と増額再更正処分の場合

　東京高裁は、増額更正処分及び通知処分が行われた事例において、まず、通知処分書の理由欄の記載内容から、更正の請求の内容を全て是認した上で、税務署長の独自の調査により判明した申告漏れ相続財産の加算等を行ったものであることが認められるとしました（東京高判昭和59年7月19日行集35巻7号948頁、〔図表4-12〕参照）。その上で、取消訴訟の対象とされた増額更正処分の実質は、更正の請求を認容する減額更正処分（通法23）と増額更正処分（通法24）とを同時的、複合的に行ったのと異ならないものというべきであると示しています。

　次に同判決では、「税務署長が納税者の更正の請求を容れて課税価格等をいったん納税者の主張額まで減額する更正を行った上で、改めて新たに発見した申告漏れ額をこれに加算する増額更正を行った場合に、右増額更正のうち更正の請求額を超える部分については、申告額の範囲内であっても、納税者にお

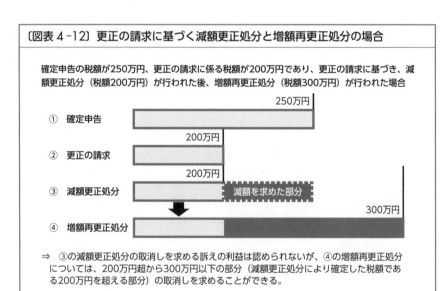

〔図表4-12〕更正の請求に基づく減額更正処分と増額再更正処分の場合

確定申告の税額が250万円、更正の請求に係る税額が200万円であり、更正の請求に基づき、減額更正処分（税額200万円）が行われた後、増額再更正処分（税額300万円）が行われた場合

① 確定申告　250万円
② 更正の請求　200万円
③ 減額更正処分　200万円　減額を求めた部分
④ 増額再更正処分　300万円

⇒ ③の減額更正処分の取消しを求める訴えの利益は認められないが、④の増額再更正処分については、200万円超から300万円以下の部分（減額更正処分により確定した税額である200万円を超える部分）の取消しを求めることができる。

いてその取消しを求める訴えの利益が認められるべきであるのと同様に」として、問題となっている増額更正処分に関して、①更正の請求に対して納税者の主張の減額事由を認める旨の判断を加え、かつ、そのことを明示していること、②少なくとも争訟利益に関しては、減額更正が別個に行われた場合と区別して取り扱うべき理由はないことに言及しました。その上で、通知処分に対して取消訴訟が提起されていないとしても、当該増額更正処分の取消訴訟において、更正の請求に係る課税価格及び納付税額を超える部分については、納税者らはその取消しを求める訴えの利益を有するものというべきであるとの結論が示されています。

また、納税者が通知処分のみに対して不服申立て等を行い、申告漏れ財産の存否等を争った場合、納税者の権利が回復することになる場合があるとの見解が示されています（大野189頁）。

なお、更正処分と更正の請求による減額再更正の二つの処分が行われた場合、還付加算金の算定期間の始期の点で相違があり（通法58①）、当初の更正処分が判決により取り消された場合の方が還付加算金の額において納税者にとって相当に有利であることが明らかであることから、減額再更正処分により当初の更正処分の効力が失われたとしても、当該更正処分の取消しを求める訴えの利益は失われないとした事例（東京高判平成9年5月22日行集48巻5・6号410頁）があります。

ここまで裁判例を見てきましたが、「特定の処分に対する訴え＝訴えの利益なし」とは一概にいえないことは理解していただけると思います。複数の処分の関係、問題となっている処分の性質、処分が行われた事情、納税者がどのような経済的不利益を被っているのか等を整理し、訴えの利益の有無を考察する必要があります。

6 | 課税処分取消訴訟における審理の対象

税務争訟のうち、特に課税処分取消訴訟における審理の対象に関連する法的問題を概観します。

1 課税処分の同一性に係る考え方

(1) 処分の違法性に係る主張

ここまで見てきたように、更正処分等の行政処分に係る取消訴訟においては、当該行政処分が違法であるか否かが問題となります（行訴法3②）。

例えば課税処分に係る取消訴訟の場合、審理の対象となる訴訟物は課税処分の取消原因としての違法性一般、すなわち、処分の主体、内容、手続、方式等実体法上及び手続上の全ての面における「違法」であるとされています。この点に関して判例では、「審査手続における審査の範囲も、右総所得金額に対する課税の当否を判断するに必要な事項全般に及ぶものというべき」として、「本件決定処分取消訴訟の訴訟物は、右総所得金額に対する課税の違法一般」（最判昭和49年4月18日訟月20巻11号175頁）、あるいは、「本件処分の取消訴訟の訴訟物は、課税価格を一億八三七七万一〇〇〇円と計算した本件処分の違法一般」（最判昭和62年5月28日訟月34巻1号156頁）とされています。

したがって、納税者等の原告が更正等の課税処分の取消しを求める場合、処分を特定して当該処分が違法であると主張すれば十分であるとされています。また、次のような点を理由として、処分が違法であることを主張できます。

① 処分における実体法上の違法事由として、更正処分における所得の種類が誤りであること、必要経費を認めないことが誤りであること、特定の所得が帰属する年度が誤りであること等
② 処分における手続上の違法事由として、例えば、税務調査における調査手続、更正通知書の送達等の手続、更正通知書の理由付記が違法であること等

(2) 理由の差替えに係る考え方

　ただし、税務争訟において原処分の理由を維持できない場合、新たな理由を主張できるのかという、いわゆる理由の差替えの適否が問題となります。別の表現をすれば、処分の同一性をどう捉えるのかによって、更正処分等の課税処分が違法となるか否かが異なります。

　仮に、課税処分の同一性を、確定された税額により捉える場合、当初の課税処分の理由と新たな課税処分の理由が異なったとしても、両処分の税額が同一ならば両処分は同一であり、このような理由の差替えは許されると考えられます。このような考え方を「総額主義」といいます。

　他方、課税処分の同一性を課税処分の理由により捉える場合、当初の課税処分の理由と新たな課税処分の理由が異なった場合は、新たな課税処分の理由は当初の課税処分の理由と同一でないことから両処分は同一であるとはいえず、このような理由の差替えは許されないと考えられます。このような考え方を「争点主義」といいます。

　すなわち、税務署長等の課税庁が更正等の処分によって認定した税額と課税庁が処分時に認識した理由との関係をどう捉えるかに関する考え方の違いにより、当該更正処分が違法となるか否かの結論が変わるといえます。ただし、いずれの考え方に基づいて処分の同一性を判断するかという点について、国税通則法等は明確に規定を設けていません。

　このような、課税処分の同一性についての考え方である総額主義や争点主義の意義等は、次項で確認します。

　なお、総額主義と争点主義のいずれの考え方を採った場合でも、課税処分における手続上の違法事由は、処分の取消事由として審理の対象となります。したがって、実体法上の違法事由が認められない場合でも、手続上の違法事由が認められる場合には、当該課税処分は違法として取り消されます。

2　総額主義と争点主義

(1)　総額主義の意義

　総額主義の意義については、例えば次のように説明されています(**図表4-13**)参照)。

- ・　「審理の範囲が原処分額の全額(総額)の当否に及ぶとする主義」(南34頁)
- ・　「確定処分に対する争訟の対象はそれによって確定された税額(租税債務の内容)の適否である、とする見解」(金子1075頁)

　このような総額主義に基づいて単純化した例ですが、「A」という処分理由

〔図表4-13〕総額主義の具体例

確定申告	益金合計 700万円	商品の売上(200万円)	貸付利息(100万円)	不動産の譲渡価額(400万円)
	損金合計 400万円	商品原価(100万円)	不動産の取得価額(300万円)	

法人所得金額　300万円　法人税額90万円(税率30%)

更正処分	益金合計 700万円	商品の売上(200万円)	貸付利息(100万円)	不動産の譲渡価額(400万円)
	損金合計 300万円	商品原価(100万円)	不動産の取得価額(200万円)	(不動産の取得価額の100万円を否認)

法人所得金額　400万円　法人税額120万円(税率30%)　(税額30万円の増額)⇒更正処分の取消訴訟

取消訴訟	益金合計 800万円	商品の売上(200万円)	貸付利息(100万円)	不動産の譲渡価額(500万円)
		益金に関して、課税庁が処分の理由を差替え(追加)した項目(不動産の譲渡収入(500万円))を裁判所が妥当であると認める場合		
	損金合計 400万円	商品原価(100万円)	不動産の取得価額(300万円)	(不動産の取得価額に係る100万円の否認を裁判所が認めない場合)

- ・　総額主義(課税処分によって確定された税額の適否が審理の対象)において、法人税額120万円とした更正処分を適法との判断(更正処分は違法ではないとの判断)。

(今村隆『課税訴訟における要件事実論』(社団法人日本租税協会、2010年)22頁の事例6、最判昭和56年7月14日民集35巻5号901頁参照)

を挙げている原処分について、「A」とは異なる「B」という理由に差し替えられたとしても、原処分を適法であると判断できます。ただし、このような考え方に関して、課税庁は、処分の根拠となる一切の理由を主張することができる、すなわち、理由の差替えが許されることになることから、理由付記の趣旨が損なわれるという指摘があります。

　他方、「事業年度又は暦年という一定の期間内の所得にかかわる種々様々な経済活動が包括的に対象となるため、一個の課税処分につきそれを基礎づける事実は多様であり、その理由づけも、税額を正当化するという観点からすれば、多数ありうる。」(鈴木康之「処分理由と訴訟上の主張との関係 - 処分理由の差替えを中心として」鈴木忠一・三ヶ月章監修『新・実務民事訴訟講座9』(日本評論社、1983年) 264頁)という指摘にも見られるように、更正処分において根拠とされた理由以外に税額を正当化する理由が複数存在する可能性があります。この点に関して、取消訴訟において納税者(原告)の請求が認容されて特定の課税処分が取り消された場合、課税庁は、訴訟に現れなかった理由に基づき、改めて課税処分を行うことはできないとされています。その結果、判決の拘束力(行訴法33)によって、税務署長等の課税庁は、訴訟で主張しなかった理由により、違法とされた税額を超える課税処分を再度行うことができず、紛争の一回的解決が図られることになります。

(2) 争点主義の意義

　一方、争点主義の意義については、例えば次のように説明されています。

- 　審理の範囲が「当事者によって作られた争点事項にかぎるとする主義」(南34頁)
- 「確定処分に対する争訟の対象は処分理由との関係における税額の適否である、とする見解」(金子1075頁)

このような争点主義に基づけば、課税庁は、処分時と異なる理由を主張することはできない、すなわち理由の差替えは許されないことから、理由の差替えによる訴訟の遅延防止、手続的保障に資するという指摘があります。

　他方、税務署長等の課税庁は、期間制限内に課税処分の理由を変えれば新たな課税処分が可能となり、紛争が1回で解決しない可能性があること、また、納税者が処分理由以外の理由を主張できないという指摘があります。

　なお、次の最高裁判決の通り、判例上は前記(1)の総額主義の採用が確定していると考えられます。

　「課税処分の取消訴訟における実体上の審判の対象は、当該課税処分によって確定された税額の適否であり、課税処分における税務署長の所得の源泉の認定等に誤りがあっても、これにより確定された税額が総額において租税法規によって客観的に定まっている税額を上回らなければ、当該課税処分は適法というべきである。」(最判平成4年2月18日民集46巻2号77頁)

　「課税処分の取消訴訟における実体上の審判の対象は当該課税処分によって確定された税額の適否であるから、当該課税処分によって確定された税額(ただし、審査請求に対する裁決によりその一部が取り消されたときは取消し後の税額)が租税法規によって客観的に定まる税額を上回る場合には、当該課税処分はその上回る限度において違法となるものというべきである。」(最判平成5年5月28日訟月40巻4号876頁)

3　国税不服審判所における審理の特色

(1)　争点主義的運営

　判例において、国税不服審判所における審査請求の審理の範囲は、課税訴訟と同様、総額主義に基づくものとされています(最判昭和49年4月18日訟月20巻11号175頁)。

　ただし、国税不服審判所の創設に係る国会審議において、「政府は、国税不服審判所の運営に当たっては、その使命が納税者の権利救済にあることに則り、総額主義に偏することなく、争点主義の精神をいかし、その趣旨徹底に遺憾なきを期すべきである。」という参議院大蔵委員会の「国税通則法の一部を改正する法律案」に対する付帯決議(昭和45年3月24日)がなされています。

　また、総額主義の考え方に忠実すぎると、①原処分を補強するために審査の段階でも調査を行うとの疑いを受けるおそれがある、②審査請求人が争っていない事項について、新たな調査を受けることになれば、審査請求人が安心して審査請求を利用できない（大野166頁-167頁）、といった危惧が生じます。そのため、国税不服審判所の審理においては、審査請求人が自己の正当な権利利益を安心して主張できるように配慮することが要請されるという点が考慮されることがあります。

　このような経緯等から、国税不服審判所における審理の範囲は、課税処分の取消訴訟とは異なり、処分理由と切り離された税額の総額に及ぶものの、審判所における新たな調査は争点事項に限られる（争点外事項については、原則として改めて新たな調査を行わないこと）とされ、原則として、国税不服審判所の審理は「争点主義的運営」であると位置づけられています（国税不服審判所「国税不服審判所の50年」（令和2年5月）39頁（国税不服審判所公式サイト））。

　例えば、争点主義的運営とは「審査請求人及び原処分庁の主張から導き出される争点に主眼を置いた審理を行い、新たに行う調査は争点事項及び争点関連事項とし、争点外事項については改めての調査は行わない運営のこと」（同上）と説明されるように、基本的に双方の主張である争点について一定の調査を経た上で裁決が行われることが示されています。このような国税不服審判所における審理の進め方は、通達において次のように明確に示されています。

　「実質審理は、審査請求人の申立てに係る原処分について、その全体の当否を判断するために行うものであるが、その実施に当たっては、審査請求人及び原処分庁双方の主張により明らかとなった争点に主眼を置いて効率的に行うことに留意する。」（不服審査（国税不服審判所関係）97-1（実質審理の範囲））

　このような争点主義的運営は、「理論は総額主義、運営は争点主義」や「新たな調査は争点で、審理は総額で」（南58-59頁）と表現されることがあります。

　国税通則法上、総額主義に関連する審理、すなわち審判官が税額の真実を把握できるための職権主義による審理に関しては、審判官の質問・検査権に係る規定（通法97）が、また、争点を中心とした争点主義に関連する審理に関して

は、反論書等の提出（通法95）、口頭意見陳述（通法84）、証拠書類等の提出（通法96）等に係る規定が設けられています。

ただし、国税通則法は、審査請求が争点主義を採用することを明確に規定していません。また、判例上は審査請求の審理の対象が総額主義に基づくことが妥当であるとされていることも考慮すると、審査請求人が争点に係る審理に協力しない場合や、審査請求の審理の段階で全ての実額資料が提出されないような推計課税に係る場合、あるいは審査請求の審理において簿外所得の存在が発見されたような場合等には、争点主義的運営に基づかず、総額主義により原処分を審理することは妥当と思われます。

(2) 再調査の請求に係る審理の範囲

なお、次の通達に示されるように、再調査の請求の審理の範囲（審理の運営）は、上述した国税不服審判所の争点主義的運営と異なり、原則として、総額主義に基づく審理が行われると考えられます。

「再調査の請求の調査は、再調査の請求人の再調査の請求に拘束されるものではないから、当該再調査の請求の対象となった処分の全部について再調査の請求人の主張しない事項をも含めて行うものとする。」（不服審査基本通達（国税庁関係）84-1（調査の範囲））

ただし、不利益変更の禁止（通法83、98）規定が設けられていることから、国税不服審査手続における調査の結果、税額の増額が認められる場合であっても、決定（裁決）において不服申立てが棄却されるに止まり、不服申立人に不利益な決定（裁決）はなされないと規定されています。これを「不利益変更の禁止の原則」といいます。

4 理由の差替えをめぐる裁判例等

ここまで見てきたように、総額主義に基づいて審理を進めたとして、では、課税庁は何の制約もなく処分に付記した理由を差し替えること（追加すること）ができるのかという疑問が生じます。

　ここからは、処分の理由の差替えを巡る裁判例等を検討します。

(1) 青色申告に対する処分における理由の差替え

　青色申告に対する更正処分の理由の差替えに関して、最高裁は次のように判断しています。

> 「右更正処分を争うにつき被処分者たる上告人に格別の不利益を与えるものではないから、一般的に青色申告書による申告についてした更正処分の取消訴訟において更正の理由とは異なるいかなる事実も主張することができると解すべきかどうかはともかく、被上告人が本件追加主張を提出することは妨げないとした原審の判断は、結論において正当として是認することができる。」（最判昭和56年7月14日民集35巻5号901頁）

　このように述べた上で最高裁は、一般的に理由の差替えが認められるか否かに言及することなく、問題となった事例において、納税者が問題となった更正処分を争うについて格別の不利益を与えるものではないとして、青色申告に対する課税処分に係る追加の主張（理由の差替え）を認めています。

　ただし、上記の最高裁昭和56年判決においては、理由の差替えの可否等の一般的な要件が示されておらず、また、「格別の不利益を与えるものではない」との文言が示されています。そのため、最近の判決においても裁判所の判断は必ずしも固まっておらず、理由の差替えを認めた事例がある一方で、認めなかった事例も見られます。

① 理由の差替えを認めた事例

　理由の差替えを認めた事例として、訴訟段階での理由の差替えについて、「青色申告の場合における更正処分の取消訴訟においては、原則として、更正通知書に付記されていない理由を主張することは許されないというべきであり、例外的に、更正理由書の付記理由と訴訟において被告が主張する理由との間に、基本的な課税要件事実の同一性があり、原告の手続的権利に格別の支障がないと認められる場合には、理由の差し替えを許容することができるというべきである。」（東京地判平成22年3月5日裁判所公式サイト、同旨（東京地判平成27年3

月27日裁判所公式サイト))として、理由の差替えに係る原則と例外を示した上で、「基本的な課税要件事実の同一性があり」として、更正通知書に付記されていない理由を新たに主張させても、原告である納税者の手続的権利に格別の支障がないと判断した事例（東京地判平成27年3月27日裁判所公式サイト）があります。

② 理由の差替えを認めなかった事例

他方、「基本的な課税要件事実に同一性があるということはできない。」等と示した上で、処分理由の差替えが認められないと判断した事例（東京地判平成22年3月5日裁判所公式サイト）があります。

また、差し替えられた理由が「同一の課税要件事実」であるとしつつも、「納税者としては、新たな攻撃防御を尽くすことを強いられ、かつ、その負担は軽くないというべきである。」、「物流コスト等や人件費較差について新たな攻撃防御を強いることになる。」、「理由付記を求めている法の趣旨に照らすと、予備的主張1及び2は、いずれも違法な理由の差し替えに該当し許されないと解すべきである。」（東京高判平成27年5月13日裁判所公式サイト）として、理由の差替えにより、取消訴訟における納税者の負担が重くなることや理由付記の趣旨を重視し、理由の差替えを認めなかった事例もあります。

このような最近の裁判例を踏まえますと、裁判所は、基本的に、理由の差替えに消極的な判断を示すのではないかと思われます。ただし例外として、次の①口を満たす場合に限って理由の差替えが認められるのではないかと考えられます。

① 最高裁昭和56年判決のように、基本的な課税要件事実の同一性がある場合
口 さらに、理由の差替えを認めても、納税者（原告）の取消訴訟における防御活動に格別の不利益を与えることにならないような場合、すなわち訴訟遂行上、理由の差替えに対応するための納税者の負担が重くなく、納税者の手続的権利が保障されていると解されるような場合

(2) 白色申告に対する処分における理由の差替え

　平成23年12月の国税通則法改正前、白色申告に対する処分の理由の差替えに関する考え方（判例）は、総額主義の立場により、制限なく理由の差替えが認められるとされていました。それが改正により、白色申告者に対する課税処分においても理由付記が必要とされること（通法74の14）となりました。したがって次の裁決に示されるように、制限なく理由の差替えが認められるとの従前の考え方等は、現行法の解釈としては直ちに妥当しないと考えられます。

　「更正によって課税標準等又は税額等が増加する場合は、その更正が不利益処分に当たることから、行政手続法第14条第1項の規定により、更正通知書にその理由を示さなければならないこと」（国税不服審判所裁決平成27年6月1日裁決事例集99集（国税不服審判所公式サイト））

　ただし、例えば、所得税法等が白色申告者に求める帳簿の記録方法（「財務省令で定める簡易な方法」「に従い、整然と、かつ、明瞭に記録」（所法232、所規102））と、青色申告者に求める帳簿の記録方法（所法148、「正規の簿記の原則に従い、整然と、かつ、明りょうに記録し」（所規57））とは異なります。このことを考慮しますと、上記(1)の青色申告における理由の差替えに係る考え方が、直ちに白色申告に係る理由の差替えの場合に当てはまるとは言い難いのではないかと考えられます。したがって、白色申告に対する課税処分において、どのような場合に処分の理由の差替えが認められるかについては、納税者の手続的権利が保障されるか否かという観点からも議論が残るものと思われます。

　なお、上記の処分理由の差替えの問題は、いわゆる「瑕疵の治癒」、すなわち、処分時の理由付記に瑕疵があった場合、審査請求等の不服審査において十分に理由が示されることにより当該瑕疵が治癒されるかという法的問題とは異なります。更正処分の理由付記に瑕疵がある場合、不服審査において税務署長が決定書に付記した理由（通法84）が十分であっても（不備がなかったとしても）、当該更正処分の理由付記の瑕疵は治癒されません（最判昭和47年3月31日民集26巻2号319頁）。

次に、更正処分等において手続上の違法事由として問題とされる「理由付記」について確認します。

5 行政手続法等における理由付記に係る規定等

理由付記とは一般に、「文書で行う行政処分において、その理由を付記すること」（高橋和之ほか編『法律学小辞典第 5 版』（有斐閣、2017年）1333頁）とされています。

税務署長等の行政庁は、法律に規定された要件に該当する事実を認定して行政処分を行うことから、全ての行政処分には、行政庁が処分時に認定した根拠事実と適用した根拠法規が存在するものとされます。この根拠事実と適用した根拠法規とを併せて「処分理由」といいます（司法研修所編『改訂行政事件訴訟の一般的問題に関する実務的研究』（法曹会、2000年）204頁）。例えば、現行法上、行政庁が市民等に義務を課す処分や権利を制限する不利益処分（行政手続法 2 四）をする場合、「不利益処分を書面でするときは、不利益処分の理由は、書面により示さなければならないこと」（行政手続法14③）とされています（行政手続法14）。理由付記に不備等がある行政処分は違法となります。

現行法上、行政処分に理由を付記する趣旨として、次の 2 点が挙げられています。

① 行政庁の判断の慎重・合理性を担保すること。
② 処分の相手方の争訟提起の便宜を図ること。

手続保障の観点から、処分の理由付記を重視する上記の考え方は、課税処分の判例において形成されてきました。例えば、行政手続法施行前（平成 6 年以前）の課税処分の理由付記に係る判例（最判昭和38年 5 月31日民集17巻 4 号617頁（以下「昭和38年判例」という。）において、次のように理由付記の趣旨・目的、あるいは理由付記の記載の内容（程度）が示されています。

・ 「一般に、法が行政処分に理由を附記すべきものとしているのは、処分庁の判断の慎重・合理性を担保してその恣意を抑制するとともに、処分の理由を相手方に知らせて不服の申立に便宜を与える趣旨に出たものであるから、

その記載を欠くにおいては処分自体の取消を免れない」

・ 「どの程度の記載をなすべきかは、処分の性質と理由附記を命じた各法律の規定の趣旨・目的に照らしてこれを決定すべきである」

　また、一般旅券発給の拒否について「旅券法13条1項5号に該当する。」とした理由付記が違法とされた判例（最判昭和60年1月22日民集39巻1号1頁）においても、次のように処分理由の不十分さが指摘されています。

「拒否事由の有無についての外務大臣の判断の慎重と公正妥当を担保してその恣意を抑制するとともに、拒否の理由を申請者に知らせることによって、その不服申立てに便宜を与える趣旨に出たものというべきであり、このような理由付記制度の趣旨にかんがみれば、一般旅券発給拒否通知書に付記すべき理由としては、いかなる事実関係に基づきいかなる法規を適用して一般旅券の発給が拒否されたかを、申請者においてその記載自体から了知しうるものでなければならず、単に発給拒否の根拠規定を示すだけでは、それによって当該規定の適用の基礎となった事実関係をも当然知りうるような場合を別として、旅券法の要求する理由付記として十分でないといわなければならない。」

　さらに、行政手続法施行後の判例（最判平成23年6月7日民集65巻4号2081頁）においても、理由を付記する上記①②二つの趣旨が確認され、併せて、理由付記の程度について、「いかなる理由に基づいてどのような処分基準の適用によって免許取消処分が選択されたのかを知ることはできないものといわざるを得ない」処分は違法であるとして、単に根拠規定を示す理由付記は不十分であるとされています。

　次に、税法上の理由付記に係る規定、判例・議論等を概観します。

6　税法上の理由付記に係る規定

(1) 理由付記をしなければならない根拠

　税務署長等の課税庁が処分を行う上で処分の理由を付記しなければならない根拠として、次の2点が挙げられます。

① 各処分の根拠となる各税法の規定において、特定の処分を行う上で理由付記の記載が必要とされる場合、処分の根拠である税法の各規定

② 税法上の処分が不利益処分等であるが、当該処分の根拠となる各税法の規定において、特定の処分を行う上で理由付記の記載が必要とされない場合、行政手続法8条（理由の提示）又は14条（不利益処分の理由の提示）

上記①の具体例としては、青色申告書に対する所得税等の更正処分に係る理由付記の規定（所法155②、法法130②）、青色申告の承認取消処分に係る理由付記の規定（所法150⑤、法法127④）が該当します。

(2) 行政手続法の規定に基づく理由付記

一方、②の具体例としては、白色申告書に対する更正処分が該当します。所得税法等において、白色申告書に対する更正処分の場合、青色申告書に対する更正処分の場合と異なり、更正通知書に更正の理由を付記しなければならないことは規定されていません。

ただし、国税通則法74条の14第1項において、行政手続法第2章の規定は適用しないとされているものの、同項柱書の括弧書において、「申請に対する処分の理由の提示」と「不利益処分の理由の提示」が除かれていることから、国税通則法では、原則として、平成25年1月1日以後の更正処分等の不利益処分等については理由付記が必要とされます。すなわち、白色申告書に対する更正処分を行う場合も、行政手続法の規定に基づき更正処分の理由を付記しなければなりません。白色申告書に対する更正処分のみならず、相続税に係る更正処分や重加算税賦課決定処分等の全ての不利益処分等を税務署長等が行う場合、相続税法や国税通則法等の各税法において理由付記に係る規定が設けられていない場合であっても、処分の理由を付記しなければなりません。したがって、理由付記に不備のある税務上の処分は違法な処分となります。

また、更正処分のように書面（更正通知書等）の送達を必要とする処分（通法28等）については、国税通則法上、当該書面に理由付記を行うことは明記されていません。ただし、行政手続法14条3項において、不利益処分を書面です

るときは、処分の理由を書面により示さなければならないと規定されていることから、口頭により更正処分の相手方に処分の理由を説明したとしても理由付記は満たされたとはいえません。

　さらに、不服審査手続上の再調査決定書や裁決書において、決定等の理由を記載しなければならないこと（通法84⑦、101①四）、理由付記の記載の程度として、「その維持される処分を正当とする理由が明らかにされていなければならない」（通法84⑧、101②）ことが規定されています。

(3) 地方税法の規定に係る処分の場合

　なお、地方税法に関する法令の規定による処分は、国税である法人税の更正処分と同様の不利益処分であり、理由付記が必要とされています（地法18の4）。

　ただし、法人事業税や道府県民税等の条例に基づく地方税（地法3）の処分については、行政手続法の規定の適用が除外され（行政手続法3③）、原則として、処分の理由付記の根拠は各都道府県等の地方団体が制定する行政手続条例によることとなります。例えば、処分の理由付記が不備として、処分が不当と判断した審査請求に係る答申や処分を取り消した裁決として、埼玉県さいたま市の事例（平成30年答申第2号2018年2月20日、財財財第3890号（2018年3月14日裁決））があります。

7　税務上の処分の理由付記に係る判例

　昭和38年判例（前記5、196頁参照）に示されているように、所得税法等が規定する理由付記の要件を満たしていない更正処分等の課税処分は違法な処分となります。すなわち理由付記の不備は、手続的違法として、更正処分それ自体の取消しを免れないことになります。

　また、学説や判例では、行政手続法の制定前から、税務上の処分における理由付記の趣旨や必要性等として次の二つの機能が示されています（最判昭和60年4月23日民集39巻3号850頁）。

① 　税務署長の判断の慎重・合理性を担保して、その恣意を抑制すること（処

分適正化機能）

② 処分の理由を相手方に知らせて、不服の申立てに便宜を与えること（争点明確化機能）

理由付記の違法性を判断する基準として、処分通知書に記載された処分の理由付記の内容（程度）が、上記の理由付記の趣旨や必要性を満たすか否かが問題とされます。

例えば学説では、平成23年の国税通則法の改正において、一般的に理由付記が要求されるにもかかわらず、青色申告に対する理由付記の規定が残っていることを重視した上で、青色申告に対する更正処分の理由付記に関して、第一に処分の原因となる事実、第二に当該事実への法の適用、第三に結論、の三つを含むものであるとされます。このうち第二（事実への法の適用）に関連して生ずる法の解釈の問題や収入等の法的評価ないし法的判断の問題については、結論のみではなく、結論に到達した理由ないし根拠を、納税者が理解し得る程度に示す必要があると解すべきとされています（金子956頁）。

なお、理由の付記が不十分である場合でも、事後の手続、例えば、再調査の請求等の不服審査の段階で理由を補完することにより瑕疵を治癒できるのかという疑問が生じますが、判例（最判昭和47年３月31日民集26巻２号319頁）は否定しています。

次に、税務上の処分の理由付記の程度に係る判例等を見ていきます。

8 税務上の理由付記の程度に係る判例等

平成23年12月の国税通則法改正前は、国税に係る全ての不利益処分等に係る理由付記は義務付けられていませんでした。そこで次に、平成23年12月改正の前後に分けて、判例（裁判例）・裁決事例を概観します。

(1) 平成23年12月改正前の判例（裁判例）

まず、「更正の理由附記は、その理由を納税義務者が推知できると否とにかかわりのない問題といわなければならない。」（最判昭和38年12月27日民集17巻12号

1871頁）として、判例上、理由付記の記載の内容（程度）については、処分の相手方が理解できるか否かに関わりがないことが示されています。

　また、理由付記の程度については、次の二つの場合に分けて整理されています。

① 　帳簿否認：帳簿書類記載の会計事実を信用できないとして否認する場合
② 　評価否認：帳簿書類記載の会計事実自体を否認することなく、その記載に関し納税者と法的評価を異にするため否認する場合

　それぞれ詳しく確認します。

① 帳簿否認の場合

　帳簿書類の記載自体を否認して更正する場合には、「特に帳簿書類の記載以上に信憑力のある資料を摘示して処分の具体的根拠を明らかにすることを必要と解するのが相当である。」（最判昭和38年5月31日民集17巻4号617頁）ことが示されています。

　帳簿否認の事例の一つとして、「勘定科目と額のみならず、その支払先に係る帳簿記載（法人税法施行規則54条、別表20）をも否認すること」として、特定の役員に対する報酬は、実質的に別の役員の報酬であるとの理由付記がされた裁判例（東京地判平成5年3月26日行集44巻3号274頁）を挙げることができます。この裁判例では、付記された理由が、単に、特定の役員に支給したとされる役員報酬が実質的に別の役員に対する報酬と認められるとするのみであり、「反対資料を摘示していないのみならず、なにゆえかような判断に至ったのかという判断過程の具体的説明も全くしていないのであって、本件附記理由の趣旨を右のいずれに解するにしても、更正処分庁の恣意の抑制及び相手方の不服申立ての便宜という理由附記制度の趣旨に照らし、法の要求する程度を満たさず、不十分なものといわざるを得ない」として、当該理由付記は違法であるとされました。

② 評価否認の場合

　帳簿に記載された事実に対する法的評価について、理由付記の不備の違法があるとはいえないとされた事例として、例えば、冷房機を「機械」ではなく

「建物付属設備」に当たるとして否認（更正）する場合（最判昭和60年4月23日民集39巻3号850頁）が該当します。また、評価否認の事例として、次の裁判例が挙げられます。

- 同族会社行為否認に係る更正処分に係る裁判例（「不動産所得に係る総収入金額として加算すべき金額及びその算出方法並びに加算すべき理由が簡潔に記載されているから、たとえ平均管理料割合の算出根拠自体や比準同業者がどのような者であるか等について記載されていなかったとしても、更正処分の理由附記として欠けるところはなかったものというべき」）（千葉地判平成8年9月20日税資220号778頁）や法人税法132条を適用して同族会社の行為又は計算を否認するような場合には、帳簿書類に記載された事実自体を否認するものではないとして、「そのような評価判断に至った過程自体（法人税の負担を不当に軽減する行為であって、法132条の否認の対象となる行為であること）について具体的に明示することによって、更正処分庁の恣意抑制及び不服申立ての便宜という法130条2項の趣旨に合致するものというべきである。」とした裁判例（東京地判平成12年11月30日訟月48巻11号2785頁）
- 株式の評価損計上を否認してした更正処分に係る裁判例（東京高判平成3年6月26日行集42巻6・7号1033頁）
- 「雑損失勘定に仕入拡張費として計上したグループ各社による拠出金の支出は、金銭の贈与であり、寄付金と認める。」との更正通知書の記載がされた裁判例（大阪高判昭和60年7月30日行集36巻7・8号1191頁）

上記の帳簿記載の内容を否認しない評価否認に関して、例えば、「①いかなる事実に基づき、②いかなる法規を適用して処分がなされたかを、③処分基準が存在する場合にはその適用関係を含めて、④処分の記載自体から相手方が理解できることが必要である。」との見解（佐藤英明「行政手続法により課税処分に求められる理由附記の程度」税務事例研究144号（2015年）36頁）が示されています。

なお、更正処分が複数の理由による場合、一部の理由付記のみが不十分であるときは、更正処分全部を違法とするのではなく、更正はその理由に対応する税額の部分、すなわち不備な部分に対応する税額部分のみが違法（瑕疵がある

もの）として、処分が取り消されます（東京高判昭和50年6月27日行集26巻6号858頁）。

　このように従来は、税法上、理由付記が明確に規定されていた青色申告書に係る更正処分等を中心に、理由付記に係る議論等がされてきました。平成23年12月の改正以後は、行政手続法に基づき、白色申告に対する更正処分を含む全ての不利益処分等について理由付記が必要とされるようになりました。そこで次に、平成23年12月改正後に公表された事例を概観します。

(2) 平成23年12月改正以後に公表された事例

① 平成23年12月改正以後の裁判例

　法人税法130条の求める理由付記の要件について判断した裁判例を確認します。

・ 法令等の適用関係や判断過程の記載がない理由付記

　この判決では、まず、本件更正処分は帳簿書類の記載自体を否定することなしにされた処分であるとしました。また、理由の記載の程度が、法人税法2条13号に規定する収益事業の収入に該当するという結論にとどまり、法人の行っている事業の収入が収益事業の収入に該当するか否かに係る法令の適用関係や法令解釈の判断過程についての記載が一切ないとしています。その上で、このような記載からは、本件更正処分をするに当たり、法令等の適用関係や税務署長の判断過程を検証することができないことから、理由付記制度の趣旨目的を充足する程度に具体的に明示されているものと評価することができないとして、理由付記として不備があるとの判断を示しています（大阪高判平成25年1月18日判時2203号25頁）。

・ 事実関係の明示がなくても不備はないとされた理由付記

　他方、別の裁判例では、問題となった更正処分は評価を修正するものにすぎず、帳簿書類の記載自体を否認するものではないとした上で、以下の理由から、当該更正処分に理由付記の不備はないとしています。問題となったリース取引の中途解約不能要件について定めた法令が法人税法64条の2第3項1号の

みであり、また、中途解約不能要件該当性の判断の前提となる事実関係は納税者の側において、より的確に把握し得る性質のものであることから、否認対象とされた賃貸借契約が特定され、当該契約が法人税法64条の2第3項1号の中途解約不能要件に該当しないとの更正理由が記載されていれば、税務署長が判断の基礎とした当該賃貸借契約に関する具体的事実関係の明示まではなくとも、不服申立ての便宜の点において支障はないこと等から、法人税法130条の求める理由付記として欠けるものではないとの判断を示しています（松山地判平成27年6月9日判タ1422号199頁）。

　また、別の事例ですが、更正処分の理由の記載は、債権放棄の額が寄附金の額に該当すると判断するに至った過程を省略することなしに明示できるとした上で、「処分行政庁は、これにより本件更正処分における自己の判断過程を逐一検証することができる」等として、恣意抑制及び不服申立ての便宜という理由付記制度の趣旨目的を充足する程度に具体的に明示されていたものとして、理由付記に不備がないとした裁判例（東京地判平成27年2月24日税資265号順号12606）があります。

② 平成23年12月改正以後の裁決事例

　国税通則法74条の14（行政手続法14等）に基づき、理由付記が必要となった白色申告書や贈与税に係る更正処分を含め、以下のような裁決事例が公表されています。

・　雑所得の必要経費該当性に関して、特定の年分の旅費交通費と図書新聞費について、「一部必要経費として認められる費用についてその金額を示しているのみで、具体的にいつ、誰に対し支払った、どのような内容の費用（あるいは費用の一部）を必要経費として認めたのかを特定しておらず、その結果として原処分庁が必要経費として認めなかった費用がどの費用（あるいは費用の一部）であるかも特定されていないから、当該費用の内容すら理解できないものであって、必要経費該当性をおよそ判断できないものであり、摘示された事実からは更正の理由を検証し、その適否について検討することはできない。」として、白色申告書に係る更正処分の理由付記が一部不備と判

断した裁決事例（国税不服審判所裁決平成26年9月1日裁決事例集96集（国税不服審判所公式サイト））

・　「更正通知書自体から青色欠損金の当期控除額を所得金額に加算する旨を特定し得る程度の理由を示していないことは明らかである」とした上で、「更正処分をする際は当該更正通知書自体に処分の理由を名宛人に知らせて不服の申立てに便宜を与えるという法の要求にかなう程度に理由を示す必要がある」として、理由付記が一部不備と判断した裁決事例（国税不服審判所裁決平成26年12月10日裁決事例集97集（国税不服審判所公式サイト））

・　①税務職員の守秘義務規定（通法126）から、「行政手続法第14条第1項本文の要求する理由提示の場面といえども、第三者の個人情報をむやみに開示することが許されるものではない。」、②相続税法49条（相続時精算課税等に係る贈与税の申告内容の開示等）においても、「他の共同相続人等の相続時精算課税適用財産及び暦年課税分の贈与財産の課税価格の合計額の開示を所轄税務署長に請求することが可能とされているにとどまり、これらの財産の具体的な内訳等の開示請求が認められているものではない。」との点に言及した上で、贈与財産の具体的な内容を提示していないことをもって、理由付記が不備ではないと判断した裁決事例（国税不服審判所裁決平成27年9月28日裁決事例集100集（国税不服審判所公式サイト））

9　残された議論

　平成23年12月の国税通則法改正以後の規定が適用される処分に係る理由付記についての最高裁判決は示されておらず、したがって判例もまだ存在しません。ここで、理由付記に関して、議論の余地の残されている問題をご紹介します。

(1) 白色申告者の帳簿保存

　全ての白色申告者には帳簿保存が求められています（所法232）。しかし、白色申告者の帳簿の記録方法（「財務省令で定める簡易な方法」「に従い、整然と、かつ、

明瞭に記録」（所法232、所規102））は、青色申告者の帳簿の記録方法（所法148、「正規の簿記の原則に従い、整然と、かつ、明りょうに記録し」（所規57））と同じではないことから、白色申告者に対する理由付記の程度は、青色申告者に対する理由付記と同一のものとは言い難いと思われます。

(2) 裁判例・裁決事例における特徴

　上記（**8**(2)②、205頁）の贈与税に係る裁決事例のように、税法（各税目）毎に、納税者に開示される情報の内容・程度が異なるという制約の存在が挙げられます。また、青色申告承認取消処分は、青色申告書の更正処分とは前提が相違することから、「理由附記の程度について両者を同列に論じるべきであるとはいい難い」とした裁判例（岡山地判平成19年5月22日税資257号順号10716）も踏まえると、処分の根拠規定を適用する上で考慮した事実関係を記載した処分に係る理由付記の妥当性は、処分の類型（特色）に応じて異なると考えられます。

　また、課税処分等に係る理由付記に係る裁判例の特徴として、「判断過程」を明らかにすることが求められていること、さらに、判断過程が求められる理由として、税法上の処分内容が複雑で技術的判断の連鎖を経て導き出されることが多い点であるとの見解（佐藤英明「行政手続法により課税処分に求められる理由附記の程度」税務事例研究144号（2015年）38頁）を踏まえますと、今後、処分の内容によっては、従来と異なった程度（内容）の理由付記の記載が求められる可能性があることは否定できないと思われます。

7 | 立証責任

1 立証責任の意義

　取消訴訟の対象とされる課税処分が違法（あるいは適法）であるという主張は、課税庁と納税者のいずれが行う必要があるのか、言い換えれば、当該主張が適切に行われなかったことにより裁判官が真偽を判断できない状況により生じる結果（不利益）を、課税庁あるいは納税者のいずれが負うのかという点に関して、国税通則法等は明確に規定していません。

　このような法的問題は、一般に立証責任あるいは挙証責任と呼ばれ、その意味や定義は次のように説明されています。

・　ある要件事実が口頭弁論終結時に存否不明の場合に、いずれか一方の当事者が負う不利益又は負担（泉172頁）。

2 課税処分訴訟における立証責任の分配

(1) 課税庁に立証責任があるとされる事項

　学説や判例上、課税要件（課税要件事実）の立証責任は、原則として課税庁が負うべきとされています（金子1112頁、大野201頁）。例えば次のように、収入金額（益金）や必要経費（損金）についての立証責任は、原則として課税庁が負うべきものとされています。

　収入金額又は益金について、課税庁に立証責任があることには争いがありません。最高裁は、「所得の存在及びその金額について決定庁が立証責任を負うことはいうまでもないところである。」（最判昭和38年3月3日訟月9巻5号668頁）として、所得の存在及びその金額について、課税庁に立証責任があるとしています。

　また、必要経費（損金）については、次の判決が示すように、原則として課

税庁に立証責任があるとされています。

> 「原則として必要経費についても被告行政庁が立証責任を負うものと解すべく、従って、被告がその主張額の存在を立証し得ないときは、結局において当事者間に争いのない額は、所得が少となる方の主張額、換言すれば必要経費の大である主張額となるものと解するのを相当とする。」（徳島地判昭和33年3月27日行集9巻3号433頁）

　また、必要経費の額が判明しなくては所得額を確定できないことから、経費の不存在（一定額を超えては存在しないこと）については、課税庁に立証責任があるとされています。

　下記の裁判例においても、原則として、課税庁側に立証責任があると判断されています。

- 　財産評価基本通達に定められた評価方式が当該財産の取得の時における時価を算定するための手法として合理的なものであること（東京高判平成25年2月28日裁判所公式サイト）
- 　移転価格税制における独立企業間価格（措法66の4）
（なお、推定課税が適用される場合（租税特別措置法66条の4の所定の要件を満たしている場合）には、納税者の側にも独立企業間価格についての主張立証を求めているものと解されるとした事例（東京高判平成25年3月14日訟月60巻1号149頁））
- 　外国子会社合算税制（措法40の4）の適用除外要件を満たさないこと（東京高判平成25年5月29日裁判所公式サイト）
- 　特定の資産に係る譲渡所得が所得税法161条の国内源泉所得に該当すること（特定の資産が日本国内にあったこと）（東京地判平成25年5月30日判時2208号6頁）

(2) 納税者に立証責任があるとされる事項

　ただし、課税庁の認定額を超える多額の経費については、次の判決が示すように、納税者に立証責任があるとされています。

「必要経費について、控訴人（筆者注：納税者）が行政庁の認定額をこえる多額を主張しながら、具体的にその内容を指摘せず、したがつて、行政庁としてその存否・数額についての検証の手段を有しないときは、経験則に徴し相当と認められる範囲でこれを補充しえないかぎり、これを架空のもの（不存在）として取り扱うべきものと考える。」（広島高岡山支判昭和42年4月26日行集18巻4号614頁）

　　類似の事例として次の判決では、更正時に提出されなかった資料等に基づき、納税者が特定の支出が必要経費に該当すると主張する場合、当該支出の必要経費該当性の立証責任は納税者にあるとされています。

「更正時には存在しない、あるいは提出されなかった資料等に基づき、原告が当該支出が必要経費に該当すると主張するときは、当該証拠との距離からみても、原告において経費該当性を合理的に推認させるに足りる程度の具体的な立証を行わない限り、当該支出が経費に該当しないとの事実上の推定が働くものというべきである。」（東京地判平成6年6月24日税資201号542頁）

　　また、特別の経費あるいは通常の経費に該当しない特定の支出、あるいは「正当な理由」等の一定の事由については、下記の裁判例において、原則として、納税者に立証責任があると判断されています。

・　借入金利子（融資に係る利息の支払）（利息の如き特別の経費の不存在につき事実上の推定が働くことから、その存在を主張する納税者は右推定を破る程度の立証を要するとした事例（大阪高判昭和46年12月21日税資63号1233頁））

・　使途不明金（支出と業務との関連性を合理的に推認させるに足りる具体的な立証を行う必要があるとした事例（東京地判平成6年9月28日税資205号653頁））

・　貸倒損失（貸倒損失は、必然的に発生するものではなく、取引の相手方の破産等の特別の事情がない限り生ずることのない、いわば特別の経費というべき性質のものであること等から、納税者が貸倒損失となる債権の発生原因や回収不能の事実等について具体的に特定して主張し、貸倒損失の存在をある程度合理的に推認させるに足りる立証を行わない限り、事実上その不存在が推定されるとした事例（仙台高判平成8年4月12日税資216号44頁））

・　訴訟費用（訴訟費用のような特別の経費、すなわち、事実上不存在の推定

が働くような特別の経費については、その存在を主張する納税者が推定を破る程度の立証を要するとした事例（神戸地判昭和53年9月22日訟月25巻2号501頁））

・　簿外経費（納税者において簿外経費の具体的内容を明らかにし、ある程度これを合理的に裏付ける証拠を提出しない限り、簿外経費の不存在との事実上の推定を覆すことはできないとした事例（大阪高判昭和60年10月22日税資147号45頁、東京高判平成26年6月18日税資264号順号12486））

・　青色申告書又はその添付書類（損益計算書等）に記載されていない必要経費（納税者において、当該必要経費が存在していることを合理的に推認させるに足りる程度の具体的な立証を行う必要があるとした事例（東京地判平成26年1月14日税資264号順号12382））

・　特定の個人が青色事業専従者に該当すること（青色申告者に恩恵的・政策的に与えられた特典である青色事業専従者給与に関する特例については、納税者側に立証責任があるとした事例（富山地判平成22年2月10日税資260号順号11376））

　　（類似の事例：「居住の用に供している家屋」（居住用資産の譲渡の特別控除に係る要件（東京地判昭和60年1月28日判タ566号211頁、同旨の判断（名古屋地判平成18年2月23日判タ1223号157頁））、租税特別措置法上の課税繰延の特例適用の要件（大阪高判昭和52年12月14日訟月24巻1号181頁）））。

・　法の許容する限度を超える仲介手数料（特別の経費を要しているのであれば、その存在を立証することは納税者の方が容易であること等から、納税者側に立証責任があるとした事例（高松高判昭和50年4月24日行集26巻4号594頁））

・　株式の評価損（資産の評価損）（資産の評価損の損金算入は例外的に認められるものであるから、その評価損を損金に算入し得る特定事実の存在につき納税者側に立証責任があるとした事例（東京高判平成3年6月26日行集42巻6・7号1033頁））

・　求償権の全部又は一部を行使することができないこととなったとき（所法64②）（求償不能という異例の事態について租税政策上の見地から特に課税上の救済を図った例外的規定であると解されるから、特例規定の適用を受け

ようとする納税者側に立証責任があるとした事例（東京高判平成16年3月16日訟月51巻7号1819頁））

・　雑損控除（所得控除）の適用（高松高判昭和44年5月23日税資56号688頁）

・　繰越欠損金の算入の要件とされる青色申告の承認があったこと（東京地判昭和33年1月11日行集9巻1号38頁）

・　旧日米租税条約が適用されることを主張する納税者が、使用料（所法161）の支払時期が変更されたとの事実を立証する必要があるとした事例（東京高判平成23年5月18日税資261号順号11689）

・　出訴期間等の訴訟要件（横浜地判昭和57年3月31日訟月28巻6号1260頁）

・　更正の請求の理由（税額等の計算が国税の法律に従っていなかったこと等の更正の請求の要件）（大阪高判昭和50年4月18日税資81号254頁、広島地判平成8年10月23日税資221号170頁）

・　国税通則法65条4項（過少申告加算税）の「正当な理由」（過少申告加算税を課さない旨を定めた例外規定であるから、納税者の側に立証責任があるとした事例（東京高判昭和53年12月19日訟月25巻4号1175頁））

　　（類似の事例：「更正があるべきことを予知してされたものでない場合」（通法65①）（東京高判昭和61年6月23日行集37巻6号908頁））

・　輸出免税取引（消法7）の該当性（輸出免税取引において、納税者が消費税の免除との利益を享受することから、特定の取引が輸出免税取引に該当することについては、納税者側に立証責任があるとした事例（名古屋高判平成23年12月15日税資261号順号11834）、同旨の判断を示した事例（東京地判平成27年3月26日訟月62巻3号441頁（控訴審：東京高判平成28年2月9日裁判所公式サイト）））

・　消費税の申告における仕入税額控除（東京地判平成11年3月30日訟月46巻2号899頁）

・　源泉徴収義務を負わないことを理由に誤納金還付請求（通法56）を行う場合、源泉徴収義務を負わないこと（大阪地判平成27年4月17日税資265号順号12651）

212

3 推計課税における立証責任

(1) 推計課税

　所得を認定できる帳簿書類等の直接資料が存在せず一定の要件を満たす場合（帳簿書類の不存在、帳簿書類の不備、あるいは調査非協力による推計課税の必要性の要件、推計の合理性）には、租税負担公平の観点から所得税法156条あるいは法人税法131条に基づき、間接的な資料等により所得を認定する方法である「推計課税」が認められています。例えば、財産等の増減状況から所得を推計する方法（純資産増減法）、仕入金額等に一定の比率を適用して所得金額を推計する方法（比率法）、あるいは電気の使用料や従業員数等から所得金額を推計する方法（効率法）が推計課税において用いられるとされています。

　ただし、課税処分取消訴訟において、帳簿等に基づき算定した所得の実額が、課税庁により推計された所得の金額と異なることを納税者が主張を行うこと等が直ちに認められるか否かについて、必ずしも税法は明確に規定していません。納税者のこのような主張（反論や立証活動）は、一般に「実額反証」といわれています。

(2) 納税者による実額反証

　課税処分取消訴訟において、推計課税を争う納税者が実額反証を行うこと自体は認められています。このことは、課税は実額によることが原則とされること（実額課税の原則）、また、「実額は推計を破る」（どのように合理的な推計方法であっても実額が優先する）とされる実額と推計との関係、あるいは、「更正処分をするにあたって必要経費の実額による把握ができず、その結果これを推計により把握せざるを得なかつたか否かを問わず、本訴においてはこれが実額計算をするに足る資料の提出のみられる以上これを実額により算定すべきことはいうまでもない。」（大阪地判昭和46年6月28日訟月18巻1号35頁）とする裁判例からも明らかといえます。

　ただし、実額反証の程度・内容に関して、納税者は収入金額及び必要経費の双方について立証すべきとされています。例えば、次に掲げるいずれの裁判例においても、結論として、実額反証について納税者に立証責任がある旨の判断が示されています。

- 　申告納税制度において自己の申告所得額が正しいことを説明すべき納税者が、税務調査に協力せずに課税庁に推計課税を余儀なくさせた上、実額反証において立証責任を負担しないとすれば、誠実な納税者よりも利益を得ることになって不当であること及び納税者の経済行為については第三者たる課税庁よりも当事者たる納税者が自己に有利な証拠を提出することが容易であることに照らせば、納税者が推計課税取消訴訟において所得の実額を主張し、推計課税の方法により認定された額が右実額と異なるとして推計課税の違法性を立証するためには、納税者においてその主張する実額が真実の所得額に合致することを立証する必要があるというべきである（大阪高判平成2年5月30日訟月38巻2号320頁）。

- 　税務署長を被告とする所得税更正処分取消訴訟において原告が直接資料によって収入及び経費の実額を主張・立証することは、被告の抗弁に対する単なる反証ではなく、自らが主張・証明責任を負うところの再抗弁であり、しかも、その再抗弁においては単に収入又は経費の実額の一部又は全部を主張証明するだけでは足りず、収入及び経費の実額を全て主張・証明することを要するというべきである（東京高判平成6年3月30日行集45巻3号857頁）。

- 　いずれにせよ納税者において所得の実額を明らかにする証明責任を負担するものというべきであり、その収支の過程を逐一明らかにして所得の実額を証明する必要があると解される（東京高判平成7年7月19日税資213号181頁）。

- 　実額反証といえるためには、その主張する収入及び経費の各金額が存在し、経費については事業との関連性が認められること、右収入金額が全ての取引先から発生した全ての収入金額であること、右経費が右収入と対応するものであり、直接費用については個別的な対応の事実、間接費用については期間対応の事実があることの3点につき、合理的な疑いを容れない程度に証

明されなければならないものと解するのが相当である（東京高判平成13年1月
30日民集58巻9号2529頁）。

推計課税の本質や実額反証の主張立証の法的な内容に関しては、いくつかの
考え方や議論がありますが、上記のように、一定の要件を充足し、一定の合理
性が認められる推計課税が行われた場合、納税者により実額を主張すること
（実額反証）自体は認められています。ただし、立証責任が納税者にあること
から、通常の課税処分取消訴訟の場合と異なり、立証責任の所在が逆になるこ
とに留意する必要があります。

なお、青色申告の承認を受けた納税者に関して、帳簿書類等の不備や調査に
応じない等の事情があるため、推計課税を行う必要がある場合、当該納税者に
ついて青色申告の承認の取消処分を行った（所法150等）上で、推計課税による
更正処分等を行うこととなります。

4　立証責任に関連する規定

立証責任を納税者に転嫁した内容ではありませんが、国税通則法116条（原
告が行うべき証拠の申出）は、納税者に対し、自己に有利な事実を遅滞なく主張・
立証することを促しています。具体的には、①更正決定等及び納税の告知と
いった課税処分に係る取消訴訟（行訴法3②）において、②「必要経費又は損金
の額の存在その他これに類する自己に有利な事実」を遅滞なく主張しなければ
ならないこと（通法116①）が規定されています。

また、この国税通則法116条1項の規定を担保するため、同項の規定に反す
る納税者の主張等は、民事訴訟法157条が規定する時機に後れた攻撃防御方法
とみなされ、裁判所は、当該主張を却下することができます（通法116②）。具
体的には、国税通則法116条1項本文所定の時期に後れた立証、あるいは民事
訴訟法に規定する時機に後れた攻撃防御の方法である旨の課税庁の主張が認め
られたものとして、以下の事例があります。

・　国税通則法116条に言及した上で、①所得算出の基礎となる売上金額、売
上原価、必要経費等に関する実額の全体的主張や帳簿書類等を納税者が提出

しないこと、②提出された資料（日計票）の信ぴょう性が疑わしいこと、③当該資料が提出されたのは課税庁が各更正処分の基礎とされた事実につき立証がほぼ終了した時期であることから、提出された資料を納税者の所得金額の計算資料とすることはできないとされた事例（青森地判昭和61年10月14日訟月33巻 7 号1993頁）

・　経費に関する全ての資料の提出が、課税庁が推計の合理性について立証を終えたときから 1 年以上経過してなされるなど著しく後れてなされたものと言うべきであり、少なくとも納税者の重大な怠慢によるものであると言うことができる等として、納税者の当該証拠の提出が時機に後れた攻撃防御の方法であるとされた事例（神戸地判平成 3 年 2 月25日税資182号370頁）

・　納税者の責に帰することができない理由により控訴審で初めてされた申出（提出された台帳）を遅滞なくすることができなかった事情が明らかでないことを考慮すると、国税通則法116条 1 項に違反するとして、納税者の当該申出が却下された事例（大阪高判平成 2 年 7 月12日税資180号34頁）

・　口頭弁論終結が予定された口頭弁論期日の直前になされた納税者側の主張について、時機に後れて提出した攻撃又は防御の方法とみなされた事例（岡山地判平成13年 7 月11日税資251号順号8945）

他方、課税庁の主張が認められなかったものとして、以下の事例があります。

・　「実額反証は本件第一回口頭弁論から五年余りを経過した時点でなされたものではあるが、その骨子において従前の主張、立証と変るところがなく、本件訴訟を著しく遅延させるものとまで言い難いからである。」とした事例（福井地判平成 2 年11月30日税資181号741頁）

・　不動産所得につき審査請求の段階で必要経費の実額を納税者が主張立証し、概ね認容されたことは明らかであるから、不動産所得についての納税者である原告の実額主張の内容は、訴訟前に課税庁に判明していたとした事例（鳥取地判平成 3 年12月10日税資187号272頁）

8 不服申立期間

1 不服申立期間の意義

(1) 行政処分一般に係る不服申立期間

　行政処分一般に関して、審査請求等の不服申立てあるいは取消訴訟を行うことのできる期間を制約する規定が設けられています。具体的には、処分についての審査請求（再調査の請求）については、処分があったことを「知った日の翌日」から3か月（行審法18、54）、取消訴訟については、処分があったことを「知った日から」6か月（行訴法14①。初日不算入の原則に従って、「知った日」の翌日を起算日とします（行訴法7等））を経過したときは、することができないとされています。例えば、「処分のあったことを知った日」とは、当事者が書類の交付、口頭の告知その他の方法により処分の存在を現実に知った日とされています（最判昭和27年11月20日民集6巻10号1038頁）。

　このような時間的制約が設けられている理由として、法律関係の早期安定の要請が挙げられています。

(2) 国税に関する法律に基づく処分に係る不服申立期間

　上記の規定を含む行政不服審査法第2章及び第3章は、基本的には、国税に関する法律に基づく処分に対する不服申立てには適用がありません（通法80①）。

　国税通則法は、次のように規定しています。

① 正当な理由があるときを除き、処分のあったことを知った日（処分に係る通知を受けた日）の翌日から起算して3月を経過したときは、処分を行った税務署長等に対する再調査の請求又は国税不服審判所長に対する審査請求をすることができないこと（通法77①）。

② 再調査の請求に対する決定後に行う審査請求は、再調査決定書の謄本の送

達があった日の翌日から起算して1月を経過したときは、することができないこと（通法77②）。

したがって、税務署長等の更正処分等について争う納税者は、原則として、当該処分を知った日等の翌日から3月又は1月の所定の期間内に不服申立てに係る手続を行う必要があります。

(3) 不服申立ての期限に係る特例

国税徴収法171条1項は、滞納処分（督促、差押え、公売又は配当）に関する不服申立てについて、それぞれ期限の特例を定めています。

ただし、「不服申立てをすることができる期間を経過したものを除く」（同項括弧書）とされていることから、その期限を一般の不服申立ての期限より延長すべき特別な理由はありません。そのため、この期間が上記(2)①②の期間よりも長くなる場合には、国税徴収法171条は適用されません。例えば、売却決定に対する審査請求が、当該審査請求をすることができる期限（徴収法171①三：換価財産の買受代金の納付の期限）を徒過してされたものであるとして却下された事例（東京地判平成6年2月28日行集45巻1・2号226頁）があります。

さらに、期限の特例に関する次の規定があります（徴収法171②）。

① 審査請求についての裁決を経ることにより生ずる著しい損害を避けるため緊急の必要があるなど、その裁決を経ないことにつき正当な事由があるとき（通法115①三）は、審査請求についての裁決を得ないで、督促、不動産等についての差押え等の滞納処分の取消しの訴えを提起する場合にも準用されること。

② 行政事件訴訟法14条1項に定める期間を国税徴収法171条1項各号の期限まで延長することを認めるものでないこと（徴収法171②）。

関連する事例として、審査請求期間の特例（地法19の4）は、行政不服審査法45条所定の異議申立期間を伸長するものではなく、各所定期限のうちいずれか早い期限までしか不服申立てをすることができないものと解するのが相当であるとした判決（大阪高判昭和53年12月20日行集29巻12号2102頁）があります。

(4) 国税通則法等における不服申立期間と取消訴訟の提起との関係

　上記の種々の規定に見られるように、納税者が税務署長等による更正処分等の取消しを求める場合、取消訴訟の提起の時期が法定の出訴期間内であるか否かが重要となります。この点について、次のような説明がなされています。

・　「取消訴訟を提起して取り消すか、行政上の不服申立てによって取り消されない限り、有効なものとして取り扱われることになる」（宇賀Ⅰ365頁）とした上で、「出訴期間を徒過するともはや行政行為の効力を争うことができなくなる」（行政行為に不可争力が生ずる）（宇賀Ⅰ369頁）こと。

　ただし、国税に係る処分の取消訴訟を行う上で、「租税行政処分の取消を求める訴訟は原則として租税不服申立を経たのちでなければ提起することができない」（金子1072頁）とする不服申立前置主義（通法115）が採用されていることから、納税者等は、一定の期間内に適法な不服申立てを行う必要があります。

　すなわち、更正処分等に対する再調査の請求（審査請求）が不服申立期間内に行われなかった場合、当該請求の内容は判断されずに却下（いわゆる門前払い）され、結果として納税者は当該処分の適否を裁判所で争うことはできません。

　したがって、課税処分等を争う納税者にとっては、不服申立てを行った時期が、国税通則法上の不服申立期間であるか否かが法的に重要な問題となります。

　具体的には、不服申立期間の起算日である「処分に係る通知を受けた日」はいつか、再調査の請求書（審査請求書）の提出時期等が争いとなる場合があります。また、不服申立期間の例外として、期間を徒過した不服申立てが認められる場合があることから、どのような場合が「正当な理由があるとき」に該当するのかが問題となる場合があります。

　なお、上記で言及した「不可争力」は、私人の側から争うことができない場合の法的問題ですが、行政庁の側から職権により処分を取り消すことは可能とされています（櫻井敬子・橋本博之『行政法第6版』（弘文堂、2019年）89頁）。した

がって、更正処分等に係る不服申立期間後であっても、当該更正処分等のいわゆる除斥期間内（通法70（国税の更正、決定等の期間制限）等）であれば、税務署長等は、当該更正処分等を取り消すことができるものと考えられます。

　次に、税務署長から納税者等への「処分に係る通知」に関連する書類の送達方法に係る規定を確認します。

2　書類の送達方法に係る規定

　国税通則法等に基づく更正処分（通法24）や決定処分（通法25）等の特色として、次の点が挙げられます。

① 　更正処分等の相手方が存在する処分であること。

② 　原則として、当該処分が書面により通知されること（例えば、更正通知書の送達（通法28）等）。

③ 　当該処分の効力の発生時は、国税通則法等の法令の定める方法により相手方に通知（告知）されたときとされていること（南編46頁）。

④ 　更正通知書等の書類は、国税通則法が定める郵便又は信書便等の所定の方法により処分の相手方に送達されること（通法12）等。

　そこで、上記の「通知を受けた」（通法77）ことの意義を整理する上で、まず、税務署長等からの納税者への書類の送達方法に係る規定を確認します。

(1) 書類の送達に係る規定

① 書類送達の方法

　更正通知書等の書類の送達方法について、国税通則法は次のように規定しています。

・　郵便（信書便）による送達（通法12①②）

・　税務官庁の職員が送達を受けるべき者に対して書類を直接交付する交付送達（通法12①④）（例えば、交付送達された更正通知書等の内容を納税者が確認後、受領を拒否し、当該書類を税務官庁の職員に返却した場合であっても、適法な交付送達の方法により送達されたとした事例（福岡地判昭和62年7

月16日税資159号183頁))

- 送達を受けるべき者に異議がないときは、出会った場所で交付することのできる出会送達（通法12④但書）
- 送達を受けるべき者、いわゆる本人に出会わない場合、使用人その他従業員又は同居の者で書類の受領について相当のわきまえのあるものに書類を交付する補充送達（通法12⑤一）
- 書類の送達を受けるべき者や補充送達を受ける者が送達場所にいない場合又はこれらの者が正当な理由がなく書類の受領を拒んだ場合に書類の送達すべき場所（郵便受箱等）に書類を差し置く差置送達（通法12⑤二）。（例えば、更正通知書等を郵便受けに投函せず、正面入口門扉下の通路上に差し置いたことに違法な点があるとするのは困難であるとして、適法な差置送達とされた事例（東京地判平成3年1月24日訟月37巻7号1290頁）、納税者（法人）の代表者の母親が書類の受領を拒否し、さらに、母親が代表者に書類が置かれたことを連絡していた場合、差置送達は要件（通法12⑤二）を満たすとされた事例（名古屋高判平成21年9月29日税資259号順号11280）、更正通知書等を入れた封筒を開封しないまま、納税者が税務署の夜間収受箱に投函した事実は、差置送達の効力に影響を及ぼさないとした事例（広島地判平成26年1月28日税資264号順号12399））

ここでいう「書類を送達すべき場所」は、原則として「送達を受けるべき者の住所又は居所」とされており（通法12①）、住所とは「各人の生活の本拠」や「法人の本店又は主たる事務所」とされています。

また、送達方法の原則は、国税通則法上、明確に規定されていません。ただし、郵便による送達が国税通則法12条1項において、交付送達より先に規定されていること、送達すべき税務関係の書類が多数に上ること、費用の面、現在の郵便事情を踏まえますと、郵便による送達が一般的な送達方法であると考えられます。例えば、書類の送達の方法は、書類を発する税務署長等の裁量に委ねられているものと解するのが相当である旨を示した事例（名古屋高判平成3年3月28日税資182号872頁、東京地判平成26年1月22日税資264号順号12392）があります。

　さらに、送達の事実がなかった等の反証がない限り、郵便により書類が送達された場合、通常到達すべきであった時に送達があったものと推定されます（通法12②）。

　地方税に関するものですが、特別区民税等に係る納税告知書の普通郵便による送達について、納税管理人（税理士）の主張は、地方税法20条（書類の送達）4項の推定を覆すには足りないとして、通常到達すべきであった時に納税管理人の住所に送達があったものと判断された事例（東京地判平成27年4月28日（LEX／DB25525534））があります。

②　書類の送達を受けるべき者

　「意思無能力者であっても、納付すべき相続税額がある以上、法定代理人又は後見人の有無にかかわらず、申告書の提出義務は発生している」（最判平成18年7月14日判時1946号45頁）に見られるように、税法上は、納税者が未成年者や意思無能力者であっても申告書の提出義務があるされています。

　一方、国税通則法には、書類の送達を受けるべき者が未成年者等の無能力者、破産者、あるいは在監者である場合について別段の定めがありません。そのため、これらの者の住所に送達することができるものと解されます。ただし、未成年者等の無能力者の法定代理人が明らかな場合、破産者が破産宣告を受けていることが明らかな場合、在監者の住所等が不明な場合には、法定代理人、破産管財人、在監者の刑務所等に書類を送達するものとされています（「国税通則法基本通達（徴収部関係）の制定について」（昭和45年6月24日徴管2-43（例規）ほか）第12条関係「書類の送達」3（無能力者に対する送達）～5（在監者に対する送達））。

　なお、被保佐人（民法12等）は、意思表示の受領能力を有する（民法98の2参照）ことから、訴訟無能力者（未成年者、成年被後見人）の場合とは異なって、更正通知書等の送達は被保佐人に対してすべきであり、保佐人に対してこれを送達しても、当該送達は違法なものとして効力を生じないというべきであるとした事例（広島地判平成23年8月31日税資261号順号11744）があります。

(2) 書類の送達の一般原則の特例 (公示送達)

① 公示送達の意義

　書類の送達の一般的な方法は、上記(1)のように規定されています。一方、特例として、書類の送達を受けるべき者の住所等が明らかではない場合、あるいは外国においてすべき送達につき困難な事情があると認められる場合、すなわち書類の送達の実施が不可能（あるいは不可能に近い）といえる場合、税務署長等は、通常の送達に代えて、送達すべき書類の名称や送達を受けるべき者の氏名等を税務署等の掲示場に掲示する「公示送達」を行うことができます（通法14）。

　公示送達の効力は、掲示を始めた日から起算して7日を経過した日（掲示を始めた日を含め8日目）に生じます（通法14③）。

　例えば、住民基本台帳以外に戸籍の附票まで調査しなければ、課税庁に対して通常期待される調査を尽くしたとはいえないということはできないとして、公示送達が適法であると判断された事例（東京地判昭和59年9月28日税資139号662頁）があります。

　なお、外国に住所等を有する者への書類の送達については、当該外国との国交が断絶している、戦乱等の非常事態が生じた地域で送達に重大な支障があること等の事情が認められる必要があることから、通常の状態においては公示送達をすることができないものとされています。

② 条約に基づく送達等

　上記のような外国に住所等を有する者への書類の送達に関して、国税通則法上の郵便による送達に加えて、条約に基づく送達（租税条約等の外国の税務当局に嘱託して書類を送達すること）が、国内法上、有効な送達方法となりました。これは、多国間条約である「租税に関する相互行政支援に関する条約」の発効（2013年10月）及び同条約等の租税条約等に基づき文書の送達の要請等に関する手続として、平成24年度税制改正において、「租税条約等の実施に伴う所得税法、法人税法及び地方税法の特例等に関する法律」11条の3（送達の共

助）が整備されたことにより可能となったものです。

　また、「租税条約等に基づく相手国等との情報交換及び送達共助手続について（事務運営指針）」（平成15年 4 月 7 日官際 1 -20ほか）の「第 9 章　送達共助に係る事務手続」において、相手国等への送達の要請をする場合など、外国の税務当局を通じて当該外国に居住する者等へ書類を送達する具体的な手順、さらに、関連する規定として、外国においてすべき送達については、税務署長等は、公示送達があったことを通知することができるとの規定（通規 1 の 2 ）が設けられています。

③　外国に住所を有する者に係る公示送達の事例

　納税者（滞納者）の転出先の住所がクロアチア共和国であり、納税管理人が選任されていない状態において、地方税の滞納に係る督促状を公示送達したことの適法性が争われた次の事例（東京高判平成28年 4 月21日（LEX／DB25549670））があります。

　郵便物の受取りという面では、転出直前の住所地を、なお国外への転出届を提出した者の居所と解することが可能であり、転出直前の住所地に発送した書類が返送されなかった場合は、よほど特別の事情がない限り、国外への転出届を提出した者が転出直前の住所地を国内における居所としていることにより書類を受け取っていると解することができ、書類が返送されなかった場合は，転出直前の住所地が国外への転出届を提出した者の居所であり、書類が居所に送達されたと認めることができるとされています。また、督促状を発送して返送されたか否かで送達は確認でき、調査に特別の手間を要することでもないこと、返送されない場合は督促状の送達もされたことになることにも言及した上で、転出先の住所が国外とされていること及び納税管理人が選任されていないことを確認しただけで督促状を公示送達の方法により送達したことは地方税法20条の 2 第 1 項（「住所、居所、事務所及び事業所が明らかでない場合」）に定める公示送達の要件を欠いており、その瑕疵は重大かつ明白なものということができるから、問題となった督促は無効であり、結論として、督促を前提とする問題となった差押処分が違法と判断されました。

　以上を踏まえつつ、次に「不服申立期間」（「出訴期間」）に関する具体例を概観していきます。

3　不服申立期間に関する具体例

　国税通則法は、「処分があったことを知った日（処分に係る通知を受けた場合には、その受けた日）の翌日」から、不服申立期間が起算されると規定しています（通法77①）。そこでまず、上記括弧内の「処分に係る通知を受けた場合には、その受けた日」（以下「通知を受けた日」といいます。）の意義を整理します。

(1)「通知を受けた日」の意義・具体例

①　「通知を受けた」の意義

　「通知を受けた」とは、通知が社会通念上了知できる客観的状態に置かれることをいい、税務署長が国税に関する法律の規定に基づいて発する書類は、郵便による送達又は交付送達により、送達を受けるべき者の住所又は居所に送達するものであることが示されています（東京高判昭和53年5月30日訟月24巻9号1844頁）。

②　本人以外が送達書類の受領者と認められる場合

　上記の判決では次のように、通知の相手方自身が通知書等の書類を受領したこと、さらに、当該書類の内容を確認したことまでは必要としないと判断しています。

> 「当該書類の送達は受送達者が現実に直接その書類を受領し了知することを要するものでなく、その内容を了知することができる状態に置けば足りるものと解すべきであるから、受送達者本人ではなく、本人の同居者、使用人その他本人と一定の関係があって、その者が送達書類を受領すれば遅滞なく受送達者本人に到達させることを期待できる者が受領することによって送達が完成するものというべきところ（後略）」

　例えば、更正通知書等の受領者が、納税者の長男（18歳）である場合（金沢地判昭和58年7月29日税資133号392頁）、納税者の事業専従者である次男の場合（東

京地判昭和50年5月29日訟月21巻7号1542頁）、代理権限を有する税理士（いわゆる
関与税理士）である場合（東京地判昭和52年5月26日税資94号632頁：参考・通法107）
であっても、当該更正処分等の相手方である納税者が通知を受けたものとされ
ます。

　また、やや特殊な事例ですが、納税者が経営する会社に勤務する守衛は、納
税者不在の間に配達された納税者宛の書留郵便物を受領する権限を黙示的に与
えられていたものと推認されるとして、郵便物を保管する場所である守衛室の
机の上等に置かれたときに、納税者が通知書の存在を了知しうる客観的状態が
成立したものと認めることができるとした事例（東京地判昭和61年3月28日判時
1204号90頁）があります。

③　正当な理由がなく受領を拒否した場合

　なお、更正処分の通知書を書留郵便で送達し、納税者が当該郵便物を更正処
分の通知書であることを知りながら、正当な理由がなく、その受領を拒否した
場合、当該送達により納税者は更正処分等の通知書の内容を了知しうる状態に
置かれたというべきとして、当該送達を受けた日の翌日から不服申立期間を起
算するべきとした事例（津地判昭和48年10月11日税資71号522頁）があります。

(2)　「処分があったことを知った日」の意義・具体例

　次に、不服申立期間の起算日とされる「処分があったことを知った日の翌
日」の「処分があったことを知った日」の意義を確認します。

　税務署長による処分の相手方以外の者が、不服申立人となる場合がありま
す。この点は、税務署長の処分の相手方（名宛人）や法令により処分の通知を
受けることとなっている者以外の者も、当該処分に対して不服申立てを行うこ
とができます（例えば、第二次納税義務者が滞納者の課税処分を争う場合等）。
このような不服申立人も国税通則法77条1項の適用を受けることから、「処分
があったことを知った日」の意義が問題となります。

　「処分があったことを知った」とは、「現実に知ることであって、抽象的に知
るべきであったということではないこと」であり、「通知を受けた」の意義と

同様、社会通念上、了知しうべき状態に置かれた場合（例えば、関係者に通知される）（志場1059頁）とされています。また、通知を受けないで「処分があったことを知る」とは、社会通念上、予知しうべき状態に置かれた場合（例えば、関係者に通知されること）であること（品川芳宣『現代税制の現状と課題租税手続編』（新日本法規、2017年）311頁）が示されています。

例えば、次の事例があります。

> 国税徴収法39条所定の第二次納税義務者は、本来の納税義務者から無償又は著しく低い額の対価による財産譲渡等を受けたという取引相手にとどまり、常に本来の納税義務者と一体性又は親近性のある関係にあるということはできないことから、第二次納税義務を確定させる納付告知があるまでは、不服申立ての適格があることを確実に認識することはできないとして、第二次納税義務者が主たる課税処分に対する不服申立てをする場合、国税通則法77条1項所定の「処分があったことを知った日」とは、当該第二次納税義務者に対する納付告知（納付通知書の送達）がされた日であるとした事例（最判平成18年1月19日民集60巻1号65頁）

(3)「正当な理由があるとき」の意義・具体例

① 不服申立ての機会の拡大

平成26年6月の行政不服審査法改正において不服申立期間が3月へ延長されたことに伴い、国税通則法においても「正当な理由があるとき」には不服申立期間が延長されると規定されました（通法77①但書）。具体的には、①従来の国税通則法において不服申立期間の例外を定めていた「天災その他やむを得ない理由があるとき」（旧通法77③）の規定が削除され、②行政事件訴訟法14条1項の出訴期間の例外の規定（「正当な理由があるとき」）と同様の規定が設けられたものです。これにより、国民の不服申立ての機会が拡大されたものと説明されています（『平成26年度税制改正の解説』1125頁（国立国会図書館公式サイト）1125頁）。例えば、課税庁の解釈として、次の具体例が示されています。

イ 誤って長い期間が教示され、当該期間内に申立てがされたとき。

　ロ　不服申立期間内に不服申立てをすることが不可能と認められるような客観的な事情がある場合（具体的には、地震、台風、洪水、噴火などの天災に起因する場合や、火災、交通の途絶等の人為的障害に起因する場合等）（不服審査基本通達（国税庁関係）77-1（正当な理由））

　平成26年6月改正前は、誤って法定の期間よりも長い期間を不服申立期間として教示した場合に、当該期間内に不服申立てがされたときは、当該不服申立ては法定の期間内にされたものとみなすという規定（旧通法77⑥）が設けられていました。ただし、このような場合の救済は「正当な理由があるとき」に含まれることとなったため、旧国税通則法77条6項は削除されたとの説明がされています。

②　「正当な理由」の意義

　次に、「正当な理由があるとき」（あるいは「正当な理由」）の意義を確認します。

　「正当な理由」とは、「社会通念上、不可避である、又は致し方ないと認められる、天災その他やむを得ない理由」（志場1060頁）と説明される場合があります。

　また、同じ文言を用い、出訴期間を規定する行政事件訴訟法14条に係る解釈として、「出訴期間内に出訴しなかった（できなかったこと）についての社会通念上相当と認められる理由」（南博方編著『条解行政事件訴訟法第4版』（弘文堂、2014年）393頁）とされています。

③　「やむを得ない理由」に係る事例

　前記のように、平成26年6月改正において「正当な理由」と文言が改正されたことにより、救済の範囲が拡大されました。しかし、令和2年4月1日時点では改正後の事例が公表されていないため、改正前の「やむを得ない理由」に係る事例を通じて、現行法上の「正当な理由」の範疇に含まれると考えられる事例を概観していきます。

　「やむを得ない理由」（旧通法77③）とは、「申立人が不服申立てをしようとしても、その責めに帰すことができない事由によりこれをすることが客観的にみ

て不可能であったと認められるような事情の存在を意味するものと解するのが相当であること」（東京高判平成23年10月20日税資261号順号11791）とされています。

「やむを得ない理由」に該当すると考えられる事例として、「天災その他これに準ずるような事由で、不服申立期間内に不服申立てをしなかったことについて社会通念上真にやむを得ない事由がある場合」とした上で、「病気等のため期間内に不服申立てをすることが不可能ないし困難であると認められる場合も含まれると考えるのが相当である」とした事例（徳島地判昭和50年4月8日判時792号27頁）があります。

他方、「やむを得ない理由」に該当しないとされた事例としては、下記のようなものがあります。

- 外国法人（本店：スイス）に対する更正処分に関して、更正通知書の翻訳や審査請求書の翻訳・作成に時間を要したことを理由とした場合（東京地判昭和43年6月13日訟月14巻6号716頁）
- 業務多忙（選挙のための繁忙）を理由とした場合（札幌地判昭和41年8月23日税資45号180頁）
- 商用のため出張中であったこと（商用の多忙）を理由とした場合（東京地判昭和49年5月27日税資75号525頁）
- 家族が受領したため正確な送達日を知らなかったこと、審査請求の理由の記載に日時を要し、多忙であったことを理由とした場合（東京地判昭和47年8月2日税資66号119頁）
- 納税者（原告）と納税者の代理人の事務所所在地が遠く離れていたことを理由とした場合（青森地判昭和61年12月23日税資154号893頁）
- 控訴代理人事務所所員が送達日を誤認した場合（仙台高判昭和62年6月29日税資158号789頁）
- 不服申立期間を知らなった場合（いわゆる法の不知の場合：新潟地判昭和38年12月17日訟月10巻2号402頁）

さらに、青色申告承認取消処分の取消判決があったことを理由として、当該青色申告承認取消処分を前提とした白色申告としての更正処分の取消しに係る

不服申立てにつき、不服申立期間に関係なく認められるとして、当該不服申立ては、旧国税通則法77条３項（「やむを得ない理由があるとき」）に該当するとの納税者の主張が認められなかった事例（東京地判昭和53年２月16日訟月24巻５号1143頁）があります。

　加えて、関連する事例として、国税通則法11条（災害等による期限の延長）にいう「災害その他やむを得ない理由」に該当しないものとして、納税者は逮捕され身柄を拘束されているが、専門家に手続を依頼することにより手続を遂行することが可能であったと判断された事例（最判昭和60年２月27日刑集39巻１号50頁）があります。

　前述したように、現行の「正当な理由」（通法77①）の意味が「当事者の責めに帰すことができない理由に基因する場合」等であることを考慮すると、上記の「やむを得ない理由」に該当しないとされた平成26年６月改正前のいずれの事例も、現行の「正当な理由」に該当しないのではないかと考えられます。

　なお、「正当な理由」の主張責任は、不服申立人である納税者側にあると考えられます。

(4)　除斥期間と「正当な理由があるとき」（正当な理由）との関係

　国税通則法は、処分の早期安定の調和を図る趣旨から、「処分のあった日の翌日から起算して１年を経過したとき」（通法77③）は、不服申立てはできないとして、不服申立ての除斥期間が１年間であること（いわゆる客観的不服申立期間）を定めています。

　ただし例外的に、「正当な理由があるとき」は、処分があった日の翌日から１年後でも不服申立てができることが規定されています（通法77③但書）。

　税法以外の事例ですが、国税通則法77条３項と類似する客観的出訴期間の例外を定めた行政事件訴訟法14条２項の「正当な理由」が認められた事例として、処分の相手方が無能力者であり、出訴期間後に後見人が選任された場合（新潟地判昭和24年12月28日行政裁判月報追録57頁）、処分時に処分の相手方が外国に居住していた場合（福島地判昭和29年12月６日行集５巻12号2831頁）が該当すること

が紹介されています（志場1062頁）。

　なお、これらの事例に関しては、現行法上、外国に居住する者等に対する書類の送達に関して、郵便による送達が可能であること、あるいは、近年、租税条約等に基づく書類の送達の共助手続が整備されたことを踏まえますと、納税者の事情・状況によっては、更正処分等の相手方が「外国に居住すること」のみを理由として、国税通則法77条3項の「正当な理由があるとき」に直ちに該当するものとはいえないのではないかと考えられます。

　他方、従前、税務署長による教示がない場合でも、不服申立て（異議申立て）に関する除斥期間（1年間）を徒過したことについて「正当な理由」があるとは認められないとされた事例（東京地判昭和52年4月27日訟月23巻6号1166頁）があります。ただし、現行法上、税務署長を含む行政庁に教示義務等に係る規定（行審法82、通法80（行政不服審査法との関係））や誤った教示をした場合の救済に係る規定（通法112）が設けられていることから、国税通則法77条3項の「正当な理由」の有無（該当性）を判断する上で、税務署長等による教示の有無は重要な要素になるものと考えられます。

　また、処分の通知を受けた者、あるいは処分があったことを知った者に係る不服申立期間については、国税通則法77条1項の規定が適用される（すなわち、同条3項の除斥期間の適用がされない）ことになります。したがって、例えば、処分に係る通知を受けた日の翌日から起算して3月を経過する日である不服申立期間満了日（通法77①）が「処分のあった日の翌日から起算して1年経過した日」（通法77③）以前に到来する場合であっても、国税通則法77条3項ではなく、同条1項が適用されることから、処分の通知の相手方等は「正当な理由があるとき」（通法77①但書）を除き、不服申立てを行うことはできません（東京地判昭和53年2月16日訟月24巻5号1143頁）。

　なお、処分があったことを知った日の翌日から起算して3月を経過する日が、処分のあった日の翌日から起算して1年を経過する日以後の場合、行政上の法律関係の早期安定よりも納税者の権利の救済を重視して、不服申立期間については、国税通則法77条1項を適用することにより決定するべきと考えま

す。

　さらに、国税通則法77条3項の「不服申立て」の意味は、同条1項括弧書において、再調査の請求についての決定後に行う審査請求（通法75③）、再調査の請求後3月を経ても決定がない等の場合に行う審査請求（同条④）が除かれていることから、これらのいわゆる第二審たる審査請求等に対して3項の期間制限は適用されないことが規定されています（例えば、処分の相手方の不服申立期間については、国税通則法77条1項の規定が適用され、同条3項の規定の適用はないことに留意するとの説明（不服審査基本通達77-2（第1項と第3項との適用関係）））。

(5) 再調査の請求書（審査請求書）の提出日

　再調査の請求書（審査請求書）の提出日、すなわち再調査の請求書等の効力が生じる日については税法上特段の規定がないことから、原則として、書面が再調査の審理を行う税務署長等や国税不服審判所長に現実に提出された日とされています（通法77④、参考：民法97）。ただし、郵便等による提出の場合、納税申告書等の提出の場合の規定（通法22）が準用され、郵便物等の通信日付（いわゆる消印）により表示された日に提出されたものとみなされます。

9 | 審査請求前置主義

次に、課税処分等に係る取消訴訟の要件の一つである審査請求前置主義を概観していきます。

1 審査請求前置主義の意義

(1) 審査請求前置主義の趣旨

行政事件訴訟法では、行政処分の相手方である市民等が当該行政処分の取消訴訟を直ちに行うのか、あるいは不服申立てを経た上で行うのかについて、自由選択主義が採用されています（行訴法8①）。

一方、国税通則法では、不服申立てできる処分の取消しを求める訴えは、原則として「審査請求についての裁決を経た後でなければ、提起することができない」（通法115①）と規定しています。これを審査請求前置主義といいます。この「審査請求についての裁決を経る」ことは、税務署長等による課税処分等に対する取消訴訟（処分の取消しの訴え（行訴法3②））を提起するための重要な要件です。

このような規定が設けられた趣旨について、政府税制調査会は「税務に関する処分は、大量的に行なわれるものであること、不服申立ての裁決により行政の統一を図る必要が強いこと及び専門技術的な性質を備えていること等」（税制調査会「国税通則法の制定に関する答申（税制調査会第二次答申）及びその説明」（1961年）26頁）として、課税処分等の特質が規定創設の理由である旨を説明しています。

ただし、最高裁判決においては、「他面において納税者の権利救済につき特別の考慮を払う目的に出たものであり、租税行政の特殊性を考慮し、その合理的対策としてとられた制度であることは明らかである」（最判昭和49年7月19日民集28巻5号759頁）として、納税者の権利救済への考慮も趣旨の一つとされてい

ます。

　なお、国税通則法115条に規定するこの審査請求前置主義は、処分の取消しの訴えに限定されています。自由選択主義を採用する行政事件訴訟法が規定する当事者訴訟等は、裁判所に直ちに出訴することができます。

(2) 審査請求前置主義の例外事由

　不服申立てを行うには、原則として、審査請求の裁決を経る必要があります。ただし、国税通則法115条1項は例外規定として、次の三つの場合には審査請求を経ることなく直接取消訴訟を提起できることを規定しています。

① 国税不服審判所長等に対して審査請求がされた翌日から起算して3月を経過しても裁決がないとき（1号）

　1号に関しては次のように、紛争の迅速な解決が規定の趣旨であること、あるいは不服申立人の権利救済を遅らせることを防ぐ措置であるとの説明がされています。

「不服申立てを前置することによって処分の見直しの機会を租税行政庁等に与えたにもかかわらず、応答せず、同時にそのことが納税者の迅速な権利利益救済に資するどころか、これをいちじるしく妨げることになるため」（南編227頁）

　この1号に関連して、次の事例があります。

　審査請求の日から3月を経過しても裁決がなされないまま、取消訴訟を提起したものの却下されました。控訴を提起したが、裁判が確定する前に審査請求を棄却する裁決がなされました。この場合においては、審査請求についての裁決を経ることなく取消訴訟を求めることができる旨の結論が示されました（名古屋高判平成8年7月30日税資220号342頁）。

② 更正決定処分等の取消訴訟の係属している間に当該更正決定処分等に係る課税標準等についてされた他の更正処分等の取消しを求めようとするとき（2号）

　2号に関しては次のように、紛争の迅速で矛盾のない解決が規定の趣旨であると説明されています。

234

「更正と再更正といずれも同一の納税義務の内容を確定する行為である点において相互に密接な関係を有するから、その一方について取消訴訟が係属しているとき、他方についても出訴を認めて紛争を矛盾なく、しかも迅速に解決する上で有益」（南編228頁）

　2号の趣旨等に関連すると考えられる事例として、国税通則法115条1項2号（あるいは3号）に該当することは明示されていませんが、次の判決があります。

　更正の請求後、増額更正処分と更正をすべき理由がない旨の通知という二つの処分がなされました。この場合、当該通知に対してのみ審査請求をしていれば、増額更正処分に対する取消しの訴えについて審査請求をしていなくても、不服申立前置の要件に欠けるところはないとされています。不服申立前置の要件に欠けるところがない理由として、上記のような処分の流れにおいて、増額更正処分後の当該通知処分は、税額を、増額更正処分に係る額から更正の請求に係る額まで引き下げることを拒否する行為であると理解すべきであるから、当該通知処分に対する不服申立てには、必然的に、更正の請求を認めなかったことに対する不服と、税額が増額されたことに対する不服とが含まれていると解されるとして、当該通知処分に対して不服申立てをしていれば、増額更正処分に対しても不服申立てを経由したものということができるとしています（東京高判平成19年10月25日訟月54巻10号2419頁）。

③　審査請求についての裁決を経ることにより生ずる著しい損害を避けるため緊急の必要があるとき、その他その裁決等を経ないことにつき正当な理由があるとき（3号）

　3号に関しては、「審査請求の裁決をまっていたのでは不服申立人に非常に損害を与えるおそれのあるような場合」（志場1283頁）とされ、個々具体的に判断する必要があります（後述**3**、237頁以降参照）。

2 「裁決」の意義等に係る事例

　ここでは、審査請求における「裁決」の意義を、事例等を通じて整理しま

す。

(1) 「裁決」を経たと認められなかった事例

　税務署長等の処分に対して取消訴訟を提訴するには、原則として審査請求に
係る裁決が必要です。ただし国税通則法は、「裁決」あるいは「審査請求につ
いての裁決を経た後」の意味を明確に規定していません。令和2年4月1日時
点では平成26年6月の改正（以下「平成26年改正」という。）後の裁判例がないた
め、平成26年改正前の事例を参考に「裁決」等の意味を考えていきます。

①　申立期間経過後にされた不服申立て

　その不服申立てが不服申立期間経過後にされたため、不適法な不服申立てと
して却下の決定又は裁決がなされた場合は、国税通則法115条が規定する審査
請求前置が充足されたとはいえないとされています（参考：最判昭和30年1月28日
民集9巻1号60頁）。

②　口頭による不服申立て

　審査請求等の不服申立てについては、一定の事項を記載した書面を提出しな
ければならないこととされています（通法87①）。したがって、口頭による審査
請求等の不服申立ては適法な不服申立てであるとはいえず、適法な不服申立て
を経ているとはいえないとされています（福岡地判平成25年3月12日租税関係行政・
民事判決集（徴収関係判決）平成25年1月～平成25年12月順号25-10）。

③　審査請求を取り下げた場合

　納税者が加算税賦課決定に対する審査請求をした後に、当該審査請求を取り
下げた場合、当該加算税賦課決定について裁決を経ていない賦課決定の取消し
を求める訴えは不適法とされています（名古屋地判平成19年11月8日税資257号順号
10818）。

④　第三者の行った審査請求

　国税と同様に、地方税でも審査請求前置主義を採用しています（地法19の12
（審査請求と訴訟との関係））。地方税における審査請求前置主義に係る事例（最判昭
和61年6月10日判時1210号51頁）では、処分の取消しの訴えを提起する者自身が不

服申立ての手続を経ていることが予定されているものと解するのが相当である
として、第三者が適法な不服申立てを行ったとしても、当該取消訴訟は不適法
とされています。

　ただし、第二次納税義務者が主たる納税義務者の課税処分に係る取消訴訟の
提起を行う場合、「裁決前置が要求されるのは、行政処分に対する司法審査の
前に、当該処分の当否につき、一応行政庁に反省の機会を与え、その自主的解
決を期待するところにあることからすれば、」と不服申立前置主義の趣旨等に
言及した上で、「主たる納税義務者又は第二次納税義務者のいずれかによって
審査請求・裁決（異議申立・決定等を含む。）が経由されることをもって訴訟
要件としての裁決前置は充たされるものというべきである。」として、主たる
納税義務者が適法な審査請求手続を経ている場合は、第二次納税義務者は取消
訴訟を行うことができると判断しています（大阪高判平成元年2月22日訟月35巻8
号1618頁）。

(2)「裁決」を経たと認められた事例

　他方、適法な不服申立てが誤って却下された場合、すなわち却下が違法であ
る場合、「不適法として却下した場合には本来行政庁は処分について再審理の
機会が与えられていたのであるから、却下の決定であってもこれを前記規定に
いう審査の決定にあたると解すべき」（最判昭和36年7月21日民集15巻7号1966頁）
として、不服申立前置の要件を充足しているとされています。

　なお、税法以外の事例ですが、不適法な不服申立てであるにもかかわらず、
本案が審理された場合について、次のように対立する判決があります。

① 　本来裁決で却下を免れないものの審査請求であることから、不服申立前置
　　主義を充足していないとする判決（最判昭和48年6月21日訟月19巻10号51頁）
② 　「異議申立を経ない訴願であっても、訴願庁においてこれを受理し、その
　　実体につき裁決を与えた以上、訴願の提起につき異議申立を経由しなかった
　　という瑕疵は、訴願人に対する関係においてはすでに治癒され、異議申立を
　　経由しなかったということは訴願人に対する関係においては、もはや、裁決

を取り消す理由となるものではないと解すべき」として、不服申立前置主義を充足したとする判決（最判昭和31年3月9日民集10巻3号175頁）

　ただし、税務署長が更正の請求及び異議申立てに対し、また、国税不服審判所長がこれらに係る審査請求に対しそれぞれ実体判断を示したからといって、更正の請求の期間徒過によって本来不適法であった更正の請求が適法となるいわれはないとした事例（東京高判昭和61年7月17日税資153号132頁）があります。

3　「3号」に係る事例

(1) 緊急の必要性に係る場合

　国税通則法115条1項3号の「審査請求についての裁決を経ることにより生ずる著しい損害を避けるため緊急の必要があるとき」には、次のような場合が該当するとされています。

　これは国税通則法が創設される前の事例ですが、次のように公売等の滞納処分が執行される日と審査請求に係る結果である裁決が示される日とが「極めて接近」している場合には、3号の要件を充足する可能性が高いものと考えられます。

　「決定を経た後に滞納処分取消の訴を提起していたのでは、その間に公売が実施せられ差押えられた物件に対する所有権を失ってしまう危険のあることが容易に予想せられるような場合には特別の事情がない限り審査の請求に対する決定を経ることに因り著しい損害を生ずる虞あるものというべき」（大阪地判昭和24年7月19日行政裁判月報18巻76頁）

　このほか次の事例のような場合には、3号を充足する可能性が高いものと考えられます。

①　滞納者の生業（生活）の維持に支障が生じる可能性が高い場合：「職業に必要な差押物件の占有は奪われ、職業に支障をきたすばかりでなく、不知の間に、公売手続は進行して遂に訴願の裁決を経る利益を喪失することになるのは明らかである」とした事例（松山地判昭和27年1月31日行集3巻1号160頁）

②　滞納者の生活の基盤である住居等を失う可能性が高い場合：㋑本件建物は公売に付されてしまうこととなること、㋺当該公売の結果として「申立人及びその家族が住むべき家を失い経済的並びに精神的に著しい損害を被るに至る虞があるものといわなければならない」として、㋩審査の決定には相当な日数を要することが推測されることから、審査の決定を経ずに訴えを提起することが適法であるとした事例（京都地判昭和29年9月24日行集5巻12号2968頁）

さらに、差押不動産の公売処分が既に開始され、裁決を経ている場合、公売処分が完了する等、滞納者に著しい損害が生じるとして、裁決を経ないで、公売処分の前提である差押処分の取消訴訟を出訴することができるものと解すべきとした事例（大分地判昭和40年12月10日行集16巻12号1909頁。類似の事例として、東京地判昭和34年5月28日行集10巻5号958頁）があります。

(2)「正当な理由」の具体例1：最高裁判決・学説

次に、3号にいう「正当な理由」に係る事例を概観していきます。

「その他その裁決を経ないことにつき正当な理由があるとき」を充足するか否かについては、個々具体的に見ていく必要があります。例えば、特定の納税者に対する二つの処分のうち、一方の処分について裁決を経ているが、他方の処分については裁決を経ていない場合に、他方の処分の取消訴訟の提起が認められるか、すなわち3号の「正当な理由」が認められるか否かが、更正処分等の取消訴訟における争点とされる場合があります。

「正当な理由」があると認められる場合とは、「二つの処分が相互に密接な関連を有し、かつその実体的要件が実質的に共通であって、一方に対して不服申立てを経ていれば、他方に対する不服申立てにおいても同じ判断が示される可能性が大きいため、改めて不服申立ての前置を要求する必要性と合理性に乏しいような場合には、他方に対する不服申立てを経ていないことについて上記正当な理由があるものと解される。」（大阪地判平成24年1月12日税資262号順号11852）と示されています。

また、学説上は、「2つの処分は相互に密接な関連を有し、かつその実体的

要件が実質的に共通であるから、一方に対して不服申立を経ていれば、他方に対する不服申立においても同じ判断が示される可能性が大きいため、わざわざ不服申立の前置を要求する必要性と合理性に乏しいからである。」（金子1103頁）との説明がされています。

　こうした裁判例や学説のように二つの処分の関連性等に着目しつつ、二つの処分と「正当な理由」との関係が問題となった代表的な判例を整理します。

① 青色申告書提出承認の取消処分と更正処分の場合

　同日付の青色申告書提出承認の取消処分と財産増減法に基づく推計による更正処分が問題となり、当該更正処分の取消訴訟において、青色申告書提出承認の取消処分の取消しの請求が追加されました。

　最高裁（最判昭和57年12月21日民集36巻12号2409頁）は、まず、青色申告書提出承認の取消処分は「納税者の地位及び納税申告の方法に関するものである」、他方、更正処分は「課税処分として納税義務及び税額を確定するもの」であって、「目的及び効果を異にする別個の処分であり、その手続も截然と区別されたもの」として、処分の目的及び効果が明確に異なる点を強調しました。

　その上で、両処分の基礎とされた事実関係の全部又は一部が共通であり、不服の事由が同一であったとしても、「それだけでは当然に、前者の処分に対する不服申立てを経たのと実質的に同視しうるものとして前者の処分に対する不服申立ての前置を不要と解することはできず」、青色申告書提出承認の取消処分に対して不服申立てを経由しなかったことについて「正当な理由」があると認めることはできないと判断しました。

② 欠損金額を減額する更正処分と欠損金の繰戻しによる法人税の還付請求の一部に理由がない旨の通知処分の場合

　同日付の欠損金額を減額する更正処分と法人税の還付請求について一部に理由がない旨の通知処分が問題となり、更正処分の取消訴訟において、通知処分の取消しの請求が追加的に併合されました。

　最高裁（最判昭和59年6月28日民集38巻8号1029頁）は、「納税者が欠損金の繰戻しによる還付金の請求を維持しようとするときは、右更正処分に対する不服申

立とは別に、右通知処分に対しても不服申立をしなければならないものであることは当然というべき」とした上で、「右更正処分の取消請求は、欠損事業年度の欠損金額の確定を争うものにすぎず、単に右更正処分のみを争うときは、その取消しの効果として次年度以降の繰越欠損金額に影響を及ぼすにとどまるものであって、欠損事業年度の欠損金額を前年度に繰り戻す効果を生ずるものではない」として、両処分の効果が異なる点を強調し、当該更正処分の取消しによって、直ちに欠損金額の繰戻しの効果が生じないことを示しました。

さらに、「その基礎となった事実関係が共通であるとしても、後者（筆者補足：法人税の還付請求の一部に理由がない旨の通知処分）は前者の処分（筆者補足：欠損金額を減額する更正処分）に付随する処分であると解すること」はできないとして、通知処分に対する不服申立前置を不要と解することはできず、「正当な理由」があると解することも相当でないと判断しました。

(3)「正当な理由」の具体例 2 ：下級審判決

次に、二つの処分の性質等から、「正当な理由」があると認められた事例、あるいは認められなかった事例を整理します。上記の最高裁判決の結論と異なり、下級審において、二つの処分の関連性や同じ判断が示される可能性等を考慮した上で、他方の処分において、審査請求の裁決を経ていないことについて「正当な理由」があると認められた事例もご紹介します。

① 更正処分と再更正処分等の場合

・ 更正処分に係る裁決直後の再更正処分が問題となった事例（大阪高判平成14年6月14日訟月49巻6号1843頁）において、簡易迅速な方法で納税者の救済を図る等の不服申立前置主義の趣旨、違法事由の共通性（二つの処分の事実関係（実質的な争点）に共通性があること）及び異なる判断を得る可能性が低いことが考慮され、再更正処分について「正当な理由」があると認められたことがあります。

・ 異議申立てが棄却された更正処分の不服申立期間中にされた再更正処分に異議申立てがされなかった事例（東京地判平成22年7月30日裁判所公式サイト）に

おいて、当該再更正処分に関して、㋑更正処分について審査請求をするかどうかの検討をしている期間中の処分であること、㋺あわせ審理（通法104）がされ、また、再更正処分の異議申立ては審査請求とみなされており（通法90）、当該異議申立てに独自の判断が示されることがなく、再更正処分に異議申立てを行う意味がないことから、「正当な理由」が認められました。

・　更正処分と再更正処分との二つの処分以外の事例として、当初の納税告知処分について、誤った規定に基づき計算していたため減額訂正がされたが、同日、正しい規定に基づいて追加の納税告知処分がされた事例（東京高判平成20年9月10日裁判所公式サイト）において、減額訂正された内容と追加の納税告知処分の内容が実質的に同一であること、不服の理由が共通していること、また、追加の処分については、あわせ審理がされていること等から追加処分について「正当な理由」が認められました。

②　複数年度に係る更正処分等の場合

・　昭和57年期の翌期へ繰り越す欠損金額を0円に減額する更正処分とともに、以後の事業年度の欠損金を減額する更正処分がされ、後者の更正処分に対して不服申立てがされなかった事例（大阪高判平成2年12月19日訟月37巻8号1482頁）において、㋑各年度の繰越欠損金の更正処分は、一般的に相互に密接な関連性を有し、納税者が、共通の処分理由である昭和57年期の繰越欠損金の当否を争っていること、㋺通達に基づく各処分については、前者の不服申立てにおける当該通達の解釈が維持され、後者の不服申立てが認容される可能性がほとんどないことが考慮され、「正当な理由」が認められました。

・　複数の年分の所得税の更正処分等のうち特定の年分の更正処分等に対して不服申立てがされなかった事例（千葉地判平成17年10月28日裁判所公式サイト）において、各処分が異なる年分の所得という別個の事実を基礎としていること等から、「正当な理由」が認められませんでした。

・　更正処分等の確定処分と過少申告加算税等の賦課決定処分の場合、更正処分に対して不服申立てがされたが、過少申告加算税賦課決定処分に対して不服申立てがされなかった事例（東京地判昭和50年1月31日行集26巻1号108頁）に

おいて、税額の確定処分と過少申告加算税の賦課決定処分との関連性である附帯税の附随性が重視され、「正当な理由」が認められました。

・ 少額減価償却資産の取得価額に係る更正の請求に対する更正をすべき理由がない旨の通知処分に対して審査請求がされ、当該取得価額と無関係な理由に基づく更正処分に伴う賦課決定処分等について、あわせ審理がされた事例（東京高判平成18年4月20日民集62巻8号2338頁）において、両処分は、それぞれ目的及び効果を大きく異にする別個の処分であり、密接な関係を有するものでないこと、通知処分に附帯して賦課決定処分がされる関係にないこと等を理由として、賦課決定処分に対して不服申立てを経ないことについては「正当な理由」が認められませんでした。

なお、仮に、国税通則法115条1項3号（「正当な理由」があること）により、過少申告加算税等に係る賦課決定処分の取消訴訟が認められる場合であっても、過少申告加算税等の免除に係る事由（例えば「正当な理由」（通法65④））については裁判所に判断してもらうことはできないため、納税者は当該事由を明確に主張しなければならない点には留意することが必要です。

これとは反対に、過少申告加算税賦課決定処分等に対して不服申立てを行い、更正処分等の本税に係る課税処分に対して不服申立てを行わなかった場合、本税と加算税との関係から、加算税についてのみ不服申立てを行い、本税に係る不服申立てを行わなかったことについて「正当な理由」があるとはいえないとされた事例（大阪地判平成24年1月12日税資262号順号11852）があります。

③ 二つの賦課決定処分の場合

修正申告に伴う重加算税賦課決定処分、増額更正処分及び過少申告加算税等の賦課決定処分がされ、後者の賦課決定処分に対してのみ不服申立てがされた事例（東京高判平成15年12月9日民集60巻4号1823頁）において、二つの賦課決定処分は、同一の本税に係る賦課決定処分であること、納税者は、前者の処分が後者の賦課決定処分によって変更されたものと誤解し、全ての賦課決定処分に対して不服申立てをする趣旨で後者の賦課決定処分に対して不服申立てを行ったことが認められること、さらに、加算税賦課決定処分が変更決定処分という形

式（通法32②）で行われる場合もあることが考慮され、「正当な理由」が認められました。

　他方、重加算税賦課決定処分と第二次重加算税賦課決定処分の違法事由や争点が異なるとして、「正当な理由」が認められなかった事例（東京高判平成21年7月30日訟月56巻7号2036頁）があります。

④　更正処分等の税額の確定処分と差押えや納税告知等の徴収処分の場合

　第二次納税義務者（元清算人）が再更正処分に対して不服申立てを行っていたが、第二次納税義務に係る納付通知に対して不服申立てを行っていなかった事例（福岡地判昭和40年10月12日訟月12巻1号57頁）において、再更正処分と第二次納税義務者に対する納付通知は別個独立の処分であることから、当該納付通知に対して不服申立てがされなかったことについて「正当な理由」が認められませんでした。

　なお、課税処分（納税義務の内容を確定する更正処分等の税額を確定する処分）と滞納処分（滞納者の財産を処分し、そこから強制的に租税債権の満足を得る手続）（金子宏編『租税法辞典』（中央経済社、2001年）22頁、166頁）のそれぞれの処分の目的や効果が全く異なることから、これらの処分に対する取消訴訟を提起する上で、原則、課税処分と滞納処分のいずれの処分についても国税通則法115条が規定するように審査請求の裁決を経ることが必要であると思われます。

　以上見てきたように国税通則法115条1項3号の「正当な理由」の該当性は、㋑不服申立てがされなかった合理的理由、㋺二つの処分の事実関係（実質的な争点）に共通性があること等の諸事情が総合的に考慮された上で判断されているものと思われます。

　なお、国税通則法上、審査請求に係る裁決を経ることが原則であることから、例えば、課税処分に係る出訴期間等の訴訟要件の立証責任に係る事例（横浜地判昭和57年3月31日訟月28巻6号1260頁）や加算税の賦課に係る例外規定である「正当な理由」の立証責任に係る事例（横浜地判昭和51年11月26日訟月22巻12号2912頁）を考慮しますと、原則、国税通則法115条1項3号の「正当な理由」に係る立証責任は納税者側にあるものと解されます。

10 審査請求等における審査手続

不服申立てにおける審理手続固有の問題のうち、複数の処分に対する不服申立ての審理である、みなす審査請求、あわせ審理の概要、あるいは裁決等に係る法的問題を中心に確認します。

1 審理手続の概要

(1) 実質審理前の審理手続

審査請求書が国税不服審判所長に提出された場合、その審査請求が所定の要件を満たしているか否かについて審理が行われます。具体的には、「審査請求の対象となる税務署長等の行為が処分に該当するのか」、「審査請求を求める利益があるのか（原告適格（訴えの利益）があるのか）」、「国税通則法87条の記載事項に係る不備（違法事由）があるのか」について審理がなされます。

不備があった場合、国税不服審判所長は審査請求書の補正を求めます（通法91）。仮に、所定の期間内に不備の補正がされたときは、当初から適法な審査請求がされたものとされますが、所定の期間内に補正がされなかったときは、当該審査請求は却下されます（通法92）。再調査の請求手続においても、補正に係る規定（通法81③等）が設けられています。

(2) 実質審理の手続

① 審理の流れ

行政不服審査の一つである審査請求は、迅速に手続を行う必要があることから、審理を計画的に進めることが明確にされています（通法92の2）。

また、審査請求に係る争点の審理を進める上で、以下のような各種の手続が規定されています（国税不服審判所における審理全般の流れについては、国税不服審判所公式サイト「国税不服審判所における審査請求手続（一般的な審理の流れ）」（令和2年8

月）を参照）。

- 　税務署長等の原処分庁から送付された答弁書に対する反論書等の提出に係る規定（通法95）
- 　証拠書類等の提出に係る規定（通法96）（関連する規定として、証拠書類等の写しの交付等に係る規定：原処分庁や審査請求人から提出された証拠書類等（通法96①②）、担当審判官に関係人等から提出された帳簿書類等（通法97①二）については、第三者の利益を害するおそれがあると認められる等の一定の場合を除き、閲覧又は証拠書類等の写しの交付を求めることができる規定（通法97の3、不服審査（国税不服審判所関係）97の3-2（第三者の利益を害するおそれ等）））
- 　口頭意見陳述の機会の確保に係る規定（通法95の2①）、再調査の請求手続においても、口頭意見陳述に係る規定（通法84①等）が設けられています。（関連する手続として、担当審判官の許可を得て、審査請求に係る事件に関し、原処分庁に対して質問を発することができるとの規定（通法95の2②））
- 　審理のための審判官ができる質問、検査等に係る規定（通法97）と質問等を拒否した場合の罰則に係る規定（通法129）

　なお、審査請求人が質問に応じない場合、国税不服審判所長は審査請求人の主張を採用しないことができること（通法97④）から、審査請求人等には罰則を適用しないとされています。

② 審理手続の終了

　上記のような各種手続に基づいて調査等の審理が行われた上で、審理手続が終結します。具体的には、「担当審判官は、必要な審理を終えたと認めるときは、審理手続を終結するものとする。」（通法97の4①）、あるいは所定の期間内に答弁書や反論書等が提出されなかったときは、審理手続を終結できるとの規定（同条②）が設けられており、担当審判官は、審理手続を終結した旨を通知するものとされています（同条③）。

　審理手続が終結すると、国税不服審判所長は裁決を行います。また、審査請求書が国税不服審判所に到達してから裁決をするまでに通常要すべき標準的な

期間（標準審理期間）は１年と定められています（通法77の２、「審査請求に係る標準審理期間の設定等について（事務運営指針）」（平成28年３月24日、国管管２-７。次の③において「標準審理期間運営指針」という。））。

③　相互協議との関係

　相互協議（仲裁手続）の申立て（租税条約等の実施に伴う所得税法、法人税法及び地方税法の特例等に関する法律の施行に関する省令12条、「相互協議の手続について（事務運営指針）」（平成13年６月25日官協１-39ほか））と不服申立手続（課税処分取消訴訟）との関係については、審査請求前置主義（通法115①）を定めた規定や租税条約における相互協議前置主義を定めた規定が設けられていません。すなわち、国税通則法や行政事件訴訟法等に基づく審査請求等の不服申立手続や課税処分取消訴訟は、租税条約及び事務運営指針に基づく相互協議に係る手続とは全く別の手続です。例えば、前者に関しては、国税不服審判所や裁判所における審理を通じて裁決や判決の形で審理の結論が示され、終了しますが、後者に関しては、税務当局間の交渉（外交交渉）による合意、あるいは合意に至らない形で協議が終了します。また、国税通則法や行政事件訴訟法等において、不服申立手続（課税処分取消訴訟）と相互協議の二つの手続の優先関係等が規定されていません。そのため、理論上は両手続が並行して進めれることになり、例えば、裁判所が相互協議の結果とは異なる判決を示す可能性があります。

　ただし、実務上、相互協議に係る処分に対する審査請求に係る審理は、国税不服審判所の標準審理期間（１年）の例外とされています（「１ 標準審理期間の設定について　注(1)相互協議（租税条約の規定に基づく、我が国の権限ある当局と相手国等の権限ある当局との協議をいう。）の申立てがされた事件」（標準審理期間運営指針））。このような例外は、相互協議の結果が当該審査請求に係る裁決の前に示される形をとることで、裁決の内容が相互協議の結果と異ならないよう考慮したためと考えられます。

2　裁決の種類・手続

　国税不服審判所長による裁決の内容として、以下の三つの類型が規定されています。

(1)　裁決の種類

① 　審査請求が不適法であるとの判断（すなわち、本案については審理をしない、いわば門前払いとする判断）：却下（通法98①）

② 　審査請求に理由がないとの判断：棄却（通法98②）

③ 　審査請求に理由があるとの判断：認容（処分の全部若しくは一部の取消し又は変更（通法98③））

　まず、却下の裁決の場合、当該審査請求は不適法であることから、審査請求前置主義を満たさないものとされ、裁判所に対して特定の処分の取消しを求める訴えの提起はできません。

　次に、棄却の裁決の場合、特定の処分等の取消しや変更の求めは認められないこととなります。国税通則法では、行政不服審査法で認められている事情裁決（行審法45③）は規定されていません。ただし例外として、換価した土地の上に公共の施設等が設けられている場合には、社会的損失等と滞納者の受ける利益等を考慮し、処分は違法であるが、不服申立てを棄却できる規定（徴収法173（不動産の売却決定等の取消の制限））が設けられています。

　認容の裁決の場合、当該裁決により、違法とされた特定の処分（原処分）は取消し（一部取消し）又は変更されます。なお、処分の取消しといった認容の裁決に対して、税務署長等の原処分庁は当該裁決の取消訴訟を裁判所に提起することはできません（大阪高判昭和46年11月11日行集22巻11・12号1806頁）。

(2)　不利益変更の禁止の意義

　審査請求の審理手続において、例えば、当該処分に係る税額が本来課税されるべき税額よりも少ないことが明らかになった場合であっても、当該処分が、

納税者等の審査請求人にとって不利益なものに変更されないことが明確に規定されています（不利益変更の禁止、通法98③）。

不利益変更の禁止の規定に実質的に抵触するとして、課税庁による処分の一部が取り消された事例として、「過少申告加算税の賦課決定処分の適否が争われている場合において、重加算税の賦課要件の存在することを理由に過少申告加算税に代えて重加算税の額を認定することは、実質的に新たな不利益処分を行うに等しく許されないと解するのが相当である。」とした上で、原処分に係る過少申告加算税の額のうち、原処分庁が重加算税の額を認定することによって維持されることになった金額を取り消すのが相当である旨の裁決（国税不服審判所裁決平成5年6月18日裁決事例集45集18頁（国税不服審判所公式サイト））があります。

不利益変更の禁止は、審査請求手続内において増額裁決をすることを禁止するにとどまることから、改めて別個の手続で再更正処分をすることを禁止するものではないことに留意する必要があります。なお、棄却の決定後、増額更正処分を制限するものではないとした事例（最判昭61年6月27日税資152号549頁）があります。

(3) 拘束力の意義

認容裁決にもかかわらず、裁決で取り消された内容と同様の処分を税務署長等の原処分庁ができるようであれば、行政処分が二重構造となって、権利救済の目的も達成することができないことになります。そのため、「裁決は、関係行政庁を拘束する。」（いわゆる拘束力、通法102①）という規定が定められており、具体的には、裁決の主文及び主文と不可分一体となる理由について拘束力が生じるとされています。ただし、「裁決で排斥された原処分の根拠以外の別個の理由があるときは、原処分庁は、当該裁決にかかわらず、当該別個の理由に基づいて再更正処分をすることができる。」（不服審査基本通達（国税庁関係）102-2（裁決の拘束力））とされています。

ここでいう拘束力の意味は、「原処分庁を含む関係行政庁は、同一の事情下

でその裁決で排斥された原処分の理由と同じ理由で同一人に対し同一内容の処分をすることが許されない」（東京地判昭和63年4月20日行集39巻3・4号302頁）ということにとどまります。裁決の理由において、特定の支出が費用に該当するとされた場合であっても、当該裁決が棄却の裁決であった場合、取消訴訟における課税庁の主張が当該裁決の理由と同一でなければならないことまでを求めるものではありません。この点について、同判決では次のように判断しています。

「処分を維持した裁決の結果になお不服があるとして提起された処分取消訴訟において、処分庁が処分を根拠付けるためにする主張が裁決の理由中の判断と同一でなければならないものではない、裁決はそのような意味での拘束力をもつとは解されない」

なお、棄却及び却下の裁決については、上記の拘束力が生じないとされていることから、税務署長は、審査請求において棄却となった処分に関して、当該処分の取消し等の再更正処分を行うことができます（「原処分を適法と認めて審査請求を棄却する裁決があっても、異議決定庁は独自の審理判断に基づいて自ら原処分を取消し又は変更することを妨げないものと解すべき」（最判昭和49年7月19日民集28巻5号759頁））。

また、裁決の効力は、裁決書の謄本が審査請求人に送達された時、すなわち到達した時に生じます（通法101③）。さらに、裁決（決定）をした時点で、その対象となった処分についての訴訟が係属している場合、再調査決定書又は裁決書の謄本は当該訴訟が係属している裁判所に送付されます（通法115②）。

(4) 国税庁長官通達と異なる裁決を行う場合

国税不服審判所長は、原則として、上記(1)の三つの類型の裁決を行います（通法98）が、国税通則法99条は、裁決に係る例外的な手続を規定しています。国税不服審判所は国税庁に置かれた特別の機関です（財務省設置法22）ので、組織上、組織の長である国税庁長官の指示・命令である通達を無視することはできません。ただし、国税不服審判所長には、一定の手続に沿って、国税庁長官

通達に従わない裁決を行うことの発議が認められています（通法99）。

　具体的には、通達解釈と異なる解釈により裁決をするとき、あるいは重要な先例となる裁決をするときは、国税庁長官に通知しなければならないこと（通法99①）が規定されています。また、当該通知があった場合、①認容裁決であり、かつ、②国税庁長官が当該意見を相当と認める場合を除き、国税庁長官と国税不服審判所長は共同で国税審議会に諮問しなければならないこと（通法99②）が、さらに、国税不服審判所長は、国税審議会の議決に基づき裁決しなければならないこと（通法99③）が規定されています。

　言い換えれば、国税不服審判所長、国税庁長官のいずれか、あるいは両者が、審査請求人の主張を認容しないとの意見である場合、国税審議会へ諮問しなければなりません。

　なお、実際の適用状況に関してですが、国税通則法99条の規定により、国税審議会の議決に基づく国税不服審判所長の裁決が行われたことはないとされています。

3 複数の処分に係る審理手続の特例

　税務署長等が複数の処分を行った場合、納税者等は、原則としてそれぞれの処分に対して再調査の請求あるいは審査請求を行うこととされ、それぞれの不服申立手続ごとに処分の妥当性に係る判断が行われます。

　ただし、同種又は類似の複数の処分が行われた等一定の場合は、矛盾した判断による混乱を避けること、審査請求人等の便宜、争訟手続の経済、あるいは不服申立ての迅速な処理に資すること等の観点から、税務署長や国税不服審判所長等の判断等により、再調査の請求を審査請求とすること（通法89、90）、複数の審査請求等を一本化すること（通法104）等の一定の措置が認められています。

(1) 再調査の請求を審査請求とみなす手続

　現行法上、税務署長等の処分に不服のある納税者等は、原則として、再調査

の請求と審査請求の二段階、あるいは審査請求の一段階のいずれかを選択できます（通法75）。言い換えれば、納税者等は、不服申立ての段階において、税務署長の判断（再調査の請求に対する決定）と国税不服審判所長の判断（審査請求に対する裁決）の両方、あるいは国税不服審判所長のみの判断のいずれかを求める手続を選択することができます。

　ただし、特定の再調査の請求を審査請求として取り扱うことのできる手続として「合意によるみなす審査請求」（通法89）、特定の再調査の請求を審査請求として取り扱わなければならない手続として「他の審査請求に伴うみなす審査請求」（通法90）が規定されています。以下、その両者について確認します。

① 「合意によるみなす審査請求」に係る手続

　税務署長等が、㋑再調査の請求を審査請求として取り扱うことを「適当と認めて」、㋺再調査の請求人が同意したとき、当該再調査の請求は国税不服審判所長に対する審査請求とみなされます（通法89①）。まず、適当と認められる場合に該当する事例として、単に再調査の請求が行われているのみならず、基本的な事実関係を同じくする二つ以上の処分が存在し、他方の処分に対して審査請求が行われているものとされています。

　具体例として、特定の法人からの当該法人の役員への支出、いわゆる社外流出が賞与と認定されたことに伴う法人税の更正処分と当該役員給与等に対する源泉徴収所得税の納税告知処分とが同時に行われ、一方の処分に対して再調査の請求が、他方の処分に対して審査請求が行われている場合が該当するとされています。このような事例や条文上の規定から、複数の処分に係る不服申立てに関して、再調査の請求人と審査請求人が同一の者であることは、手続上の要件ではないと考えられます。

　なお、審査請求とみなすか否かの判断権は税務署長等の再調査審理庁（通法81③）にある、すなわち再調査の請求を審査請求と取り扱うことが妥当か否かの判断は、税務署長等の裁量とされています。そのため、再調査の請求の手続を選択した再調査の請求人に、当該再調査の請求を審査請求とすることを求める権利までは保障されていません（通法89）。

　また、再調査の請求人の同意が要件（通法89①）であることから、再調査の請求に係る手続（税務署長等の判断である決定）を求める再調査の請求人が同意しない場合、当該再調査の請求は審査請求とみなされず、再調査の請求に係る審理は続けられます。

　ただし、争訟手続の性質上、同意を撤回することは許されていないものと思われます。国税通則法上は規定されていませんが、所定の書面により同意が確認されます（不服審査基本通達（国税庁関係）89-2（再調査の請求人の同意））。

　なお、国税通則法89条の規定を適用する上で、再調査の請求が手続要件を充足し適法なものであるか否かは問われないとされています。

② 「他の審査請求に伴うみなす審査請求」に係る手続

　同一の国税の課税標準等又は税額等についてされた複数の更正決定等の処分が存在し、異なる審級においてこれらの処分に対する不服申立手続が行われた場合に、相互に矛盾した判断が生じないようにする等のため、税務署長等は再調査の請求書等を国税不服審判所長に送付しなければならず、かつ、その旨を再調査の請求人及び参加人に通知しなければならないこととされています（通法90①②）。具体的には、更正処分に対する審査請求の係属中に、同一の国税の課税標準等に係る再更正処分に対する再調査の請求がされた場合（通法90①）、更正処分に対する再調査の請求が係属中に、同一の国税の課税標準等に係る別の再更正処分に関して、既に国税不服審判所長に対しても審査請求が行われている場合（通法90②）が該当します。

　この場合、再調査の請求書等が国税不服審判所長に送付された日に当該再調査の請求に係る処分に審査請求がされたものとみなされます（通法90③）。

③ 二つの「みなす審査請求」における相違点と類似点

イ　相違点

　前記①の「合意によるみなす審査請求」（通法89）と②の「他の審査請求に伴うみなす審査請求」（通法90）の相違点として、後者の適用上、次の3点を挙げることができます。

④ 「当該更正決定等に係る国税の課税標準等又は税額等についてされた他の

更正決定等」に限定されていること、すなわち、条文上、同一の国税の課税標準等に係る処分との限定が付されていることから、複数の処分の対象が同一の国税（税目）・課税期間であり、処分の対象者が同一の者である場合に限定されること。

㋺　国税通則法89条の要件と異なり、同法90条において、再調査の請求人の同意は要件とされていないこと。

㋩　「しなければならない」（通法90①②）として、税務署長等の判断に裁量が認められていないこと、すなわち、法律上当然に審査請求とみなされることから、国税不服審判所長の裁決とは異なる、税務署長の独自の判断である決定を納税者等の不服申立人は求めることができないこと。

□　類似する点

　他方、両者の適用に共通する内容として、不適法な再調査の請求であっても当該請求が適法な審査請求となるものではないことが確認されています（不服審査（国税不服審判所関係）89-1（不適法な再調査の請求に係る合意によるみなす審査請求）、同90-2（不適法な再調査の請求に係る法第90条の規定によるみなす審査請求））。したがって、例えば、法定の再調査の請求期間経過後等の不服申立ての要件を欠く再調査の請求であることが明らかになった場合、両条の適用により「みなす審査請求」とされた再調査の請求であっても、国税不服審判所長は当該審査請求を却下することとなります（南編109頁）。

　なお、審査請求とみなされた再調査の請求については、次の**(2)**の手続により、国税不服審判所長は併合して審理することができます（通法104）。

(2) 複数の不服申立手続を一つにする手続

　国税通則法上、複数の不服申立てが相互に関連し、争訟手続の経済性、審理の重複の回避、判断の統一性の見地等から、複数の不服申立てを併合して審理することが望ましい場合、複数の不服申立てを一つにすることができる手続である「併合審理等」（通法104①）が規定されています。なお、同項において、併合された数個の申立てに係る不服申立手続を分離できることも規定されてい

ます。

①　併合審理等に係る手続

　併合審理等に係る手続として、税務署長や国税不服審判所長等は「必要があると認める場合」、数個の不服申立てに係る審理手続を併合することができる（通法104①）ことが規定されています。「必要があると認める場合」には、次の場合が該当するとされています。

イ　同一年分、同一事業年度分又は同一課税期間の更正又は決定についての再調査の請求と再更正についての再調査の請求（不服審査基本通達（国税庁関係）104-1（併合審理ができる場合））

ロ　法人税の更正又は決定についての再調査の請求と当該更正又は決定に関連してされた役員給与等に対する源泉徴収に係る所得税の納税の告知についての再調査の請求（同104-1（併合審理ができる場合））

ハ　更正の請求の全部又は一部を認容しない処分についての審査請求と当該更正の請求に係る課税標準等又は税額等の更正についての審査請求（不服審査（国税不服審判所関係）104-1（併合審理ができる場合））

ニ　一の差押処分についてされた納税者の審査請求と利害関係人の審査請求（同104-1（併合審理ができる場合））

　なお、併合審理（通法104①）は、数個の不服申立手続が同一の審査庁等に係属することが前提であるとされます。したがって、審級を異にする場合、すなわち税務署長に対する再調査の請求と国税不服審判所長に対する審査請求のような場合については、国税通則法104条1項に基づき、両方の不服申立てを直ちに併合し、審理することはできません。

　審級を異にする不服申立てについて、例えば、国税不服審判所長が併合審理の手続を行うためには、審理の対象・内容等にもよりますが、合意によるみなす審査請求（通法89）、あるいは他の審査請求に伴うみなす審査請求（通法90）の規定により再調査の請求を審査請求として取り扱う手続を経ることが必要です。なお、審査請求と名称は同じですが、手続の内容が異なること等から、国税庁長官に対する審査請求と国税不服審判所長に対する審査請求を併合するこ

とはできないと考えられます。

②　他の更正等がある場合のあわせ審理に係る手続

　上記の規定に基づき、例えば、同一の国税に係る更正処分と再更正処分が行われ、両処分に対して不服申立てが行われた場合、併合審理を行うことができます（通法104①）。

　ただし、このような場合、一方の処分についてのみ不服申立てが行われていた場合に、果たして、不服申立ての手続が行われていない他の処分に関して税務署長や国税不服審判所長等が審理できるのかという点が問題となります。このような場合、国税通則法上、審理の範囲を拡張して不服申立てがされていない他の処分についても国税不服審判所長等はあわせて審理を行うことができること、いわゆる「あわせ審理」ができることが規定されています（通法104②）。

　例えば、同一の課税標準等又は税額等についてされた更正又は決定と再更正（増額の更正）のいずれか一方について不服申立てがされている場合には、不服申立てがされていない他の処分をあわせ審理の対象とすることができるとされています（不服審査基本通達（国税庁関係）104-2（併せ審理）、不服審査（国税不服審判所関係）104-2（みなす審査請求と併合審理））。ただし、不服申立てに対する決定又は裁決（却下の決定又は裁決を除く。）がされているものは除かれます（通法104②但書）。

　また、あわせ審理をする場合、不服申立てがされた処分のほか、あわせ審理に係る処分についても審理し、正当であるか否かを判断しなければならず、あわせ審理に係る処分についても取消しの必要があるときは、決定又は裁決において当該処分を取り消すことができます（通法104③）。

　ただし、「あわせ審理された場合であっても、不服申立てのされていない他の更正決定等を取り消す必要がないときには、不服申立てがされた更正決定等についてのみ裁決をすることになるものと解される」（東京高判平成12年1月26日訟月46巻12号4365頁）とした上で、「あわせ審理がされたことをもって、本件更正処分についても審査請求を経ているということはできない」（同上）とする裁判例があります。この判示において、不服申立ての手続が行われていない他の処

分があわせ審理されたことは、あわせ審理に係る当該処分について、不服申立前置主義（通法115）が直ちに満たされていることを意味するものではないとされていることに留意が必要です。

　なお、次のように、あわせ審理の趣旨やあわせ審理が行われた事情を勘案し、不服申立手続を経ないで再更正処分の取消しを求める訴えを提起したことには、正当な理由（通法115①三）があると認めることができるとした事例があります。

「更正処分と再更正処分との間には不可分の牽連関係があることを考慮して、両処分に対する判断の矛盾・抵触を避け、納税者の手数を軽減しつつ権利救済の実現を図ることを目的とする制度であることに照らせば、本件の事実関係の下において、あわせ審理がされていること等を根拠として上記のとおり正当な理由があると解しても、その目的に反するものではない。」（東京高判平成23年2月16日裁判所公式サイト）

11 | 不当な処分に係る不服申立て

　本項では、裁判所には見られないものの、国税不服審判所の審理段階に見られる法的問題のうち、不当な処分に係る不服申立てを取り上げ、不当な処分の意義や関連する事例等を概観します。

1　争訟の対象となる処分

　行政事件訴訟法上、取消訴訟は、行政処分が違法であることを理由として、当該処分の取消しを求める訴訟（行訴法3②）であるとされ、また、無効確認訴訟は、行政処分に無効原因たる違法性があることを理由として、処分の存否又はその効力の有無の確認を求める訴訟（同条④）であるとされています。このような処分の取消訴訟等では、その対象となる処分が違法であるか否かが問題となること、すなわち処分の違法性の有無が審理されるといえます。ここでいう違法とは、「ある行為ないし状態が法令に違反し、又は違反していること」（法令用語34頁）と説明されています。

　一方、不服申立てに関しても、行政不服審査法が、「この法律は、行政庁の違法又は不当な処分その他公権力の行使に当たる行為に関し、国民が簡易迅速かつ公正な手続の下で広く行政庁に対する不服申立てをすることができるための制度を定めることにより、国民の権利利益の救済を図るとともに、行政の適正な運営を確保することを目的とする。」（行審法1）と定めていることから、処分の取消訴訟等と同様、審査請求等の対象となる処分の違法性の有無が審理されます。

2　不当な処分の意義

(1) 取消訴訟等と不服申立ての相違点

　不服申立てにおける審査は、「違法な処分」に加えて「不当な処分」も対象

となります（行審法1）。すなわち、特定の処分が"違法ではないとしても不当であるか否か"も対象とするため、その救済範囲は取消訴訟等よりも広くなります。また、税務署長等の不当な処分についても、審査請求あるいは再調査の請求の対象となります。これは、国税通則法80条（行政不服審査法との関係）が、国税に関する法律に基づく処分に対する不服申立てについては行政不服審査法第1章の規定を適用していること、さらに、「申請若しくは請求に基づいてした処分が手続の違法若しくは不当を理由として裁決で取り消され」（通法102）とされていることによります。

このように、不服申立てにおける審査の範囲が処分の違法性のみならず不当性に及ぶことの理由として、不当性の審査は、行政自身による自己統制の性格を持つためとされています（宇賀Ⅱ93頁）。

(2) 不当性の意義

ただし、行政不服審査法や国税通則法においては、不当性の意味等は定義されていません。学説等においては以下のように説明されています。

- 一般的な評価によっては誤りとされない（違法とされない）ものであっても、処分庁自身又はそれ以外の行政庁においてそれぞれ何らかの権限を有する立場での処分の見直しが行われ、その結果、不適切な裁量あるいは法的基準の不適切な当てはめによる誤った処分と評価されるとき（小早川光郎編著『条解 行政不服審査法』（弘文堂、2017年）5頁）
- 裁量の範囲逸脱や濫用に至らない程度の裁量の不合理な行使（芝池義一『行政救済法講義 第3版』（有斐閣、2006年）185頁）
- 適法であるが裁量権の行使が妥当でないかという当・不当の問題（宇賀Ⅱ17頁）

このように、行政庁である税務署長等による特定の処分で一定の裁量が認められる場合、その処分に対する不服申立てに係る審理において、納税者は処分の違法性のみならず不当性を理由として、取消しを求めることができます。

(3) 行政裁量の意義

① 要件裁量と効果裁量

　行政裁量とは、「立法者が法律の枠内で行政機関に認めた判断の余地のこと」（宇賀Ⅰ350頁）とされています。このような行政裁量は、教育等の専門的判断の必要性や政治的判断の尊重の必要性から認められるものです。

　このような行政裁量が認められることは、裁判所の判断よりも行政庁の判断を優先させると立法者が定めたことを意味すると説明されています。ただし、行政行為の全てについて行政庁の裁量が認められているものではないとされていることから、どの部分に関して行政裁量が認められるのかについて、税法の規定の趣旨や内容等を整理し、検討することが必要です。

　例えば、税務署長が特定の処分を行う場合を想定してみます（宇賀Ⅰ352頁）。

　仮に、「正当な理由があると認められるものがある場合（不相当に高額の部分の金額がある場合、税の負担を不当に減少させる結果となると認められるものがあるとき等）、税務署長は、特定の処分をすることができる。」との規定が設けられているとします。このような規定に基づき、税務署長が特定の処分を行うか否かの判断過程としては、どのような事実（例えば、取引の内容や契約当事者の関係等）があったのかを確認した上で、④確認した事実が正当な理由等に該当するといえるか否かを判断し、回特定の処分を行う（あるいは、行わない）との結論に至ります。

　前者（④部分）において、特定の要件の該当性の判断に行政裁量を認める場合のような裁量（宇賀Ⅰ353頁）を「要件裁量」といいます。また、後者（回部分）において、特定の処分をするか否かの行政裁量が認められる場合の裁量（宇賀Ⅰ353頁）を「効果裁量」といいます。

　次に、要件裁量と効果裁量それぞれと、税法上の処分との関係を確認します。

② 要件裁量と税法上の処分との関係

　上記の例のように「正当な理由」や「不相当に高額」等のいわゆる不確定概

念が用いられている場合は、一見すると、税務署長等に要件裁量が認められるのではないかと思われます。

　しかし、課税要件明確主義の点から、税法においては、行政庁の自由裁量を認める規定を設けることは、原則として許されていないと解すべきです。

　また、特に課税要件に係る規定に関して、「不相当」や「正当な理由」といった不確定概念である場合であっても、裁判所の審査に服さない裁量（自由裁量）を与えることは租税法律主義に反することになるとの見解（岡村忠生他『租税法 第2版』（有斐閣アルマ、2020年）22頁）、租税法律関係における納税義務は、課税要件の充足によって法律上当然に成立する一種の法定債務の性質を有することから、税務署長等の要件裁量は認められないとの見解（谷口【12】、【34】）が示されています。

　この見解に関連して、「『正当な理由』（通法65②（現行④））とは立法技術上止むを得ず用いられた不確定概念と考えるのが相当である」とした上で、「『正当な理由があると認められるものがある場合』に該当するかどうかは、法の解釈適用の問題として、いわゆる法規裁量事項と解されるから、行政庁の自由裁量を許したものでもなく、まして行政庁に恣意的な解釈を許容したものでもないことは明白である」として、国税通則法65条4項は税務署長に裁量（要件裁量）を認めたものではないとした事例（横浜地判昭和51年11月26日訟月22巻12号2912頁）があります。

　この判決文で用いられている法規裁量とは、「具体的な行政行為をする場合に、法律が客観的基準を定めている場合の行政の裁量」とした上で、「自由裁量に対する観念。法規裁量は、一見行政庁の裁量を許容するようにみえるが、法律解釈の問題であり、その裁量の当否は、法律問題として裁判所の審理の対象となる。」（法令用語1036頁）として、自由裁量と区別されている点に留意することが必要です。この法規裁量に係る最近の議論として、不確定な法律の要件の解釈に関しても、行政庁の判断を尊重せざるを得ない一定の裁量範囲（専門技術的判断等）もあり得るとの考えがあるとされていますが、税法上の法規裁量に関して、例えば、税法の技術性は法としての技術性であるから、裁判所の

判断を控えるべき理由にはならないとの指摘がされています。

　これらの見解等を踏まえますと、現行の解釈として、課税要件に係る規定においては、原則として税務署長等の要件裁量は認められていないものと考えられます。

③　効果裁量と税法上の処分との関係

　上記①の例（㋺部分（259頁参照））のような特定の処分を行うか否かについて、税務署長等の判断に委ねる効果裁量を認めたと解される規定があります。具体的には、「第143条（青色申告）の承認を受けた居住者につき次の各号のいずれかに該当する事実がある場合には、納税地の所轄税務署長は、当該各号に掲げる年までさかのぼって、その承認を取り消すことができる。」（所法150）、「税務署長は、次の各号のいずれかに該当する場合において、納付すべき税額の確定した国税（中略）でその納期限までに完納されないと認められるものがあるときは、その納期限を繰り上げ、その納付を請求することができる。」（通法38）といった規定が設けられています。

　税務署長等の裁量が問題となった事例として、次のようなものが挙げられます。

- 　手続上の要件を具備した場合における延納許可の取消処分（相法40②）は、税務署長の裁量行為に属するものと解すべきといった事例（東京高判昭和46年2月26日訟月17巻6号1021頁）
- 　青色申告承認の取消しについて、「承認の取消しは、形式上同項各号に該当する事実があれば必ず行なわれるものではなく、現実に取り消すかどうかは、個々の場合の事情に応じ、処分庁が合理的裁量によって決すべきものとされているのである」とした事例（最判昭和49年4月25日民集28巻3号405頁）
- 　差し押える債権の範囲は全額差押えを原則としながら、特定可能で必要がないと認められる場合には一部差押えも可能である（徴収法63）とされており、一部差押えとするか否かは徴収職員の裁量に任されているとした事例（熊本地判昭和51年9月28日訟月22巻12号2721頁）、あるいは、延納の許可の担保とされた不動産を公売（徴収法94）にしたことに関して、公売における財産

の選択につき裁量権の逸脱又は濫用があったとはいえないとした事例（東京地判平成27年7月17日判時2322号35頁）

　さらに、差押処分の行使（徴収法47以下）に関して、滞納者の所有に属する財産のうちいかなる財産を差し押さえるかは、徴収職員の合理的裁量に委ねられているものとした事例（東京地判昭和52年10月27日税資96号136頁）、質問検査権の行使（通法74の2）に関して、質問検査の範囲、程度、時期、場所等実定法上特段の定めのない実施の細目については、「権限ある税務職員の合理的な選択に委ねられているもの」とした事例（最決昭和48年7月10日刑集27巻7号1205頁）があります。

　上記の規定等に、「……することができる。」と定めているような場合には、行為をするかしないか、するとしてその時期等は課税庁の広い裁量に委ねられていると解されるという見解、あるいは徴収緩和のために自由裁量を認める必要のあることが少なくないという見解が示されています。

　また、効果裁量における判断の誤りである不当な処分、すなわち不当な選択とは、適法な裁量権行使としての選択ではあるが、他により適当（妥当・適切・適正・合目的的・公益適合的）な選択（決定）が考えられること（最善の（最も公益適合的な）選択（決定）とはいえないこと）を意味する（稲葉馨「行政法上の『不当』概念に関する覚書き」行政法研究3号（2013年）28-29頁）とされています。このことから、税務署長等が、その裁量権の範囲内で、青色申告承認の取消処分や全額の差押処分等ではなく、他の処分（処分を行わないこと）として青色申告承認の取消処分を行わないことや一部差押処分を行うことを選択することが適当（妥当）といえるか否かが問題（審理の対象）になると思われます。

　このような処分の正当性・妥当性の立証責任は、税務署長等の課税庁（原処分庁）にあるとされています。

　なお、税法上、効果裁量等の裁量が認められる税務署長等の処分であっても、裁量の範囲内を逸脱する場合には違法となること（行訴法30）から、裁量の逸脱については裁判所の判断の対象となります。

次の 3 では、処分の不当性が争われた裁決事例を整理していきます。

3　処分の不当性が争われた裁決事例

(1) 青色申告の承認取消処分に係る裁決事例

　青色申告の承認取消処分（以下「本件処分」といいます。）が不当な処分であるとして取り消された事例（国税不服審判所裁決平成22年12月1日裁決事例集81集（国税不服審判所公式サイト））があります。

　国税不服審判所長は、処分の違法性について、青色申告の承認取消処分自体は、納税者（請求人）が、所得税法施行規則（財務省令）56条等に従って帳簿書類の備付けや記録等を行っていなかったことから、所得税法150条1項1号の取消事由に該当するとして、本件処分は違法とはいえないとの判断を示しました。

①　処分の不当性に係る判断の基準

　一方、処分の不当性の判断については、青色申告の承認を現実に取り消すことは、合理的な裁量によって決すべきとする判例（最判昭和49年4月25日民集28巻3号405頁）に言及し、次のように判断しました。

イ　まず、「青色申告制度は、誠実かつ信頼性のある記帳をすることを約束した納税義務者が、これに基づき所得額を正しく算出して申告納税することを期待し、かかる納税義務者に特典を付与するものであり、青色申告の承認の取消しは、この期待を裏切った納税義務者に対しては、いったん与えた特典をはく奪すべきものとすることによって青色申告制度の適正な運用を図ろうとすることにあるもの」（東京地判昭和38年10月30日行集14巻10号1766頁）とする裁判例を引用し、青色申告制度の趣旨、青色申告の承認取消しとなる対象者や青色申告の承認取消しの目的等を示しました。

ロ　また、青色申告の承認の取消しは、「所得税法第150条第1項各号に該当する事実及びその程度、記帳状況等を総合勘案の上、真に青色申告書を提出するにふさわしくない場合について行うべきである。」とする事務運営指針（平

成12年7月3日付課所4-17ほか3課共同「個人の青色申告承認の取消しについて（事務運営指針）」）が相当であることを示しました。

ハ　さらに、「青色申告者が上記帳簿書類の調査に正当な理由なくこれに応じないため、その備付け、記録及び保存が正しく行われていることを税務署長が確認することができないときは、同法第150条第1項第1号が定める青色申告承認の取消事由に該当するものと解すべき」（東京高判平成7年12月11日税資214号715頁）とする裁判例を引用し、帳簿書類の不提示等により税務署長が帳簿書類を確認できない場合は青色申告承認の取消事由に該当することを示しました。

② 不当性に係る判断基準への当てはめ

これらの青色申告制度の趣旨等に関連して、第一に、取引のほとんどを伝票に記載しており、取引そのものの記録は行っていることを認めた上で、「所得税法施行規則第56条第1項ただし書に規定する簡易な記録の方法及び記載事項によって記帳を行おうとしているものと認められる」として、帳簿書類の備付けにおける不備の程度は甚だ軽微と認められることから、審査請求人（納税者）が誠実に記帳をするとの約束を破ったものとは直ちに評価できないこと、すなわち誠実性を欠くとまではいえないことが示されていると考えられます。

第二に、収入の大部分が銀行口座への振込みであることから、通帳や領収書等を集計して計算した所得金額は、「十分正確性が担保されていると認められ、帳簿書類の備付け及び記録の不備により請求人の申告納税に対する信頼性が損なわれているとまではいえない。」として、所得金額の正確性が十分に担保されていると認められること、つまり所得金額の正確性が担保されていることから、第一と同様、審査請求人（納税者）が信頼性のある記帳をするとの約束を破ったものとは直ちに評価できないこと、すなわち信頼性を欠くとまではいえないことが示されていると考えられます。

第三に、記帳状況について具体的な聴取り等の調査が行われず、また、調査担当職員から提示を求められた資料については提出に応じていることから、「日日の現金取引の状況を確認できる資料の提出を具体的に要求していれば、

本件伝票の存在及び記帳状況を確認することは十分に可能であったというべきである。」とした上で、「請求人が自発的に本件伝票の存在を主張しなかった、又は提示しなかったからといって、直ちに原処分庁が請求人の記帳状況を確認できない状態であったとは認められず、青色申告者が帳簿書類の調査に正当な理由なくこれに応じないため、その備付け、記録及び保存が正しく行われていることを税務署長が確認することができないとき」には該当しないとされています。すなわち、納税者が資料の提示等を拒んだとは直ちに言い難く、また、調査担当職員（当該職員）の調査に不十分な面がなかったとは言い難いという状況を踏まえ、原処分庁（当該職員）が記帳状況等を確認できない状態であったとは認められないと評価でき、審査請求人（納税者）が「期待を裏切った納税義務者」であるという判断は直ちに導き出せないことが示されていると考えられます。

　これらの事情を総合勘案した上で、国税不服審判所長は、「真に青色申告を維持するにふさわしくない場合とまでは認められないから、本件取消処分は、不当な処分と評価せざるを得ず、これに反する原処分庁の主張には理由がない。」として、本件処分は不当であること、すなわち青色申告承認を取り消さないこと（青色申告承認を維持すること）が妥当な選択であることから、本件処分は取り消されるべきであると結論付けました。

③　本裁決に係る評価

　本裁決に関しては、次のように評価が分かれています。

　帳簿書類の不備の程度、処分に至る経過と帳簿書類が提示されなかった理由に着目して、不当か否かを判断することは妥当であり、極めて画期的な裁決と評価できる旨の見解が示されています。その一方で、帳簿書類の不備は軽度であるとする判断に疑問を示した上で、意図的な帳簿書類の不提示は帳簿の保存に当たらないとする最高裁判決（最判平成16年12月16日民集58巻9号2458号、最判平成17年3月10日民集59巻2号379号等）が示されている状況における裁決として、適切さをやや欠く判断を公表することに疑問がある旨の見解も示されています。

(2) 処分が不当である旨の主張が認められなかった裁決事例

　処分が不当である旨の審査請求人の主張が認められなかった事例として、「徴収法第47条の規定に基づき納税者の財産を差し押さえるべき時期については、徴収職員の合理的な裁量にゆだねられていると解される。」とし、「請求人は分割納付を継続してはいるものの、納付計画に従ったものではなく、その納付状況や本件滞納国税の額に照らせば、本件滞納国税の完納までに相当期間が必要であり、本件差押処分の直後に自主納付により本件滞納国税が完納される可能性は著しく低かったといわざるを得ないから、請求人の財産を保全する必要性があったということができる。」とした上で、結論として「分割納付を継続している旨の請求人の主張を踏まえても、本件差押処分の実施時期の判断については差押処分の趣旨及び目的に沿った合理的なものということができるから、本件差押処分は不当でない。」とした裁決（国税不服審判所裁決平成22年９月29日裁決事例集80集（国税不服審判所公式サイト））があります。

　上記のほか、次のような事例も挙げることができます。

- 　「差押処分を行った時期についても、本件差押処分の直後に本件各滞納国税が完納されることが確実であったことなどの特段の事情はうかがわれない。」として、問題となった差押処分が不当であるということはできないとした事例（国税不服審判所裁決平成21年５月11日裁決事例集77集593頁（国税不服審判所公式サイト））

- 　「本件滞納国税の額にも照らせば、本件滞納国税の完納までには、なお相当期間を要するものと考えられ、本件差押処分の直後に自主納付により本件滞納国税が完納される可能性は著しく低かったといわざるを得ず、このため、請求人の財産を早期に保全する必要性があったと認められる。」とし、「分割納付の意思を有していたという請求人の事情を踏まえても、本件差押処分の実施時期に関する判断が、差押処分の趣旨及び目的に照らして不合理なものであるとは認められない」等の点を示した上で、差押処分は不当でないとした事例（国税不服審判所裁決平成27年６月１日裁決事例集99集（国税不服審判所

公式サイト））

・　関連する事例として、納税の猶予不許可処分が裁量権の範囲を逸脱し又は
これを濫用した違法なものとの納税者の主張に関して、「請求人には猶予該
当事実がないのであるから、本件不許可処分をした原処分庁の判断に、裁量
権の範囲の逸脱又は濫用があったと認めることはできない。」（国税不服審判所
裁決平成28年1月13日裁決事例集102集（国税不服審判所公式サイト））とした事例

　なお、審査請求人（納税者）が特定の処分の不当性を主張しているにもかか
わらず、国税不服審判所長が当該処分の当・不当の判断を示さなかった場合、
納税者は、このような判断漏れ（瑕疵）は裁決取消訴訟（行訴法10②）における
裁決固有の瑕疵であると主張できるものと考えられます。

　審査請求（不服申立）前置主義が採用されている税務争訟において、不当性
の有無の審理は、原則として税務署長等の原処分庁、あるいは国税不服審判所
長（国税庁長官）の段階のみで行われます。不当を理由の一つとして処分の取
消しを求める場合、ここでご紹介した裁決事例の内容に留意すべきであると考
えます。

12 取消訴訟以外の訴訟

本項では、税務訴訟における課税処分等に係る取消訴訟以外の訴訟の類型について、その法的問題を概観します。

1 各種類型

税務署長等の課税処分等に対して不服のある納税者等は、原則として、国税不服審判所長の裁決を経た上で、当該課税処分等に対する取消訴訟を提起する必要があります。当該訴訟を通じて当該処分が違法であることが確定した場合、仮に、既に納付した税額があれば当該納付税額は納税者に返還(還付)されることとなります。

ただし、税務署長等の行為の内容等によっては、納税者等は、課税処分等に係る取消訴訟以外の訴訟を活用することにより、処分が違法であることの確認、あるいは納付した税額の返還(還付)を求めることができる場合があります。

次に、課税処分等に係る取消訴訟以外の訴訟について、その各種類型を見ていきます。

(1) 無効等確認訴訟

無効等確認訴訟とは、「処分若しくは裁決の存否又はその効力の有無の確認を求める訴訟」(行訴法3④)をいいます。この訴訟は課税処分等の効力、すなわち処分の違法性の有無を争うものであり、この点では、課税処分取消訴訟と共通するものがあります。

ただし、取り消すべき課税処分等を対象とする課税処分取消訴訟の場合とは異なり、課税処分等の行政処分が無効であり、その処分の効力が全く生じない場合には、国税通則法や行政事件訴訟法の定める不服申立前置主義や出訴期間に係る規定に拘束されることはありません。したがって納税者は、国税通則法

等の定める不服申立期間後であっても、特定の課税処分等が無効であり効力を有しないことの確認を求めることができます。ただし、ここでいう無効な行政処分には重大かつ明白な瑕疵であることを要する（最判昭和33年6月14日訟月4巻9号1198頁）ため、無効等確認訴訟の対象となる無効な課税処分等は限定されています。

　税務署長等の処分が無効とされた裁判例として、次の三つを挙げることができます。

① 　第三者の登記名義の冒用により生じた帰属を誤った課税処分（最判昭和48年4月26日民集27巻3号629頁）

② 　分筆時の登記の過誤（登記官の誤り）によって、登記簿上存在するが、実際に存在しない土地に対する固定資産税等の賦課決定処分（神戸地判平成24年12月18日裁判所公式サイト）

③ 　渋谷税務署長に対して事業所納税届出書を提出していた納税者に対して、納税者の住所地を所轄する緑税務署長が行った更正処分等及び差押処分等（東京地判平成24年11月9日税資262号順号12093）

(2)　過誤納金還付請求訴訟

　過誤納金還付請求訴訟とは、過誤納金の還付を求める給付訴訟であり、行政事件訴訟法4条に基づく当事者訴訟（実質的当事者訴訟）の一種と説明されています。過誤納金は、国等が保有すべき正当な理由がないため、還付を要する利得、すなわち一種の不当利得であることから、当該訴訟は、過誤納金返還請求訴訟と呼ばれる場合があります。

　ただし、納付が課税処分に基づく場合、課税処分の効力は原則として取消訴訟によってしか争えない仕組みが採用されているため、どのような場合に、どのような根拠に基づいて過誤納金還付請求訴訟を提起できるかを整理する必要があります。

　例えば、「過誤納金は、国税として納付された金員について、それに対応する確定した租税債務が存在しない場合に生じ、その返還ないし還付請求権は、

いわゆる公法上の不当利得返還請求権です。」とした上で、納税者が過誤納金の還付を求める根拠の規定は国税通則法56条であると説明されます（中尾137-138頁）。

また、現行法上、納付された税額は、申告あるいは更正処分等の課税処分に基づくものである以上、当該納付が法律の原因に基づく納付であることは明らかであるため、このような公法上の不当利得返還請求権を請求する上で、申告あるいは課税処分が無効であることが必要である旨の説明がされることがあります（租税事件訴訟研究会編『徴収訴訟の理論と実務 改訂版』（税務経理協会、2000年）269-270頁）。

このような説明を踏まえ、過誤納金還付請求訴訟が提起される場面として、次の①〜④が考えられます。

① 課税処分が無効であること（租税債務が存在しないこと）を前提として、納付した税額の還付を求める場合（神戸地判平成7年12月25日判例地方自治149号27頁）

② 処分性を有しない税務署長等の行為等に基づき納付した税額の還付を求める場合

③ 無効な滞納処分によって滞納者の財産から徴収された国税の還付を求める場合

④ 納税告知処分に基づき納付された源泉徴収による所得税（源泉所得税）の還付を求める場合

①の具体例としては、上記(1)③（269頁）に無効等確認訴訟の事例として挙げた裁判例（東京地判平成24年11月9日税資262号順号12093）において、課税処分に基づき、既に納税者が納付している場合、課税処分の無効等確認訴訟ではなく、不当利得返還請求に基づき納付税額相当額の返還を求めることができることが示されています。

②の具体例としては、処分性がないとされる延滞税を納付すべき旨の通知に関して、当該通知に沿って納付された延滞税の還付を求める場合が該当します（最判平成26年12月12日訟月61巻5号1073頁）。なお、このような納付された延滞税の

みの還付の求めに関して、延滞税を納付すべき旨の通知が審査請求等の不服申立ての対象ではないことから、過誤納金還付請求訴訟を提起する上で不服申立手続は必要とされません。

③の具体例としては、次の裁判例を挙げることができます。

イ　会社更生手続中に会社の一般財産が共益債権の総額を弁済するに足りなくなったことが明らかになった場合、会社更生法上、共益債権に劣後する更生債権である租税債権に関しては、更生債権たる租税債権は弁済を受け得る地位を失ったと言えること等から、更生手続開始前に滞納処分をして優先的にその弁済を受けることができないとして、更生会社の管財人は、国に対して不当利得返還請求をすることができると解すべきであるとした事例（大阪高判昭和56年5月6日訟月27巻8号1521頁）

ロ　国が、滞納者ではなく第三者に帰属する銀行預金債権及び現金を差し押さえた場合、当該第三者は、国に対して不当利得返還請求をすることができることを認めた事例（東京高判平成5年8月30日金商934号15頁）

ハ　関連する事例として、破産法上の否認権の行使により、否認権の行使の対象となった破産者の納税保証が遡及的に無効であるとして、充当処分の基礎となった納税保証の効力が否定されたことから、充当処分により還付金の消滅という効果が生じていないとして、結論として、還付金の請求が認められた事例（東京高判平成25年7月18日判時2202号3頁）

④のような場面においては、まず、処分性を有する納税の告知（納税告知処分）（通法36）や源泉徴収に係る税額の法的性質を確認する必要があります。具体的には、源泉徴収による所得税（源泉所得税）に係る納税告知処分の性質は、課税処分ではなく、徴収処分であること（最判昭和45年12月24日民集24巻13号2243頁、東京高判昭和59年9月19日訟月31巻6号1431頁）、源泉所得税は更正処分等や納税者の申告によって確定するものではなく、税額が成立と同時に確定するいわゆる自動確定の国税（税額）であること（通法15③）という2点を踏まえ、納税告知処分に従って源泉所得税を納付した納税者（源泉徴収義務（源泉納税義務）があるとされた一定の金銭の支払者等（所法183等））は、次のイ・ロの

いずれか、あるいは両方の手続を選択できると考えられます。具体例として、いわゆるレポ取引に係る事例（東京高判平成20年3月12日金判1290号32頁）があります。

　イ　納税告知処分が処分性を有するとの法的性質に着目し、国税通則法の定める不服審査手続を経た上で徴収処分である納税告知処分の取消訴訟により納付した源泉所得税の還付を求めること。

　ロ　源泉所得税は自動確定の国税であり、納税告知処分は税額を確定させる課税処分としての性格を有さず、税額については公定力を有しないとの点に着目した上で、源泉所得税を納付する義務がないことを前提として、国税通則法56条に基づき、過誤納金還付請求訴訟により納付した源泉所得税の還付を求めること。つまり、納付した源泉所得税の還付を源泉徴収義務者が求める事由としては、第一に、納付時にそもそも納付すべき法的な原因が存在しないことを理由とする場合（いわゆる誤納に該当する場合）、第二に、確定申告における更正の請求を行うことができる事由と同種の納付後の事情が変化したことを理由とする場合（いわゆる過納に該当する場合）が考えられます。

　上記の手続の選択に関連する最高裁判決として、源泉徴収等による国税と同様、自動的に確定する国税の一つである登録免許税（通法15③六）に規定する還付の求めに関して、過誤納金還付請求訴訟の提起を認めている判例があります。

　「登録免許税法31条2項は、登録免許税の還付を請求するには専ら上記の請求の手続によるべきであるとする手続の排他性を規定するものということはできない。したがって、登記等を受けた者は、過大に登録免許税を納付した場合には、同項所定の請求に対する拒否通知の取消しを受けなくても、国税通則法56条に基づき、登録免許税の過誤納金の還付を請求することができるものというべきである。」（最判平成17年4月14日民集59巻3号491頁）

(3) 国家賠償請求訴訟

　国家賠償法1条の規定（「国又は公共団体の公権力の行使に当る公務員が、

その職務を行うについて、故意又は過失によって違法に他人に損害を加えたときは、国又は公共団体が、これを賠償する責に任ずる。」）に基づき、税務署長等の違法な処分により損害を受けた納税者等は、国等に損害の賠償を求めることができます。

　納付した税額の還付を求めるものではありませんが、調査担当者である当該職員が、帳簿書類等の検査等を拒否している納税者の同意を得ることなく、納税者の店舗や居室・寝室等に入り、帳簿書類等を確認するといった強制的な検査等を行ったような場合、このような実地の調査が国家賠償法上、違法であると判断された事例（納税者の同意を得ることなく、店舗内に入った行為（大阪高判昭和59年11月29日訟月31巻7号73頁）や住居部分に立ち入り引出等を開けた行為等（大阪高判平成10年3月19日判タ1014号183頁））があります。

　また、学説等において、違法な課税処分による損害の賠償を求めることは、実質的に課税処分の取消しにより納付した税額の還付を求めることであり、取消訴訟や不服申立前置主義の枠組みを潜脱するものであることから、国家賠償請求訴訟は認められないとの議論がありました。

　ただし、違法な課税処分に対する国家賠償請求訴訟が認められるとする判断が、次の最高裁判決において示されています。

「行政処分が違法であることを理由として国家賠償請求をするについては、あらかじめ当該行政処分について取消し又は無効確認の判決を得なければならないものではない」とし、「当該行政処分が金銭を納付させることを直接の目的としており、その違法を理由とする国家賠償請求を容認したとすれば、結果的に当該行政処分を取り消した場合と同様の経済的効果が得られるという場合であっても異ならないというべきである。」とした上で、「他に、違法な固定資産の価格の決定等によって損害を受けた納税者が国家賠償請求を行うことを否定する根拠となる規定等は見いだし難い。」（最判平成22年6月3日民集64巻4号1010頁）

　当然、国家賠償請求訴訟は損害の賠償を求めるものですから、当該訴訟を提起する上で、不服申立手続を必要としない、すなわち不服申立期間に係る規定

の適用を受けません。他方、損害賠償請求権の消滅時効に係る規定（国家賠償法4、民法724）の適用を受けます。

　なお、課税処分取消訴訟において更正処分の一部取消しが認められた後に、国家賠償請求訴訟が提起された次の事例において、課税処分が違法であることは国家賠償法上の違法を直ちに意味するものではないとしていることには注意が必要です。

「税務署長のする所得税の更正は、所得金額を過大に認定していたとしても、そのことから直ちに国家賠償法1条1項にいう違法があったとの評価を受けるものではなく、税務署長が資料を収集し、これに基づき課税要件事実を認定、判断する上において、職務上通常尽くすべき注意義務を尽くすことなく漫然と更正をしたと認め得るような事情がある場合に限り、右の評価を受けるものと解するのが相当である。」とした上で、「税務署長がその把握した収入金額に基づき更正をしようとする場合、客観的資料等により申告書記載の必要経費の金額を上回る金額を具体的に把握し得るなどの特段の事情がなく、また、納税義務者において税務署長の行う調査に協力せず、資料等によって申告書記載の必要経費が過少であることを明らかにしない以上、申告書記載の金額を採用して必要経費を認定することは何ら違法ではないというべきである。」、「してみれば、本件各更正における所得金額の過大認定は、専ら被上告人において本件係争各年分の申告書に必要経費を過少に記載し、本件各更正に至るまでこれを訂正しようとしなかったことに起因するものということができ、奈良税務署長がその職務上通常尽くすべき注意義務を尽くすことなく漫然と更正をした事情は認められないから、48年分更正も含めて本件各更正に国家賠償法1条1項にいう違法があったということは到底できない」（最判平成5年3月11日民集47巻4号2863頁）

　また、課税処分取消訴訟における立証責任とは異なり、国家賠償請求（国家賠償法1）に係る立証責任は、原則として原告である納税者側にあること等から、課税処分取消訴訟と国家賠償請求訴訟とはそれぞれの認容される要件が異なることに留意する必要があります。

13 国税通則法上の雑則規定

最後に、納税管理人その他の規定（雑則）（国税通則法上の雑則（9章））のいくつかの規定を整理します。

1 納税管理人に係る規定

納税管理人は、本邦内に住所等を有しない納税者によって選任された者で、納税申告書の提出、更正通知書の受領、還付金の受領その他その納税者において処理すべきものとされている国税に関する事務の処理を委任されたもの（通法117①）とされており、納税者は、納税管理人を定めたときは、税務署長等にその旨を届けなければなりません（通法117②）。

例えば、日本国外の事業者（法人）に関して、消費税法上の登録国外事業者として国税庁長官が登録を認める場合の実質的な要件の一つとして、当該国外事業者が納税管理人を選任することが規定されています（平27消法改正法附則39）。

なお、納税管理人と納税者との関係は、相続税法上の連帯納付の義務等（相法34）、共有物等に係る国税の連帯納付義務（通法9）、第二次納税義務（徴収法32等）、あるいは、保証人（通法50⑥、徴収法2⑧）といった特定の者が他の納税義務者等の国税の納付義務を負うものではなく、あくまでも納税管理人の役割は、納税者の申告書の提出等の業務を処理することにあります。

また、納税管理人は、税理士及び税理士法人に限定されていません。

2 国税の端数計算に係る規定

国税の端数計算に関して、課税される税額等に係る計算と還付される金額に係る計算については異なる内容が規定されています。

まず、前者（課税される税額等に係る計算）に関しては、次のように規定されています。

① 原則として、国税の課税標準を計算する場合、1,000円未満の端数があるとき（その全額が1,000円未満であるとき）は、その端数又はその全額は切り捨てられます（通法118①）。

② 一定の源泉所得税の課税標準については、例外として1円単位で計算され、1円未満の端数は切り捨てられます（通法118②、通令40）。

③ 延滞税等の附帯税を計算する場合、計算の基礎となる税額に1万円未満の端数があるとき（その全額が1万円未満であるとき）は、その端数又はその全額は切り捨てられます（通法118③）。

④ 各税法の規定に沿って、課税標準に税率を乗じる等の計算の過程を経て、納付すべきものとされる国税の確定金額については、確定金額に100円未満の端数があるとき（その全額が100円未満であるとき）は、その端数又はその全額は切り捨てられます（通法119①）。

⑤ 例外として、国税通則法118条の規定と同様、源泉所得税の確定金額については、1円単位で計算され、1円未満の端数は切り捨てられます（通法119②、通令40）。また、附帯税の確定金額については、100円未満の端数があるとき（その全額が1,000円未満であるとき（加算税に係るものについて、5,000円未満））は、その端数又はその全額が切り捨てられます（通法119④）。

一方、後者（還付される金額に係る計算）に関しては、次のように規定されています。

⑥ 還付される金額については、1円単位で計算され、1円未満の端数があるときは、端数全額は切り捨てられます（通法120①）。

⑦ 還付加算金の確定金額に100円未満の端数があるとき（その全額が1,000円未満であるとき）は、その端数又はその全額は切り捨てられます（通法120③）。

上記のように、還付される金額の計算の内容が納税者に対して若干有利になるように規定がされています。

3　書類提出者の氏名、住所及び番号の記載等

　税務署長等に確定申告書等の所定の書類を提出する者は、当該書類に氏名（法人については、名称）、住所、番号を記載しなければならないこと（通法124①）、法人の代表者等の特定の者が提出する書類に押印しなければならないこと（同条②）が規定されています。

　ここでいう「番号」とは、例えば、個人の場合、いわゆるマイナンバーが該当します（行政手続における特定の個人を識別するための番号の利用等に関する法律２条５項に規定する個人番号）。ただし、国税通則法等において、個人等が当該番号を記載しないことに対する罰則の規定は設けられていません。

第5章

裁判例等の調べ方について

~国税庁等が公開する
資料の調べ方のご案内~

　本書では、税法の規定の解釈上必要となる判例、裁判例、裁決事例、あるいは通達等を随時ご紹介してきました。本章では、このような判例や裁判例等の情報について、主としてインターネットにより検索できる公表されている情報（各種公式サイト）の特色等を整理します。

　なお、この公式サイト等の情報は、2020年10月１日現在のものです。

1 裁判例を探す

　いわゆる犯則事件（査察事件）（第2章36頁参照）である刑事事件を除き、課税処分取消訴訟等の税務上の訴訟（第4章186頁参照）は民事訴訟に分類されています。このような裁判所の判決のうち重要なものは「判例」とされています。判例については、「裁判所の判決は、具体的な争訟の解決を目的とするが、その理由中に示された法の解釈が合理的である場合には、それは先例として尊重され、やがて確立した解釈として一般に承認されるようになる。このような一般的な承認を受けるに至った裁判所の解釈」（金子119頁）という説明があります。

　一般に税法の基本書等では、最高裁判所の判決のうち重要なものを、「最判平成○年○月○日民集○号○頁」と表記しています。この「民集○号○頁」とは、「最高裁判所民事判例集○号○頁に掲載されていること」を意味します。このような略語としては、ほかに「行集」（行政事件裁判例集）、「判タ」（判例タイムズ）等があります（凡例3．参照）。略語表記の正式名称や意味等は、例えば、法律編集者懇話会NPO法人法教育支援センターの「法律文献等の出典の表示方法（2014年版）」で確認できます(※1)。

※1　法律編集者懇話会NPO法人法教育支援センター「法律文献等の出典の表示方法（2014年版）」：https://www.houkyouikushien.or.jp/katsudo/pdf/houritubunken2014a.pdf

　また、税務に関する判例等については、全ての判決ではありませんが、次の(1)～(3)に掲げる公式サイトで判決の内容や当事者の主張等の詳細な内容を確認できます。

　なお、判例等の探し方の一例としては、例えば、いわゆる基本書である金子宏著『租税法 第23版（法律学講座双書）』（弘文堂、2019年）の各項目に記述された判例等、中里実・増井良啓編『租税法判例六法 第4版』（有斐閣、2019年）の条文に添付する形で記載された判例等の要旨等を確認し、下記の各種公式サイトに公表されているか否かを検索することができます。

(1) 裁判例情報

(https://www.courts.go.jp/index.html)

　最高裁判所が提供する公式サイトです。最高裁判所や東京高等裁判所等における国税及び地方税の判例や裁判例を、判決日、判決裁判所、特定の期間、用語（いわゆる「アンド検索」等）等の一定の条件により検索できます。検索結果として、裁判例の概要、判決文（PDF）が示されます。

　なお、全ての判例や裁判例が収録されているわけではありません。

(2) 訟務月報（訟務重要判例集データベースシステム）

(https://www.shoumudatabase.moj.go.jp/search/html/shoumu/general/menu_general.html)

　法務省訟務局企画課が提供する公式サイトです。同局は、国の立場から裁判所に対して申立てや主張・立証などの活動を行う部局です。同局が作成している「訟務月報」（「訟月」）の36巻1号から66巻3号までの内容を PDF により閲覧できます。

　具体的には、事件名等の事件の概要、判示事項・判決要旨、解説、判決本文を確認できます。また、キーワード、法令名、裁判年月日、あるいは月報登載号等の一定の条件により、裁判例を検索できます。

　なお、解説においては、判決の流れや構造、判決の意味、類似する裁判例の有無、従前の裁判例との関係等が整理されています。

(3) 税務訴訟資料

(https://www.nta.go.jp/about/organization/ntc/sososhiryo/index.htm)

　国税庁（正確には、国税庁の機関の一つである税務大学校）が提供する公式サイトにおいて、租税関係行政・民事事件裁判例のうち国税に関する裁判例を収録したもののうち、課税処分の取消訴訟といった課税関係判決（「税務訴訟資料」（「税資」）258号から268号）と差押処分の取消訴訟といった租税関係行政・民事事件判決集（徴収関係判決）（平成21年1月判決分から平成30年12月判決分）の判

決文を PDF により閲覧できます。

　ただし、ここでは判決のタイトルを「各法人税更正処分等取消請求控訴事件」等としか記載しておらず、また、キーワード、法令名等により裁判例を検索することができません。閲覧をしたい裁判例については、判決の年月日、あるいは「税資○号順号○○○」といった情報を上記の基本書等で事前に確認する必要があります。

　なお、判決要旨等については、課税関係判決の「平成20年判決分」（税資258号）のみ掲載されています。

2 ｜ 裁決事例を探す

1 ｜ 国税関係の裁決事例

〈https://www.kfs.go.jp/service/index.html〉

(1)　裁決事例集の趣旨

　国税不服審判所は国税庁の特別の機関で、税務署長等による更正処分等の審査請求に対する裁決を行います（第 4 章251頁参照）。この国税不服審判所が提供する公式サイトにおいて、課税処分等に係る裁決事例を確認できます。先例となるような裁決については、「裁決事例集（冊子）」（平成21年分（No.78）まで）が作成・公表されています。現時点で、平成 4 年分の43集（No.43）から令和元年分の118集（令和 2 年 1 月分から同年 3 月分）までの裁決事例全文が公表されています。

　これらの裁決事例において、①認容裁決の場合、裁判所で裁決の妥当性は判断されることがないことから、納税者の主張が認められた裁決事例として内容を確認する（第 4 章247頁参照）、また、②そのほかの裁決の場合は、裁判所において判断されていない、あるいは裁判所の判断が公表されていない事例として確認することにより、争訟等における論理構成等に役立てることができます。

　なお、棄却裁決については、裁判所において、処分の取消しといった別の判断が示された可能性があることに注意してください。

(2)　裁決事例集の検索手順

　裁判例の場合と同様に、裁決の年月日が把握できていれば、年分ごとに裁決事例が掲載されている「公表裁決事例」において、すぐに確認できます。

　また、これまでに公表された裁決事例集の裁決要旨を関係税法ごとに分類して紹介している「公表裁決事例要旨」において、必要とする裁決事例を検索で

きます。例えば、「閲覧方法」の関係税法（税目）で国税通則法関係を選択すると、「総則」では「1．納付義務の承継（3件）」など、また、「附帯税」では「5．重加算税⇒D．隠ぺい、仮装の認定⇒b．隠ぺい、仮装の事実等を認めなかった事例（59件）」といった目次ページが表示されます。ここから必要とする項目を選択した上で、検索された裁決事例（全文が掲載されていない裁決事例を含む。）を確認できます。

　さらに「裁決要旨の検索」において、平成8年7月1日から令和2年3月31日の間に出された裁決に係る裁決要旨又は争点項目を検索システムが提供されています。具体的には、①所得税法等の各税法別に既に整理された『争点』に記載されている『争点番号』を選択して検索する方法、あるいは②『キーワード』により検索し、支部を含めて該当する裁決要旨を確認することができます。

(3) 審査請求に係る事例の検索

　国税庁長官に対する審査請求（第4章148頁参照）については、争訟の内容、審査庁（組織名）の裁決や行政不服審査会の判断（答申）の内容等を確認できます。

　裁決の内容や行政不服審査会の答申の内容等は、総務省公式サイトの「行政不服審査裁決・答申検索データベース」の裁決検索（国税庁関係：0件）、答申検索（国税庁関係：2件）で確認できます[※2]。

※2　総務省公式サイト「行政不服審査裁決・答申検索データベース」：http://fufukudb.search.soumu.go.jp/koukai/Main

　なお、当該データベースにおいて事例を検索する上で、国税庁長官が諮問した案件（国税庁関係）については、納税地の指定等の税務関係の審査請求（例えば、法人税及び消費税の納税地指定処分に関する件（平成30年度諮問第22号（平成30年7月9日諮問）））だけではなく、税務関係以外の審査請求（例えば、退職手当支給制限処分に関する件（平成30年度諮問第47号（平成30年10月29日諮問）））も公表されていることにご注意ください。

2　地方税関係の裁決事例

　地方税に係る裁決の内容や行政不服審査会の答申の内容等についても、上記 **1**(3)に掲げた総務省の「行政不服審査裁決・答申検索データベース」の裁決検索、答申検索で確認できます。

　地方税に係る裁決の情報として、処分根拠法令、裁決日、裁決内容（概要）、場合によっては裁決書本文を確認できます。また、フリーワード検索、処分根拠法令名、裁決日、あるいは審査庁名等の一定の条件により、裁決事例を検索できます。

　さらに、地方税に係る答申についても、答申の概要、場合によっては答申書本文が収録されており、フリーワード検索、処分根拠法令名等の一定の条件により検索することができます。

3 │ 課税庁の解釈等を示す通達を探す

1 国税庁長官が発遣する通達

　法律の解釈は、最終的には裁判所が行います。一方、通達は、例えば「行政機関の内部関係における規範を定めるための形式であり、国民や裁判所を拘束する外部効果はない。すなわち、国民も裁判所も通達には拘束されない」(宇賀Ⅰ319頁) とされているように、納税者を拘束しません。ただし、本書でも既にご紹介したように、国税庁長官が発遣する通達は実務上重要な意味を持っています。

　国税庁長官が発遣する通達には、税法の解釈を示したいわゆる解釈通達 (所得税基本通達など)、あるいは一定の事務上の手順等に係る指示を示したいわゆる事務運営指針 (例えば、事業者等への協力要請を行う上での留意すべき事項等を示した「情報照会手続の実施に当たっての基本的な考え方等について (事務運営指針)」(課総10-10ほか、令和元年12月5日) など) があります。ただし、両者の区別は必ずしも厳密なものではありません。例えば「申告所得税及び復興特別所得税の重加算税の取扱いについて (事務運営指針)」(課所4-15ほか、平成12年7月3日) において、重加算税の適用に係る事務処理上、国税通則法68条の「仮装し、又は隠蔽し」の解釈に該当すると解される事例を示しているような場合があります。

2 法令解釈に係る情報

　国税庁は、法令解釈に係るものとして、通達以外にも次のような情報も公開しています。

・ 「文書回答事例」:事前照会に対する文書回答手続に基づいて回答した事例等 (例えば、所得税関係 (回答年月日:令和2年3月9日、回答部署:東京国税局、照会事項:「相続等に係る米ドル建保険年金の邦貨換算及び所得計

算について」))

・　「質疑応答事例」：納税者からの照会に対して回答した事例等のうち、他の
納税者の参考となるものの要旨や一般的な回答を示したもの（例えば、法人
税関係⇒（収益の計上）⇒1　棚卸資産たる土地を譲渡担保に提供した場合
の取扱い）

通達を含めたこれらの情報は、国税庁公式サイトの「法令等」で公開されて
います[※3]。

※3　国税庁公式サイト「法令等」: https://www.nta.go.jp/law/

4 | 法令・規定の内容やその趣旨等を確認する

1 現行の法令の内容等

　税法や関連する規定を確認する場合、現行の省令・規則以上の法令の条文は、総務省の「e-Gov法令検索」で確認できます[※4]。目的とする法令を、法令名、五十音、法令用語、法令番号等により検索できます。

> ※4　総務省「e-Gov法令検索」：https://elaws.e-gov.go.jp/search/elawsSearch/elaws_search/lsg0100/

　税法は毎年度改正されますが、具体的に税法のどの部分がどのように改正されたかを把握したい場合は、財務省公式サイトで検索できます。例えば令和2年度税制改正については、「国会提出法案⇒第201回国会における財務省関連法律⇒所得税法等の一部を改正する法律案⇒所得税法等の一部を改正する法律案新旧対照表（表の上：改正案の条文、表の下：改正案前の現行条文）」で税法ごとに確認できます[※5]。

> ※5　財務省公式サイト「所得税法等の一部を改正する法律案新旧対照表」：https://www.mof.go.jp/about_mof/bills/201diet/st020131s.htm

2 法令・規定の趣旨

　税法の解釈は文理解釈が基本とされていますが、常に文理解釈によって税法の規定の意味を確定できるとは限りません。このような場合、規定の目的や趣旨を踏まえて解釈を行う必要があります。ただし、規定の目的や趣旨が常に明確に示されているものではないことから、その趣旨等を検討する上で、当該規定に係る議論の出発点といえる政府税制調査会の報告書や答申等が参考となります。

①　内閣府公式サイトでは、政府税制調査会の報告書等を確認できます[※6・7]。

> ※6　内閣府公式サイト「連結納税制度の見直しについて」（連結納税制度に関する専門家

会合、令和元年8月27日）：https://www.cao.go.jp/zei-cho/shimon/1zen24kai1.pdf
　※7　内閣府公式サイト／過去の税制調査会⇒「平成21年度の税制改正に関する答申」：https://www.cao.go.jp/zei-cho/history/1996-2009/etc/index.html）

②　公的な説明とは位置付けられていませんが、立案に関与した財務省主税局の担当者が執筆した「税制改正の解説」が参考資料となります。令和元年度（平成31年度）から令和2年度分までは、財務省公式サイトで公表されています(※8)。

　また、平成17年度から平成30年度までは、国立国会図書館公式サイトに掲載されています(※9)。

　※8　財務省公式サイト「令和2年度　税制改正の解説」：https://www.mof.go.jp/tax_policy/tax_reform/outline/fy2020/explanation/index.html
　※9　国立国会図書館公式サイト「税制改正の解説」（平成17年度〜平成30年度）：https://warp.da.ndl.go.jp/info:ndljp/pid/11122457/www.mof.go.jp/tax_policy/tax_reform/outline/index.html

　なお、政府税制調査会の答申等については、公益社団法人日本租税研究協会公式サイト「税制調査会答申集」において、与党税制改正大綱を含めた昭和24年7月の「税制改正に関する中間報告」から平成27年12月の「平成28年度税制改正大綱（自由民主党・公明党）」までを確認できます(※10)。

　※10　公益社団法人日本租税研究協会公式サイト「税制調査会答申集」：https://www.soken.or.jp/toushinshu/

5 │ 税務関係の論文等の検索等

❶から❹までの公開情報以外の情報として、例えば国税通則法等の各税法に関する全体の枠組みや基礎知識等については、「税務大学校講本」が公開されています(※11)。

※11　税務大学校公式サイト「税務大学校講本」：https://www.nta.go.jp/about/organization/ntc/kohon/index.htm

また、事例検討の材料等として税務関係の論文等を確認するときは、期間制限等一定の条件が付されている場合がありますが、日本税務研究センターの機関誌「税研」や「税務事例研究」等を閲覧できます(※12)。

※12　公益社団法人日本税務研究センター公式サイト／出版物のご案内・ご購入方法：https://www.jtri.or.jp/books/

さらに、日本の大学等で公開されている税務関係の論文等については、国立情報学研究所（NII）の学術情報ナビゲータ「CiNii Articles」において、「本文あり」と選択をした上で、「論文検索」「フリーワード」等により、参考にできるかもしれない論文等を検索・確認することができます(※13)。

※13　国立情報学研究所（NII）学術情報ナビゲータ・CiNii（サイニィ）Articles：https://ci.nii.ac.jp/

なお、上記の情報のみならず、紙媒体の資料等を含め租税判例の探し方等については、例えば国立国会図書館の「租税関係判例の調べ方」で紹介されています(※14)。

※14　国立国会図書館公式サイト「租税関係判例の調べ方」：https://rnavi.ndl.go.jp/research_guide/entry/post-854.php

新型コロナウイルス感染症等の影響に対応するための手続関係の特例

～新型コロナ税特法で創設された税制上の特例と個別の申告期限等の延長手続～

　令和2年4月30日に国会で、納税の猶予の特例（特例猶予）、法人の欠損金の繰戻しによる還付の特例等を創設する「新型コロナウイルス感染症等の影響に対応するための国税関係法律の臨時特例に関する法律」が成立し、同日に公布されました。

　本章では、国税通則法等の原則や留意事項を踏まえて、創設された特例の内容及びこれらの特例と手続関連規定との関係を確認します。

　なお、本章でご紹介する情報は、2020年（令和2年）10月1日現在のものです。

1 新型コロナ税特法で創設された特例

令和2年4月30日に成立した「新型コロナウイルス感染症等の影響に対応するための国税関係法律の臨時特例に関する法律」(以下「新型コロナ税特法」という。)により、税制上の種々の特例が創設されました。本章では、こうした特例について、国税通則法等の原則や留意事項を踏まえつつ要点をご説明します。

1 納税の猶予の特例（特例猶予）

(1) 原則

国税通則法等では、納税者に一定の事由が生じた場合に納期限を延長する等の納税の緩和制度を設けています。そのような制度の一つに納税の猶予があります。

納税の猶予とは、震災・風水害等の災害に関連する事由、病気に関する事由、事業廃止に係る事由、税額の確定の遅延等に係る事由に基づき国税の納付が困難となった場合に、納税者からの申請により、一定の期間、国税の納付を緩和する制度です（通法46）。

こうした納税の猶予の効果として、猶予期間内は、当該猶予に係る金額に相当する国税につき、新たに督促及び滞納処分をすることができないこと、納税者の申請により差押えを解除すること（通法48）、猶予期間に対応する一定の延滞税が免除されること（通法63）、時効の停止（通法73④）が規定されています。

従来からこのような規定が設けられていますが、令和2年4月に、新型コロナウイルス感染症等の影響へ対応するため、納税の猶予の特例（特例猶予）が創設されました。

(2) 特例猶予の内容

① 適用要件

　新型コロナウイルス感染症等の影響により令和2年2月1日以後に納税者の事業につき相当な収入の減少があったことその他これに類する事実がある場合、特例猶予が認められることがあります。特例猶予の具体的な要件として、次のように規定されています

> イ　収入金額が前年同期と比較して概ね20％以上の減少等の事実があること
>
> 　　（「新型コロナウイルス感染症等の影響に対応するための国税関係法律の臨時特例に関する法律による納税の猶予の特例の取扱いについて（法令解釈通達）」（令和2年4月30日徴徴6-6ほか）の「2　事業につき相当な収入の減少」）。
>
> ロ　一時に納付が困難であると認められること（新型コロナ税特法3①、通法46、46の2）。

② 猶予の対象

　令和2年2月1日から令和3年2月1日（新型コロナ税特令2①）に納期限が到来する国税が猶予の対象となります（新型コロナ税特法3①、通法46）。また、特例猶予の対象となる国税の全部又は一部の納付について、納期限から1年以内の期間を限り、猶予されます（新型コロナ税特法3①、新型コロナ税特令2、通法46①、通令13）。

　なお、担保を提供する必要はなく、猶予された期間における延滞税は全額免除されます（新型コロナ税特法3①、通法46①⑤、63①、第3章81頁参照）。

③ 手続

　特例猶予の手続として、納税者は税務署長へ申請書等を提出すること、当該申請に対する税務署長の許可が必要となります（新型コロナ税特法3①、通法46の2等）。

　申請書（「納税の猶予申請書（特例猶予用）」）の様式等は公表されており、特例猶予が認められない場合でも、通常の納税の猶予が認められる場合があると説明されています（国税庁公式サイト「新型コロナウイルス感染症の影響により納税

が困難な方へ」)。

(3) 納税義務に関する留意事項

　上記の手続によって認められる特例猶予は、確定申告等により確定した国税を納付する時期（タイミング）が変更されること（繰り延べられること）のみを意味します。

　したがって、被災者の所得税の免除等の納税義務の免除（昭和22年法律第175号（災害被害者に対する租税の減免、徴収猶予等に関する法律2）等）とは異なり、納税義務そのものは消滅しません。また、納税義務の消滅時効は停止します（通法73④）。

　なお、税務署長が特例猶予の申請を認めなかった場合は、不服申立てができます（第4章157頁参照）。

2　大規模法人等以外の法人の欠損金の繰戻しによる還付

(1) 原則

　青色申告法人が、欠損金額が生じた事業年度（欠損事業年度）に申告書を提出し、欠損事業年度開始の日前1年以内に開始した事業年度に法人税を納付していた場合、当該青色申告法人は納付した法人税の一定の割合の還付を求めることができます（法法80）。ただし、当該措置は、原則として、資本金の額が1億円以下の中小法人等以外の法人には適用しないこととされています（措法66の12）。

　従来からこのような規定が設けられていますが、令和2年4月に、新型コロナウイルス感染症等の影響へ対応するため、欠損金の繰戻しによる還付の特例措置が創設されました。

(2) 欠損金の繰戻しによる還付の特例措置の内容

　法人の令和2年2月1日から令和4年1月31日までの間に終了する各事業年

度において生じた欠損金額については、資本金の額等が10億円を超える大法人等を除き、中小法人等の欠損金等以外の欠損金の繰戻しによる還付制度を適用しないとの租税特別措置法上の措置を適用しないこととされました。

　すなわち、資本金の額等が1億円を超え10億円以下の一定の青色申告法人も、上記の事業年度に生じた欠損金額に関して還付請求書を提出できることとなりました（新型コロナ税特法7等）。

(3) 充当に関する留意事項

　新型コロナ税特法では、国税通則法上の「充当」に関して特例措置が設けられていません。そのため、欠損金の特例措置により還付される法人税が、未納の消費税等の他の国税に充当される場合があります。すなわち、欠損金の特例措置により法人税の還付が認められたとしても、法人税以外の消費税等が未納である場合、還付される法人税を納税者が自由に処分できない場合があることに注意が必要です。

　以下、ご説明します。

　国税通則法上、納税者は還付金等を求めることができます（通法56等）。また、国税と国に対する債権（例えば、国への物品販売代金）との相殺は禁止されています（通法122）。

　ただし、例外的に、国税通則法57条において、税務署長等は還付金等を還付請求者（納税者）が納付すべき国税である未納の国税に充当しなければならない場合があることが規定されています。

　具体的には、納税義務の確定した国税の年度、税目、納期のいかんを問わず、さらに附帯税も含めて（通法57①）、全ての国税が充当の対象となります（志場653頁）。

　また、還付金等の充当には納税者の同意を必要とせず、未納の国税に強制的に充当されることが規定されています（通法57）。さらに、加算税の規定（通法65④、66①等）にある「正当な理由があると認められる場合」のように、納税者の個別事情を考慮し、税務署長等が充当を行わないという規定は設けられてい

ません。

　なお、税務署長等は、充当をしたときは、充当をした旨を充当に係る国税を納付すべき者に通知しなければなりません（通法57③、通令22②）。また、当該充当に対して、不服申立てができます。

2 | 国税通則法上の手続関連措置（国税庁等の取扱い）

1 申告書の提出期限等の原則

　所得税に係る確定申告書の提出期限等は、所得税法等に基づき、原則として3月15日等と規定されています（第1章8頁参照）。

　ただし、令和2年3月、新型コロナウイルス感染症等の影響へ対応するため、国税通則法等に基づき確定申告書の提出期限等が延長されました。

2 申告書の提出期限等に係る特例の内容

　新型コロナ税特法上、申告の期限の延長等に係る特別な規定は設けられていません。ただし、国税庁は、申告書の提出期限等の申告期限等について、国税通則法等に基づく特別な取扱いをする旨を示しています。

(1) 告示における取扱い

　まず、国税通則法11条（災害等による期限の延長）等に基づく国税庁告示第1号「国税通則法施行令第3条第2項の規定に基づき国税庁長官が同項に規定する対象者の範囲及び期日を定める件」（令和2年3月6日）により、所得税の確定申告書や個人事業者の消費税の申告期限等を、一律同年4月16日まで延長するとの措置が示されました。

(2) 個別の取扱い

　また、申請に基づき個別に申告期限の延長等を認めることが示されています。

① 期限延長手続に関するFAQ

　国税庁は、公式サイトで「特集：新型コロナウイルス感染症に関する対応等について」を公表しています。そのうち「4月17日（金）以降の申告・納付の

対応について」では、「申告所得税、贈与税及び個人事業者の消費税の申告・納付期限の個別指定による期限延長手続に関するFAQ」（以下、本項において「FAQ」という。）が掲げられています。「FAQ」では、「申告書を作成することが困難な方については、個別に申告期限延長の取扱いをすることとしています。」として、個別に申告・納付・申請・届出期限の延長が認められるとしています（問1、問3）。

さらに「FAQ」では、個別に申告期限の延長を求める場合の手続について、「申告書の右上の余白に「新型コロナウイルスによる申告・納付期限延長申請」と記載してください。」として記載例を掲げています（問4「○申告書を書面で提出する場合の記載方法」）。

また、末尾には「【参考】「災害による申告、納付等の期限延長申請書」の記載方法」を掲載しています。

② 対象となる手続

期限延長の対象となる主な手続として、所得税等の更正の請求、所得税の青色申告承認申請、所得税の減価償却資産の償却方法の届出、国外財産調書の提出等が示されています（国税庁公式サイト「4月17日（金）以降の申告・納付の対応について」⇒「期限が延長される主な手続について」（「期限延長の対象となる主な手続について」））。

上記の個別の申告期限等の延長を求める手続は、災害等による期限の延長（通法11、通令3）に基づくものですので、「災害その他やむを得ない理由」（通令3③）により手続ができない場合に延長が認められることとなります。

延長が認められた場合、延長された期間に対応する部分の延滞税又は利子税は免除されます（通法63②、64③）。

なお、「災害その他やむを得ない理由」としては、「税務代理等を行う税理士（事務所の職員を含みます。）が感染症に感染したこと」、経理担当部署の社員が感染症に感染又は感染症患者に濃厚接触したために当該部署を相当期間、閉鎖しなければならなくなり、通常の業務体制が維持できない状況が生じたこと等が例示されています（国税庁公式サイト「国税における新型コロナウイルス感染症拡

大防止への対応と申告や納税などの当面の税務上の取扱いに関するFAQ」⇒「1　申告・納付等の期限の個別延長関係」⇒「問2　期限の個別延長が認められるやむを得ない理由〔4月16日更新〕」）。

3　申告書の提出義務に関する留意事項

　上記の手続によって申告期限等の延長が認められた場合であっても、申告書の提出等の義務自体は消滅しません。また、国税通則法上、「申請＝期限の延長」とは規定されていないことから、申請によって申告期限等の延長が常に認められるものとは限りません。

　仮に、期限の延長の申請が認められない場合は、不服申立てができます（国税庁公式サイト「[手続名]災害による申告、納付等の期限延長申請」）。

4　審査請求書の提出期限の延長

　申告書の提出期限等と同様、審査請求書の提出期限についても、「やむを得ない理由」がある場合には、申請に基づき個別に延長が認められる場合があります（通令3③）。

　国税不服審判所は、新型コロナウイルス感染症の影響により、提出期限までに審査請求書の提出が困難な場合の個別の申告期限延長の手続等を「審査請求書の提出期限の延長等に関するFAQ（令和2年9月）」として取りまとめています（国税不服審判所公式サイト）。

　同「FAQ」では、「審査請求人（法人の場合は、当該法人の代表者等）が、新型コロナウイルス感染症に感染したような場合だけでなく、感染拡大防止のため外出を控えており、審査請求書の作成・提出が困難である場合」が、提出期限の個別延長が認められる「やむを得ない理由」に該当するとしています（問2）。

索　引（五十音順）

【著者略歴】

野一色 直人 (のいしき なおと)

　1994年大阪大学法学部卒業、同年国税庁に入庁。99年東京大学大学院法学政治学研究科民刑事法専攻修了。内閣府、国税局等を経て、退職。

　2009年大阪学院大学大学院法務研究科教授、立命館大学経済学部教授を経て、現在、京都産業大学法学部教授。

　LL.M.（ケースウエスタンリザーブ大学ロースクール）。

　著書として、『基礎から学べる租税法 第2版』（共著、弘文堂・2019年）など。

　研究業績として、「国税通則法上の新たな情報照会手続の意義と法的課題」（税法学582号）、「給与に対する源泉徴収の現状とあり方」（税研209号）などがある。

　大阪府行政不服審査会委員（2016年4月〜2020年3月）。

　研修講師として、近畿税理士会「法学ゼミナール」（「租税手続法の概要と諸問題」）（2016年8月9日・10日）等を担当。

本書の内容に関するご質問は、ファクシミリ等、文書で編集部宛にお願いいたします。(fax 03-6777-3483)
　なお、個別のご相談は受け付けておりません。

．．

　本書刊行後に追加・修正事項がある場合は、随時、当社のホームページにてお知らせいたします。

国税通則法の基本
その趣旨と実務上の留意点

令和2年11月25日　初版第1刷印刷	（著者承認検印省略）
令和2年11月30日　初版第1刷発行	

© 著　者　　野 一 色　　直 人

発行所　　税 務 研 究 会 出 版 局

週刊［税務通信］［経営財務］発行所

代表者　　山　　根　　　毅

郵便番号100-0005

東京都千代田区丸の内1-8-2 鉄鋼ビルディング

振替00160-3-76223

電話〔書 籍 編 集〕　03(6777)3463
　　〔書 店 専 用〕　03(6777)3466
　　〔書 籍 注 文〕
　　〈お客さまサービスセンター〉　03(6777)3450

●各事業所　電話番号一覧●

北海道 011(221)8348	関信 048(647)5544	中　国 082(243)3720
東　北 022(222)3858	中部 052(261)0381	九　州 092(721)0644
神奈川 045(263)2822	関西 06(6943)2251	

当社HP ⇒ https://www.zeiken.co.jp

乱丁・落丁の場合は、お取替えします。　　　　印刷・製本　奥村印刷㈱

ISBN978-4-7931-2589-8

法人税関係

〔五訂版〕
出向・転籍の税務

戸島 利夫 編著／A5判／540頁 　　　　　定価 **5,060** 円

出向や転籍をめぐる法人税、源泉所得税及び消費税の基本的な取扱いに加え、グループ企業間での出向や転籍、海外勤務者をめぐる税務、各種の役員報酬等の取扱いについて整理し、問題点を体系化、現行法令・通達の解釈に基づき解決の方向性を示しています。今版では、前版発行後に見直された役員給与等についての質疑応答事例を加筆。 `2020年2月刊行`

〔第2版〕事例で理解する
オーナーと同族会社間の税務 ~設立から解散まで~

伊藤 正彦 編著／A5判／404頁 　　　　　定価 **2,750** 円

中小企業の大半を占めるオーナー同族会社の問題点について、現行法令・通達等の解釈に基づき、解決の方向性を示した実務書。改訂にあたり、役員給与等にかかる見直し、事業承継税制に設けられた10年間限定の特例措置などを踏まえ、事例による解説を大幅に加筆。 `2019年12月刊行`

実務解説 役員給与等の税務
~役員、使用人に支給する報酬、給料、退職金等に関する税制上の措置と取扱い~

宝達 峰雄 著／A5判／364頁 　　　　　定価 **2,750** 円

退職給与等を含めた役員に支給する給与に加え、使用人に支給する給与に関する法人税法での基本的な措置とその取扱いを解説し、これらに関連する会社法等の措置や会計処理についても触れています。令和元年度改正の「業績連動給与に係る損金算入手続の見直し」に対応。 `2019年10月刊行`

〔令和元年度版〕中小企業向け
特例税制・適用検討のポイントと手続き

伊原 健人 著／A5判／348頁 　　　　　定価 **2,420** 円

「中小企業経営強化税制」「中小企業投資促進税制」「商業・サービス業・農林水産業活性化税制」「少額減価償却資産の特例」など、主要な制度に重点を置いて解説。また、「工場の機械を導入するとき」など場面別に事例を用いて特例税制の適用可否を検討しています。 `2019年12月刊行`

税務研究会出版局 https://www.zeiken.co.jp/

※ 定価は10%の消費税込みの表示となっております。